土 地 法 制 文 丛

本书为教育部人文社会科学研究青年基金项目（13YJC820089）最终成果
肇庆学院学术著作出版资助金资助

农民专业合作社社员权制度研究

许英 著

法 律 出 版 社

总　　序

土地作为人类赖以生存、发展的基本资料和宝贵资源，当属“财富之母”。土地问题既是当下中国最基础、最广泛、最复杂和棘手的经济与社会问题之一，亦为国家现代化建设中带有全局性、战略性的核心问题。在推进全面依法治国和治理能力现代化进程中，急需运用法治思维深入研究和解决新型城镇化进程中城乡土地制度的重大理论和现实问题。土地法制问题的研究及其解决，理应坚持三大导向：第一，问题导向，以强烈的问题意识“探下身子”躬行实践，回应现实；第二，学术导向，汇聚各方土地制度的研究力量，不断实现学术思想的砥砺，探求真知、追寻真理；第三，目标导向，主动对接国家和区域土地法制的发展需求，力推中国土地法制的革新与进步。经济社会发展对土地法制建设的呼唤，蕴含着土地法制的理论和实务研究者的使命，激荡着其学术理想。广东外语外贸大学土地法制研究院在创设《土地法制科学》的基础上，又隆重推出“土地法制文丛”，热切期望能更加聚焦、更为充分的展示中国土地法律制度理论与实务之深度研究的硕果。

“土地法制文丛”实行开放的选稿方式、以质取胜的用稿标准，书稿在内容上不分公法与私法范畴，不计来自理论殿堂还是田野实务，亦不拒域外学者对本国土地法制的精彩研评。尤其对深入反映土地法制研究中的新观念、新动向，对全面解析土地法治实践中的新问题、新情况，对聚焦社会热点、难点问题和学界的交叉性跨学科研究，对有质地的相关比较法研究，我们将给予极大的关注和鼓励，将投入更多的热情与力量。

与刚破土而出的《土地法制科学》一样，“土地法制文丛”亦为一株新苗，诞生于改革开放的热土和前沿，沐浴在全面推进依法治国、建设法治中国的阳光雨露中，在理论界和实务界的专家学者和广大读者的关心呵护下，其定会健康成长，无愧于这个伟大的时代。

广东外语外贸大学土地法制研究院
“土地法制文丛”编委会

目　　录

导　论

一、研究背景与意义

（一）研究背景

“问题都是在一定的语境中生成、发现的，也是在一定的语境中理解和解决的。……严肃的现实社会问题，通常不能孤立地得到有效解决，而要考虑问题的现实条件和历史背景，有些甚至涉及复杂的社会文化背景和政治背景。”[1]本书对农民专业合作社社员权制度的研究，归根结底是以解决现实社会问题——“三农”问题为依归的，而且对制度的研究不仅要掌握其理论背景，还要了解制度生成以及制度实施的社会实践背景。可以说，对研究背景的准确认识是本书研究的基础和研究顺利开展的必要条件。

1. 国内外合作社制度发展及立法实践

1844 年英国罗虚戴尔消费合作社的产生正式确立了传统合作社的各项原则，合作社作为一种较为独立和稳定的经济组织得以确立。从历史的角度来看，近代合作社是商品经济和市场经济

〔1〕 张掌然：《问题的哲学研究》，人民出版社 2005 年版，第 210～211 页。

的必然产物，是经济上处于弱势地位的人们自愿联合起来应对市场风险的互助组织。传统合作社的优势就在于其作为一种创新的经济组织制度，在提供效率的同时也提供公平，即合作社是以造成效率损失为代价，为提供公平收益而做出组织制度上的安排。西方农业合作社的产生是基于实质公平角度通过自发形成合作经济组织，维护自身利益以抗衡强大的市场主体。可以说，西方合作社是在市民社会中自发生成。“在市民社会中，通过自由平等的交易满足个体的个别需要。当具有共性的个别需要无法通过个体单个的力量实现，国家作为满足该种需要的手段又不适合时，具有共同利益或偏好的群体，就会自发地组成社团。”〔1〕合作社就是这种自发组成的社团之一。随着市场经济的不断发展，自进入现代以来，各国的合作社都面临着诸多问题的困扰，面对这些问题，世界各国在 19 世纪末就开始通过合作社的制度调整予以解决。然而，到了第二次世界大战后，由于市场竞争的加剧和社员自身条件的变化，合作社的发展面临不可避免的问题，即组织的经济激励问题。合作社社员的积极性如何提高以及合作社如何吸引外部资本扩大经营规模等，即如何获得经济组织发展上的更大效率。至此，各国纷纷进行立法规范或调整立法来做出积极应对。在这种背景下，合作社立法旨在维护公平与效率的平衡，遵循以效率优先兼顾公平的价值。但客观上也造成现代合作社相较于传统合作社呈现诸多明显的特征，现代合作社的发展趋势表现为：社员资格的限制逐渐放宽，社员异质性特征越来越明显；合作社开始追求营利性；为了解决资金的不足，合作社劳动民主逐渐削弱，资本民主逐渐增强等。可以说，现代合作社发展的新趋势实际上展现的是合作社效率与公平之间的矛盾关系的

---

〔1〕 袁曙宏、苏西刚：《论社团罚》，载《法学研究》2003 年第 5 期。

不断调整,而更为重要的是,各国合作社立法也相应做出调整,这在一定程度上反映了立法对合作社制度需求的积极回应。各国合作社发展的实践也证明,凡是合作社立法比较完备的国家,合作社事业都取得了持续稳定的发展。

从20世纪80年代开始,我国农民专业合作经济组织开始出现,但一直发展缓慢,甚至在20世纪90年代时还曾一度停滞不前。不过,随着我国建立社会主义市场经济体制改革目标的提出以及加入WTO之后,我国农业也逐步与世界农业接轨,我国农业和农村经济发展发生了深刻变化,促使我国农业经济基本矛盾逐步显露。其中,最为突出的是,我国农村的小生产与大市场之间的矛盾日益尖锐化。在此背景下,农民专业合作社作为农民合作经济组织首先在浙江、江苏、山东等省份产生,并逐步在全国各地得到迅速发展。我国农民专业合作社自其产生首先注重的是经济效率,由于忽略了组织公平因而产生了很多问题。很多地方发展起来的农民专业合作社都不甚规范,甚至名为合作社而实为私营企业。在这一背景下,需要专门立法来规范实践中的农民专业合作社。而且,我国农民专业合作社立法应注重公平优先而兼顾效率的价值。为了适应农村经济发展的需要,2006年10月,《中华人民共和国农民专业合作社法》(以下简称《农民专业合作社法》)得以颁布。这部法律最突出的亮点是解决了合作社的主体性建构问题,即赋予农民专业合作社以法人资格,并通过一系列法律规定旨在保护农民专业合作社及其成员的合法权益。另外,针对农民专业合作社的弱者联合的性质,《农民专业合作社法》还规定了国家支持农民专业合作社建设与发展的一系列优惠扶持政策,赋予农民专业合作社一些特殊的权利。因此,可以说《农民专业合作社法》在性质上既是一部主体法,也是一部促进法。

《农民专业合作社法》自2007年施行以来,农民专业合作社的发展总体呈加速态势,覆盖的乡村、农户范围不断扩大。截至2017年11月底,在市场监管部门依法注册登记的农民专业合作社总量突破199.9万家。农民专业合作社注册成员在2016年年底达4485.5万人,年平均增长率达71.5%。根据农业农村部经管司数据显示,实际利用农民专业合作社服务和培训的农户合计1.27亿户,约占农户总数的47.6%。[1] 而且,有专门法律对农民专业合作社加以规范后,的确有助于促进合作社的规范化发展,农民成员的主体地位也逐渐得以加强,合作社内部组织管理也越来越规范。可以说,《农民专业合作社法》为我国农村合作社的发展提供了较好的法律环境,但其实施的效果并不尽如人意。许多学者通过调研发现,合作社的市场主体独立性观念并未深入广大基层,合作社拥有的制度优势和权利资源并未为其主体——农民所主动掌握和利用。[2] 也就是说,农民专业合作社的外部法律环境虽有明显改善,合作社的发展所面临的各种各样的深层次问题还是未得到解决,如合作社的资金融通和产后服务功能较为薄弱,在组织管理上合作社的股权较为集中,民主管理机制也较为薄弱,盈余分配制度还很不健全等。基于此,农民专业合作社在实践中虽然数量有很大增长,但规模依然较小,作为市场主体获得交易的机会也并不多,因此,其带动农民进入市场的能力有限。这些存在的问题不得不引起我们对现行制度的反思,我国农民专业合作社法律的制度供给在应对各种现实矛盾方面明显存在困境,与农民专业合作社实际运行的制度需求不相适应。正所谓,法律的制定是为了法律的运行,从一定意义上说,法律并非法律

[1] 参见原国家工商总局个体司促进农民专业合作社健康发展研究课题组:《创新与规范:促进农民专业合作社健康发展研究》,载《中国市场监管研究》2018年第4期。

[2] 陈婉玲:《民国〈合作社法〉的孕育与影响》,法律出版社2010年版,第311页。

条文、法典，而是运行在社会生活之中形成规范的东西，是社会生活中人们的行为体现出来的行为规范。[1]

而且，《农民专业合作社法》颁布实施后，尽管农民专业合作社作为新型农业经营主体，在引领农民参与农村产业融合发展、分享产业链收益，在产业扶贫、农业供给侧改革中发挥着重要作用，但随着农村分工分业深化，农民专业合作社的发展也出现了许多新情况，《农民专业合作社法》中的部分规定已显然不适应合作社实践发展的需要。党的十八大以来，中央多次明确提出鼓励农村发展合作经济，鼓励发展农业专业合作和股份合作，并相继在2013年和2015年两个中央一号文件中明确要求抓紧研究、适时修改《农民专业合作社法》。根据党的十八届三中全会以来中央扶持发展新型农业经营主体、鼓励发展农民专业合作社的精神和总体要求，2017年12月27日第十二届全国人民代表大会常务委员会第三十一次会议通过了《农民专业合作社法（修订草案二次审议稿）》。修订后的新《农民专业合作社法》自2018年7月1日起实施（以下简称新《农民专业合作社法》）。然而，修订后的新《农民专业合作社法》的制度建设效果以及其与农民专业合作社发展实践对制度需求之间的差异，仍需理论界人士结合农民合作社实践发展的需要加以审视并予以理论分析，为深入理解修订后的新《农民专业合作社法》的制度改进以及相关制度的进一步完善甚或农民合作社统一立法奠定基础。

2. 国内外合作社制度研究现状

到目前为止，合作社已在西方国家存在了170多年并获得了巨大发展。其间，西方理论界对合作社理论问题的探讨也未停歇。尤其是进入现代以来，世界各国的制度环境和经济水平都发

[1] 参见赵震江主编：《法律社会学》，北京大学出版社1998年版，第333页。

生了深刻变化，各国合作社也逐渐发展演化，其社会性转变为经济性，合作制度也成为很多国家政府发展经济、稳定社会的经济工具。在此背景下，修正和发展合作原则成为合作社理论研究中的核心问题，对合作社的经济分析也从古典经济学转向新制度经济学的分析。尤其是在迈向21世纪以后，在经济全球化、自由化的新环境下，合作社是否还有存在的必要性？如果是，合作社如何在保持自我基本特性的条件下调整自我，应对挑战，以求生存和发展，成为近年来合作社研究中的一个焦点问题。[1] 另外，成员异质性问题在20世纪90年代以后进一步得到了农业合作社研究者的重视，各个流派都对此进行了关注。[2] 同时，合作社制度尽管是一种植根于西方个人主义经济文化土壤中的经济制度，但自20世纪初被引进到中国至今已近百年的发展历程中，也一直为国内学界所重视和推崇。[3] 尽管合作经济在我国经历了时起时伏的曲折发展，甚至到目前为止还为一些农民所排斥，但农民合作社在目前的中国还是获得了前所未有的发展。截至2019年10月底，全国注册登记的农民合作社达220.3万家，辐射带动了全国近一半农户，普通农户占成员总数的80.7%。[4]

然而，国内外关于合作社的理论研究较多侧重于合作社主体的本质等基本问题的研究，即使是近现代以来开始的对合作社运作过程中产生的问题的研究也较为单一，大多是以经济学分析方

---

〔1〕 参见苑鹏：《现代合作社理论研究发展评述》，载《农村经营管理》2005年第4期。

〔2〕 参见黄胜忠：《转型时期农民专业合作社的组织行为研究：基于成员异质性的视角》，浙江大学出版社2008年版，第1页。

〔3〕 参见赵泉民、井世洁：《市场化力量的缺失：对20世纪中国合作社经济困境的一种诠释》，载《甘肃社会科学》2005年第6期。

〔4〕 参见农业农村部农村合作经济指导司：《推进农民合作社高质量发展》，载《农民日报》2019年12月30日，第5版。

法对合作社组织的绩效与持续发展进行研究，从法学意义上探讨合作社社员之间以及社员与合作社之间的权利义务关系的研究还很不完善，尤其是从社员权视角探讨合作社法律制度的完善则更是少见。这主要是因为，为了给合作社发展提供有利的法律和政策框架，针对合作社外部环境的改变，很多国家及时修订了合作社法，通过法律保障合作社融资机制的建立。同样地，我国农民专业合作社也受内外部经济环境的影响而不断发展变化，《农民专业合作社法》自2007年施行以来的法律实施效果如何，2017年修订后的新《农民专业合作社法》存在哪些改进之处以及其制度基础何在，其能否反映农民专业合作社实践发展的制度需求，即农民专业合作社法律制度的"实然"和"应然"之间的协调问题，都需要我们理论界做出研究贡献。尤其是我国农民专业合作社在可持续发展过程中面临的各种法律问题，如成员出资的有限性与合作社债权人利益平衡问题，成员的异质性导致合作社产权和治理结构失衡引起的成员权利的有效保障问题，成员退出权的行使与相关主体的利益平衡问题以及成员非自愿退社的相关权益保障问题等。这些关于农民专业合作社在实践中所面临的各种法律问题实质上都关乎合作社法律制度对社员与合作社以及社员之间权利义务关系的调整，以及法律制度如何对相关主体的利益关系进行协调与平衡。即使修订后的新《农民专业合作社法》在回应现实需求与坚持合作社原则方面展现了诸多改进之处〔1〕，但在上述问题的解决上仍存在诸多不足，尤其是针对多年来法律实施的不理想，如何将"纸面上的法律"转化为"行动中的法律"，使从社员权视角对农民专业合作社法律制度进行"实然"

〔1〕 高海：《〈农民专业合作社法〉的改进与完善建议》，载《农业经济问题》2018年第5期。

与“应然”状态的反思，综合考虑农民专业合作社及其成员的合法权益，以及合作社持续稳定发展对债权人利益的保护，对各种利益矛盾进行理论分析并在此基础上进行制度重构显得至关重要。

从总体上而言，目前国内外关于农业合作社的研究都侧重于经济学领域。其中，关于国外农业合作社的研究也主要是介绍国外农业合作社的发展以及立法情况，较少有关于对国外农业合作社专门制度的研究。而国内对农民专业合作社的研究，更多的是从农业经济管理或农业经济学的范畴对农民合作社加以组织行为、治理结构等的探讨。法学领域对农民专业合作社的研究则主要是在农民专业合作社法被提上立法日程后才开始逐渐发展起来的。但现有的关于农民专业合作社法学方面的研究又以对农民专业合作社主体法律地位和法律属性等基本理论问题的研究为主，另外也有一些关于全面介绍农民专业合作社涉及的各项法律问题的研究，而回应农民专业合作社发展中的现实法律问题的著述相对较少。国内系统研究合作社社员权的著述当属张德峰教授的《合作社社员权论》，该书以个体社员权和集体社员权为对象，对社员权的利益基础、产生、体系、属性、取得与消灭、行使及其限制、保护等问题进行了系统研究。[1] 该书系统构造了关于合作社社员权研究的基本理论框架，并大量介绍了国外合作社相关法律对社员权问题的规定，恰好为本书研究提供了充分的资料积累，但不可回避的是，该书研究对作为我国新型农业经营主体的农民专业合作社的发展现状及其法律需求回应不足。

在上述关于农民专业合作社研究的大背景下，其中，关于成员出资与社员权的取得问题，现有文献对以土地承包经营权出资涉及的债权人利益保护问题给予了一定关注，但未能从社员权取

---

〔1〕 参见张德峰：《合作社社员权论》，法律出版社 2016 年版，第 5 页。

得的角度分析出资制度的利益平衡问题。尤其是随着土地制度改革的深入,承包地和宅基地“三权分置”政策的提出,使以土地经营权、宅基地使用权、集体建设用地使用权等土地使用权出资的问题日益显露,值得深入研究。关于成员退出与社员权的丧失问题,现有文献多从经济学角度分析退出权的合理性,对社员权丧失制度的研究也主要是基本问题的探讨,未能基于社员权责一致原则从利益平衡的视角分析和建构社员退出制度。关于成员异质性与社员权的行使保障问题,现有相关文献以农业经济学领域为主,或通过大量调研数据就农民专业合作社成长各因素进行实证分析,其中也不乏涉及成员与合作社以及成员之间关系的内容,或对合作社内部治理、组织行为、利益分配等各方面就合作社的内部制度安排进行研究,也包括对合作社内部利益关系的展现。因此,尽管现有文献很少直接探讨农民专业合作社制度涉及的利益冲突问题,但对农民专业合作社发展过程中出现的关于合作社内部制度安排的相关问题的研究,实际上为本书研究内部利益冲突提供了重要的理论基础。

由于相关文献对农民专业合作社发展实践中存在的问题分析视角差不多,因此指出的问题也大同小异,不过,大量建立在实证分析基础之上的经济学研究文献,为本书提出问题和分析问题提供了实践基础。现有的法学文献也主要是概括性的法律制度建设和完善研究,对其重要制度的价值分析较少,尤其是关于对现行制度与实践的制度需求之间的关系以及制度应当如何回应现实需要,即关于“实然法”与“应然法”之间的逻辑关系的研究特别缺乏。因此,本书将要突破现有的农业经济学研究范式,同时也区别于以往法学研究文献,而是从分析合作社相关主体之间的权利义务关系来考察具体制度涉及的利益平衡问题,即以社员权为切入点围绕相关制度的利益平衡机制进行理论分析和制度重构。

（二）研究意义

1. 理论意义

（1）找寻我国农民专业合作社不规范发展的主要原因，提高农民合作社法学研究的时代视野和现实针对性。本书以“社员权”为切入点，以社员与合作社之间形成的权利义务关系为基础，分析和探讨关于社员与合作社、社员之间以及社员与合作社债权人之间利益平衡的制度安排与制度选择，旨在为规范合作社发展的制度研究提供一个新的分析框架。

（2）明晰社员所有、社员控制、社员受益不仅为合作社的本质属性，而且确立社员制度在农民合作社规范研究中的核心地位，构建以社员权保护为中心的、囊括社员权主体制度和社员权的取得、丧失与行使以及社员权支持制度的农民专业合作社法律制度体系。

（3）探索农民合作社规范性研究的新的研究范式，通过构建适应中国农民合作社发展现实的、真正维护农民社员权益的社员权制度体系，突破以往关于农民合作社法律制度研究的局限。本书在研究中始终立足于中国农民专业合作社的发展现实及其制度需求，对如何使“纸面上的法律”转化为“行动中的法律”进行深入思考。正如苏力先生所言，“也许我们应当考虑的就是在特定的文化语境中，哪一种定义和权利保护机制更有利于社会发展和社会和谐，均衡了相关各方的利益”[1]。

2. 实践意义

（1）有助于准确定位农民合作社规范提升的法治化创新方向，防止农民合作社发展“跑偏”或“被抑制”。党中央、国务院一直非常重视农民合作社事业的发展，多个中央一号文件都对农民

---

〔1〕 苏力：《法治及其本土资源》，中国政法大学出版社1996年版，第28页。

合作社发展提出了明确要求。尤其是2019年中央一号文件将农民合作社视为全面深化农村改革、激发乡村发展活力的重要主体，在此基础上提出开展农民合作社规范提升行动、深入推进示范合作社建设、建立健全支持农民合作社发展的政策体系和管理制度等要求。实际上，农民专业合作社在发展过程中始终存在数量不少、质量不高的问题，甚至很多合作社是"有名无实"，对合作社的整体社会形象以及国家对合作社的扶持政策均造成了不利影响。为加强农民合作社的规范管理，2019年2月，中央农办、农业农村部等11个部门和单位联合发布《开展农民专业合作社"空壳社"专项清理工作方案》，决定在全国范围内集中开展农民专业合作社专项清理工作，对无农民成员实际参与等六类情形进行集中清理整顿。在此基础上，2019年9月，中央农办、农业农村部等11个部门和单位又联合印发《关于开展农民合作社规范提升行动的若干意见》，对开展农民合作社规范提升行动作出总体部署。根据该意见要求，农业农村部于2019年12月发布《关于农民合作社质量提升整县推进试点方案的批复》，确定河北省赵县等120个县（市、区）、北京市顺义区等8个市辖区为全国农民合作社质量提升整地区推进试点单位，贯彻落实农民合作社规范提升要求。2020年3月3日，农业农村部印发了《新型农业经营主体和服务主体高质量发展规划（2020—2022年）》，从提升农民合作社规范化水平、增强农民合作社服务带动能力、促进农民合作社联合与合作、加强试点示范引领四个方面明确了促进农民合作社规范提升的各项任务要求，是指导各地开展农民合作社规范提升工作的重要依据。因此，本书研究对促进农民合作社规范提升具有重要的理论指导意义。

（2）有益于立足实践提供有效服务于合作社社员权益保护的法律制度供给。本书着重于在现行制度安排下，对我国农民专业合作社在可持续发展过程中面临的各种法律问题,如成员出资的有限性与合作社债权人利益平衡问题、成员的异质性导致合作社产权和治理结构失衡引起的成员权利的有效保障问题、成员退出权的行使与其他相关利益主体的利益平衡问题以及成员非自愿退社的相关权益保障问题进行理论分析和制度建构,促使《农民专业合作社法》真正发挥实效。尤其是修订后的新《农民专业合作社法》已实施,对围绕社员及其权益保护的一系列法律制度的实然与应然状态进行深入思考,对法律制度的进一步完善具有重要的指导意义,促使我们的法律制度不仅保护农民专业合作社及其成员的合法权益,同时兼顾合作社债权人利益以保证合作社持续稳定发展,通过制度完善在公平与效率、自由与安全之间进行平衡与协调,以促进农民专业合作社发挥其在提高农民自组织能力、带动农民进入市场的能力方面的独特的制度功能和优势。

二、研究思路与方法

(一)研究思路

本书遵循从理论到制度、从抽象到具体的研究思路,对合作社社员权制度进行了系统论述。此外,在对合作社社员权具体制度的研究中,又遵循了从合作社内部运行制度规范到合作社外部法律制度环境的优化的研究路径。第一部分即第一章和第二章,是围绕本书研究的两个重要概念的基础理论以及对合作社社员权的界定,开展社员权制度研究的核心即社员制度和合作社规范化建设研究,既是全书研究的出发点也是归结点。第二部分则是从合作社内部运行制度规范开展社员权具体制度的研究,包括第三章至第五章的内容,在这部分对社员权制度的研究采取的是先纵后横的论述方式,首先根据社员权的取得、丧失、行使的制度安排形成本书的基本框架结构,其次在每一章具体制度的研究中又遵循的是从制度规范解读到理论分析再到制度建构的研究思路。正所谓“法的意思只能从实在的法律规定中引出,而不能从抽象的正义或道德观念中引出”[1],本书对社员权制度的研究在每一章的安排中都是首先从阐释现行制度内容出发的。然后对基于制度困境形成的现实问题,采取了横向比较的方法,考察了其他国家或地区的制度安排。最后落脚点在于对我国相关制度的重构或完善。第三部分即第六章,是从合作社外部法律制度环境的优化开展社员权支持制度体系的构建研究。

(二)研究方法

1. 法律实证分析方法

任何国家只要具有自己的法律,就必然存在对这种法律的解释与适用,而这种对法律的解释就是最原始意义的分析。[2] 因此,本书首先运用法律实证分析方法对现行制度进行立法阐释,从利益平衡的角度分析其制度困境以及现实问题。也就是说,本书注重对《农民专业合作社法》等法律文本及其立法缺陷或留白进行研究,立足问题的制度根源开展制度完善研究。

2. 比较研究方法

一是体现在对农民专业合作社社员权制度进行理论分析时与公司股东权制度进行比较。二是在提出解决建议之前与其他国家或地区的相关制度进行比较研究,在差异对比和共性归纳中,做出符合我国农民专业合作社发展实情的制度选择。

---

[1] 张文显:《二十世纪西方法哲学思潮研究》,法律出版社 1996 年版,第 79 页。

[2] 参见李桂林、徐爱国:《分析实证主义法学》,武汉大学出版社 2000 年版,第 1 页。

3. 法经济学分析方法

本书采用法经济学的分析方法，用经济学的效率概念阐释社员权制度的利益平衡机制，把公平与效率价值相结合，基于对相关利益主体保护的权衡与协调进行制度设计。运用法经济学的分析方法，深入地探讨《农民专业合作社法》作为一部市场主体法，如何通过社员权制度安排，体现公平与效率价值，维护自由与安全。

三、研究目标与内容

（一）研究目标

基于上述理论与实践背景，本书的研究以“社员权”为核心概念，以“农民专业合作社的社员权制度”为研究范围，以“利益平衡”为考量重点，立足于我国农民专业合作社发展实践中形成的各种利益关系，审视现行立法对各种利益关系的衡量和制度选择，从合作社内部运行机制的法律制度完善和合作社发展的外部法律制度环境改进两方面系统构建农民专业合作社社员权制度体系。

（二）研究内容

本书遵循从理论到制度、从抽象到具体的研究思路，并综合运用了法律实证分析方法、比较研究方法和法经济学分析方法对农民专业合作社社员权制度进行了系统论述。具体来说，全书除导论和结语外，共分为六章：

第一章为合作社社员权理论。农民专业合作社的社员权制度是一个较为复杂的权利制度体系，涉及不同利益主体之间的利益关系。本章基于下文论述的需要，选取了最为核心的基础理论进行分析和总结：首先在社员权的性质和内涵界定方面，指出社员权法律关系既体现为对内关系，也包括对外关系；在内容上既包括实体性权利,也包括程序性权利;既具有经济性权利,也具有非经济性权利,是一类具有双重性质的民事权利。其次在合作社的本质和原则方面,指出合作社的本质主要体现为社员所有、社员控制以及社员受益三方面,“自愿与开放的社员资格”“民主的社员控制”和“社员经济参与”是合作社原则的核心。最后在合作社社员权界定方面,通过阐述合作社社员权的含义,具体分析了合作社社员权所调整的各种利益关系即社员与合作社之间、不同类型社员之间以及社员与合作社债权人之间的多重利益关系的平衡问题,“利益平衡”是社员权制度的设计机理。通过对这些基本问题的阐述,为下文具体制度的研究奠定理论基础。

第二章为合作社社员权主体制度。由于社员权本质上反映的是社员与合作社之间的法律关系,而且,合作社规范发展的核心就是社员建设问题。因此,社员主体制度与合作社主体制度均是社员权制度研究的基础制度。在社员主体资格制度上,本章在指出社员资格条件与社员资格为两个不同概念的基础上,阐释了我国法律关于社员资格的规定,对我国合作社参与主体及社员类型进行了区分,系统论述了我国社员资格法律规定的不足及其完善,并对农民社员的认定标准及主体范围展开了详细论述。在合作社的规范化上,主要阐述了农民专业合作社的法律地位以及农民专业合作社与其他合作社组织的界分问题,并系统介绍了合作社的规范化历程,为下文论述奠定基础。

第三章为合作社社员权取得制度。本章以社员出资为切入探讨社员权取得制度内容,以及社员出资制度和责任制度应如何在社员与相关主体之间进行利益平衡与选择。我国现行立法赋予农民专业合作社以独立法人地位,但没有明确社员出资的法定义务。由于社员出资非社员权取得的必备要件,而且在社员权利义务的分配、社员权责统一方面又未做出相应的制度安排,导致社员与合作社、出资社员与非出资社员、非出资社员与合作社债权人之间存在各种利益矛盾，需要对社员权的取得制度加以重构以克服各种利益矛盾，实现各相关主体利益平衡。由于在法律地位上存在法人型和非法人型农民合作组织，因此应当提供与其法律地位相适应的社员权制度安排，在社员权的取得制度上，对于法人型的农民专业合作社，为保障合作社的交易安全，应明确社员的法定出资义务并提供土地经营权作价出资的配套制度安排，建立“以有限责任为主，以保证责任为补充”的社员责任制度，为以土地经营权作价出资的形式提供保证责任制度安排；对于非法人型的农民合作组织，不必强行要求出资为社员权取得的必备要件，其出资制度等相关制度在不违背现行法律和行政法规的强制性规范的前提下可由章程自治加以解决。

第四章为合作社社员权丧失制度。本章首先分析了现行立法关于社员权丧失制度的规定，并分析了社员出社对相关利益主体的影响。在我国特殊的农民专业合作社财产制度安排下，合作社财产的有限性和变动性都对合作社债权人和交易安全不利。当然，“退社自由”作为合作社的一项核心原则必须遵守，而且社员的自由退出也是对合作社进行监督和行使权利救济的有效途径。因此，构建正当合理的社员退出机制、完善现行退社制度，既要保障“退社自由”原则，体现公平与效率相结合的制度价值，又要在相关制度设计中综合考量社员的利益、合作社的利益以及合作社债权人利益的保护问题，并重点论述了社员出社情形下合作社及其社员权益的保障，以及社员权丧失制度中财务处理规则的完善。

第五章为合作社社员权行使制度。在我国农民专业合作社成员异质性条件下，农民成员与非农民成员、普通成员与核心成员之间由于产权和治理结构的失衡导致农民成员的权利得不到充分行使,农民成员在合作社中往往处于依附地位,成员之间的地位实际上呈现不平等现象。社员异质性构成下社员权分配的不均衡进一步导致“内部人控制”问题以及农民权益保护机制失效,社员权救济制度的缺失也导致成员权益保护乏力。针对现行社员权行使的保障制度的缺陷以及对于合作社不同类型成员之间利益保护的现实困境,应当借鉴其他国家或地区关于社员权行使和救济制度的有益经验,从系统构建社员权公平分配制度、完善社员权分离行使制度、建立系统的社员权救济制度三方面系统论述社员异质性条件下我国社员权行使制度的完善。

第六章为合作社社员权支持制度。农业的弱质性和农民的弱势性,决定了农民专业合作社的发展必然需要政府的支持。我国现行社员权支持制度主要体现在国家对农民专业合作社的宏观促进以及政府对农民专业合作社的具体扶持。然而,我国合作社法支持制度在实施中往往存在政府支持制度供给和执行不足、政府扶持越位和错位问题。各国合作社支持制度虽存在各种不同立法模式,但其共同点在于都特别重视立法对合作社发展的规范作用,并以规范合作社内部运行机制促进其发展,在合作社发展中给予适当的政府支持有利于保障社员权益。因此,构建有利于社员权保护的合作社支持制度体系首先应遵循“公平与效率”“规范与发展”并重的法理念,完善合作社法律供给体系,并构建合作社政府监督制度体系。

第一章　合作社社员权理论

农民专业合作社的社员权制度涉及一系列权利义务关系，是设计机理较为复杂的制度体系。因此，在对农民专业合作社的社员权制度进行法律文本阐释以及对其实施的现实困境进行分析之前，有必要对与农民专业合作社社员权制度研究有关的基础理论进行解析，以为下文对制度缺陷引起的现实问题进行分析以及制度构造提供理论指引，并突出社员权问题的法学意义。本章试图从社员权的性质以及内涵界定、合作社的形成和本质、合作社社员权界定及利益调整关系三个方面，基于对现有研究成果的理解，建构本书对农民专业合作社社员权制度进行分析的理论框架。

第一节　社员权基础理论

目前学界对社员权基本理论问题的研究并不多见。然而，社员权不仅是本书研究的核心和基础概念，而且，正如德国学者

Habersack 所言，“社员权亦属一项值得作深入研究之问题”[1]，基于社员权存在的价值，可以说，社员权相关问题的研究是值得进行深入挖掘的“富矿区”。[2] “法律概念是法律规范和法律制度的建筑材料。”[3] 因此，开展本项研究探讨相关法律问题必须首先对基础概念进行界定，使研究和讨论能站在较为确定的基础之上。因为，所有的理论研究都是建立在对该研究涉及的基本概念的一致认识或相近理解的基础之上的，否则研究基础的不确定性也会导致研究的必要性和可行性难以确定。而且，有了对基本概念的较为一致的认识，关于该项研究的相关探讨和对话才能有效展开。因此，清晰、明确地界定社员权的概念尤为必要。然而，目前学界对社员权概念的界定却尚未有一致看法，而这又归结于对社员权性质的认识不一。基于此，本节主要从对关于社员权性质的不同观点进行辨析的角度对如何界定社员权概念加以分析，并在此基础上对社员权概念进行界定。[4]

一、社员权性质辨析

关于社员权界定，现有论述大多是基于民事权利的视角，如史尚宽先生、刘德宽先生、谢怀栻教授、张俊浩教授、王利明教授等。如：社员权者，社团法人之社员对法人所有之权利也；[5] 社员权者，构成社团社员，基于社员资格，对社团所具有之一种概括

---

〔1〕 Habersack Mcthias, Die Mitgliedschaft – subjecktives und sontiges Recht, Tübingen: Mohrsiebeck, 1996. 转引自王泽鉴：《民法总则》（增订版），中国政法大学出版社 2001 年版，第 188 页。

〔2〕 参见章光园：《再论社员权——以其演变、意义与保护为视角》，载《宁德师专学报（哲学社会科学版）》2007 年第 3 期。

〔3〕 ［德］魏德士：《法理学》，丁晓春、吴越译，法律出版社 2005 年版，第 91 页。

〔4〕 参见许英：《农民专业合作社社员权的涵义辨析与概念界定》，载《肇庆学院学报》2017 年第 4 期。

〔5〕 史尚宽：《民法总论》，中国政法大学出版社 2000 年版，第 19 页。

性的权利。[1]除此之外，也有学者从"社员地位"的角度来理解社员权，如李宜琛先生、洪逊欣先生。在具体看法上，李宜琛先生认为，"所谓社员权者，与其谓为一种权利，无宁解为一种法律上之地位也"[2]。洪逊欣认为则认为，"社团法人之社员，对社团，固然有取得权利或负担义务之资格，但此种资格，与其谓为独立之权利，毋宁解为仅系社员之法律上地位而已"[3]。因此，可以说，法学界对于社员权内涵的界定存在很大分歧，归纳起来，有社员资格说、社员地位说、权利义务集合说、权利说等不同观点。[4] 对此，有论述认为界定社员权应从权利角度入手，并且不应当包括义务在内，因此指出社员资格说、社员地位说、权利义务集合说均存在弊端，相较之下，权利说比较可取。[5] 然而，本书认为，从社员地位的角度看待社员权实际上强调的是社员相对于非社员而言所享有的权利，属于从权利外围对社员权加以理解，具有一定的合理性。而且，社员地位与社员权利本不可分离，只是各有侧重而已。再加上目前学界较少从社员地位角度对社员权进行界定，因此，本书对社员权性质的辨析主要立足于民事权利的视角。综合学界现有文献及其观点，对社员权性质的认识大致有"身份权""混合权利""独立民事权利"之别，对其辨析如下所述。

（一）社员权乃身份权之辨析

基于社员权的权利基础是社员的身份属性，有学者将社员权

---

〔1〕 刘得宽：《民法总则》，中国政法大学出版社 2006 年版，第 36 页。

〔2〕 李宜琛：《民法总则》，中国方正出版社 2004 年版，第 110 页。

〔3〕 洪逊欣：《中国民法总则》，台北，三民书局 1989 年版，第 54 页。转引自孙文桢：《民法法典化视野下的社员权》，载《武汉工程大学学报》2010 年第 8 期。

〔4〕 参见米新丽等：《我国农业合作社法律问题研究》，对外经济贸易大学出版社 2013 年版，第 158 ~ 160 页。

〔5〕 参见刘观来：《我国农民专业合作社社员权的诉权保护——以社员代表诉讼的制度构建为中心》，载《农业经济问题》2016 年第 12 期。

的实质定义为身份权，最为代表性的属胡长清先生。“依余所信，社员权因系一种独特之权利。但依我民法解释，则应以其属于身份权之范畴。盖社员权者与社员资格相始终之权利也，且其内容，以参与社团之事务为其主要成分，谓为身份权之一种，不亦宜乎？”[1]胡长清先生以社员权为独立之权利为基础，将其归结为身份权，一是将社员身份与社员资格相等同，二是从内容上看，社员权主要是对社团事务的参与权，而且非为物权或债权，“有谓其性质为债权者，其说殊难赞同，盖社员对于社团无请求权分派盈余之权利故也。有谓其为物权者，其说亦难赞同，盖社团之财产为社团自身之所以，社员无何种物权之可言故也”[2]。实际上，社员权仅与社员资格存在必然联系，并非指社员个人的人身，对此，我国已故民法学者谢怀栻教授的观点给予了有力回击，“社员权只与社员资格联系而与社员个人的人身无关，所以不能以之为人身权或身分权”[3]。而且，关于社员权乃身份权的观点还忽略了社员权本身所具有的财产权属性，实难全面概括社员权的本质属性。不过，后来又有学者提出，“社员权法与亲属法一样同属于私法上的身份法”，[4]实则与此“身份权”的理解有本质不同，是立足于“社员权以社员身份的存在为前提”的理解，是将“社员身份”与“社员资格”“社员地位”等同使用。另外，也有学者从对梅因时代的“从身份到契约”以及近代以来的“从契约到身份”之间的区别加以分析，指出社员权乃是一种基于“新身份”关系而需要

[1] 胡长清:《中国民法总论》,中国政法大学出版社 1997 年版,第 132 页。

[2] 胡长清:《中国民法总论》,中国政法大学出版社 1997 年版,第 132 页。

[3] 谢怀栻:《论民事权利体系》,载《法学研究》1996 年第 2 期。

[4] 孙文桢:《民法法典化视野下的社员权》,载《武汉工程大学学报》2010 年第 8 期。

获得必要的倾斜保护的弱者权。[1]

（二）社员权乃混合权利之辨析

称社员权乃混合权利，是将社员权看作是各类民事权利的总和，王利明教授的观点可为其代表，其认为社员权是指在某个团体中的成员依据法律规定和团体的章程而对团体享有的各种权利的总称。[2] 另外，黄阳寿先生也认为，“社员参与社团之设立或入社后，即与社团法人间发生各种权利义务关系。此权利义务关系，学理上一般称为社员权，其兼具有财产权与身份权之性质”[3]。尽管相对于“身份权”界定而言，以“混合权利”为概括体现在确定社员权的内容和范围时要相对周延些，然其界定又有在既有概念基础上对社员权做重复解释之嫌，因而丢失了单独对社员权进行界定的意义。可以说，这种概括性并看似全面的定义，实质上忽略了社员权之于民事权利的特殊性。

（三）社员权乃独立民事权利之辨析

实际上，在目前我国学界关于社员权基本理论的较为详尽和深入的研究要属我国已故著名民法学者谢怀栻教授。其在《论民事权利体系》[4]一文中不仅首先指出社员权即“民法中的社团的成员（社员）基于其成员的地位与社团发生一定的法律关系，在这个关系中，社员对社团享有的各种权利的总体”，并较为详尽地论述了社员权的特点、内容和范围，更为重要的是，其指出了社员权“不是个人法上的权利，而是团体法上的权利”。因此，社员权是

---

[1] 参见郑景元：《农村信用社社员权的整合构造及其分离行使——兼论权利的二元救济》，载《中国政法大学学报》2011 年第 3 期。

[2] 王利明：《民法总则研究》，中国人民大学出版社 2003 年版，第 209 页。

[3] 黄阳寿：《民法总则》，台北，东吴大学出版社 2003 年版，第 150 页。

[4] 参见谢怀栻：《论民事权利体系》，载《法学研究》1996 年第 2 期。

与其他民事权利相区别的一种独立的民事权利，并与人格权、亲属权、财产权、知识产权相并列而构成了民事权利体系。对于这一民事权利分类，另一著名民法学者王利明教授赞誉道："是对民法权利体系的重新构建，它不仅仅对民法的体系产生了重大影响，而且也是对市民社会成员的基本的私权的精辟概括"[1]。另外，谢怀栻教授的研究成果与社员权产生与发展的历史规律也是相契合的，因此，后来的研究社员权基本理论者几乎都追随了谢怀栻教授所持的观点，即"社员权乃一种独立的民事权利"，其中，章光圆、王振嵩、孙文桢、任科晋等都分别撰文对各自认识加以了阐述，并普遍认为"社员权乃民事权利体系不可或缺之组成部分"。然而，现有著述对社员权的基本理论研究仍缺乏全面和多向度的探讨，制度体系的构建通常又是建立在对其内涵全面把握的基础之上的，因此，需要全面而系统地把握社员权的内涵，以利于社员权制度体系的构建。

二、社员权概念界定

尽管如美国法学家博登海默在其著作中提到，"概念是解决法律问题所必须的和必不可少的工具。没有限定严格的专门概念，我们便不能清楚地和理性地思考法律问题。"[2]然而，要对社会实际生活中出现的各种现象进行周延并具有说服力的概念界定通常又是很困难的。因此，美国法官卡多佐先生关于"概念的

---

〔1〕王利明：《怀念谢老——谢怀栻先生的法学思想及其对我国民法事业的贡献》，载《人大法律评论》编辑委员会：《人大法律评论》（2003 年卷），中国人民大学出版社 2004 年版，第 421 页。

〔2〕［美］E. 博登海默：《法理学：法律哲学与法律方法》，邓正来译，中国政法大学出版社 2004 年版，第 504 页。

专横乃是产生大量不正义现象的根源”[1]的观点是不无道理的。又由于社员权本身具有复杂性和综合性,如有学者通过考察社员权的产生过程来阐述对社员权的理解,即由社员利益诉求转化而来的社员权利。[2]因此,与其直接界定社员权的概念,不如分析其特征从而概括本书对社员权含义的理解。[3]

（一）从历史渊源上看,社员权是团体法上的概念

社员权的产生和发展经历了一个漫长的历史过程,是经济社会发展到一定阶段的必然产物。在人类社会的历史发展进程中,当促使社员权产生的社会经济条件出现时,各种因素综合作用,社员权得以产生和发展,并与社会本位的立法状况密切相关。可以说,“社员权产生的直接条件就是具备独立人格之社团法人的出现,以及团体人格与成员人格的分离”[4]。然而,从法律因素上看,社员权的大量产生和发展却是因社会本位立法的盛行,主要标志是1897年《德国民法典》的颁布,即社员权是民法社会化的产物。社员权的产生和发展对弥补民法传统调整模式的缺陷具有重要贡献。在现代社会中,各种社团越来越发达,如投资公司、合作社、党派团体、人民群众团体、文艺和体育工作团体、学术研究团体、宗教团体、商会和行业协会等。由此可见,人被普遍团体化了,现代社会是一个团体人与个体人并存的社会。而且,不同团体的社员的身份、地位和能力都是不一样的。传统民法对抽

---

[1] [美]E.博登海默:《法理学:法律哲学与法律方法》,邓正来译,中国政法大学出版社2004年版,第508页。

[2] 参见张德峰:《合作社社员权论》,法律出版社2016年版,第54页。

[3] 参见许英:《农民专业合作社社员权的涵义辨析与概念界定》,载《肇庆学院学报》2017年第4期。

[4] 章光园:《再论社员权——以其演变、意义与保护为视角》,载《宁德师专学报(哲学社会科学版)》2007年第3期。

象的平等民事主体利益的关注以及其契约调整模式对现实生活中存在的各类团体是不具调整意义的。在这种背景下,民法的社会化成为必然趋势,现实社会生活需要其重新审视各式社会团体成员之地位,并赋予其不同的权利义务调整机制以适应社会生活对法律调整的需求。因此,民法必然包括个体法和团体法。作为团体法上的重要概念,社员权又是团体法的灵魂,是保障社团的运作并成为牢固的组织体以及实现组织体之目的的基石。

(二)从法律属性上看,社员权是体现多重社会关系的独立民事权利

如上所述,社员权乃团体法上的概念,并且是与人格权、亲属权、财产权、知识产权相并列的一项独立的民事权利,其权利主体、客体和内容值得进一步研究。现有论述大都指出了社员权的主体,然而对其客体则较少涉及,关于其内容的研究又存在不同理解,分歧较大。因此,这里先论述社员权的主体和客体,关于其内容则在下文详细阐述。

毋庸置疑,社员权的权利主体是社员,因为社员是社团的一分子。然而,社员权的相对人是否仅为社团呢?谢怀栻教授在《论民事权利体系》[1]一文中明确指出,社员权的相对人是社团,而且,王振嵩也在《关于社员权的法律概念、性质的研究》[2]一文中提出,社员权的相对人是社团,体现的是社员与社团之间的相互关系。而章光圆在《论社员权的概念、性质与立法》一文[3]中则指出,社员权的相对人不能仅仅局限于社团,其他社员和第三

[1] 参见谢怀栻:《论民事权利体系》,载《法学研究》1996年第2期。

[2] 参见王振嵩:《关于社员权的法律概念、性质的研究》,载《理论界》2007年第6期。

[3] 参见章光圆:《论社员权的概念、性质与立法》,载《宁德师专学报(哲学社会科学版)》2005年第4期。

人都有可能成为权利的相对人,因而社员权兼有绝对权和相对权属性。孙文桢在《民法法典化视野下的社员权》一文[1]中也提出,社员权的相对人并不局限于社团,还包括其他社员。笔者认为,从社员权所反映的社会关系上来看,其包括对内和对外两重社会关系,即社员权不仅体现为基于社员资格或地位所产生的社员之间以及社员与社团之间的社会关系,还包括社员与社团之外的第三人之间产生的社会关系。因为,要取得社员资格或具有社员身份,需要进行登记,登记后,这种社员关系对外就具有了公示性。在此意义上,社团、其他社员以及第三人都有可能成为社员权的相对人。此种理解也有利于对社员权的全面保护以及对社员权的行使对相对人将产生何种影响进行关注。

根据法的一般理论,法律关系的客体通常是指法律关系的主体享有的权利和承担的义务所共同指向的对象,又称权利客体和义务客体。社员权是团体法上的概念,团体的存在是社员权的基础。笼统地说,社员权的客体是行为。史尚宽先生也持这一主张,他提出,以他人之行为或不行为为标的者,如债权、社团与社员相互间之权利。[2] 史尚宽先生所指的"社团与社员相互间之权利",实际上就是我们这里所说的"社员权"。具体来说,社员权的客体包括社员请求社团为或不为一定的行为,社员请求其他社员为或不为一定的行为,以及社员请求第三人为或不为一定的行为。

所以说,社员权既体现了对内关系,又体现了对外关系。社员对于社团所享有的权利具有相对性,体现为相对权;然而,这种相对权一经登记又具有了公示性,具体表现为社员对社团其他社员或者不特定的第三人之间的权利义务关系,因而又体现为一种

[1] 参见孙文桢:《民法法典化视野下的社员权》,载《武汉工程大学学报》2010年第8期。

[2] 参见史尚宽:《民法总论》,中国政法大学出版社2000年版,第17页。

绝对性的权利。因此，关于社员权的理论研究和立法都应同时重视其内部关系和外部关系。

（三）从内容上看，社员权兼具非经济性的和经济性的权利

作为团体法上的概念，社员权在权利内容上具有综合性的特点，不仅包括非经济性的权利，同时还包括经济性的权利。社员权所涉利益的多元化使其权利内容也呈现多种属性，因而远非单一维度的人身权或财产权所能概括。诚如王利明教授所言，这种权利中既有作为团体成员的身份的权利，又有财产权利。〔1〕然而，现有论述要么将社员权分为共益权和自益权来讨论其具体内容；要么基于社员身份的特殊性，将社员权分为社员财产性权利、社员人身性权利以及社员程序性权利。前者的划分标准，是基于社员权的目的是为实现团体利益还是社员个人利益的考虑，因而具有一定的积极意义。后者的划分标准则是基于社员权的复合性和多重性特点，同时也看到了社员权与传统单向一维民事权利的区别，因而能够较为全面地阐述社员权的内容。然而，从名称的确切性角度考虑，社员权在具体内容构成上根据是否以经济利益为主为标准，划分为非经济的权利与经济性的权利。该划分为最佳方式，不仅能有效避免歧义，也与实际较为相符。实践中，社团本身的类型也是多样化的，有营利社团，也有公益性社团。社团是否进行经济活动，社员权中经济性的权利与非经济性的权利所处的地位则正好相反。其中，经济性质的权利以求得经济利益为主，包括社团设施的利用权、利益享受权等；非经济性质的权利则不以经济利益为主，包括社员出席社团会议的权利、选举和被选举的权利、发表意见的权利、对社团事务进行表决的权利以及参加社团活动的权利等。当然，社员权的具体体现因社团类型是

〔1〕 参见王利明：《民法总则研究》，中国人民大学出版社2003年版，第209页。

公司、合作社等的不同也会有所不同。

（四）从范围上看，社员权包括实体性权利和程序性权利

社员权既具有实体性，又具有程序性，是实体权与程序权的统一。长期以来，学界对社员权的论述较多是关注其实体性权利，而忽略或忽视了对程序性权利的研究，从而导致社员权研究出现片面并难成系统的局面。实际上，社员权中的程序性权利，如社员大会的决议的撤销诉权、决议无效诉权以及社员利益遭受侵害而行使的其他诉权或救济权等，不仅是社团实现自治的有效保障，还是实体性权利行使和实现的保障。如果社员权中的这些程序性权利得不到应有的重视，不仅难以实现社团宗旨，社员权中的实体性权利也会因缺乏保障而形同虚设。而且，社员权中的实体性权利又是程序性权利行使的目的和归属，因为行使程序性权利最终是为了争取实体性权利获得保护和救济。因此，我们对社员权的体系化研究必须同时重视其实体性权利和程序性权利，并重点关注二者之关联性。

总体来说，社员权非单一维度的人身权或财产权所能概括，在权利来源上，其来自宪法上的结社权，属于集合权利，因而具有概括性和集合性的特点。然而，作为团体法上的社员权对于实现团体利益和社员个人利益又具有不同的作用。[1]社员权中所包括的无论是经济性的权利还是非经济性的权利，都不是独立的，而是为实现社团宗旨和社员自身利益所必需的，彼此之间相互联系、不可分割，是一个统一并独立的社员权所不可或缺的。而且，从范围上看，社员权既包括实体性权利，也包括程序性权利，是一类具有双重性质的民事权利。

---

〔1〕 参见王杨：《新型农村合作金融组织社员权的法律保障——以农村资金互助社为研究视角》，载《中国农村观察》2019 年第 1 期。

第二节 合作社基础理论

一、合作社的形成

(一)合作社是出于人们的实际需要而产生的

合作社作为社团法人的一种,其产生、存在和发展,并不是因为先知们的发明,而是基于人们实际的需要。[1] 因此,合作社到底是怎样的组织,需要我们从实践经验中概括总结。无数实践经验表明,合作社是出于社会上广大的人群的实际需要而应运而生的,即合作社是有共同需求的人们为满足他们的共同需求而自愿联合起来的经济组织。[2] 1844 年,在英国罗虚戴尔成立的名为"公平先锋社"的消费合作社,就是由一批穷苦的工人作为消费者为满足自己的日常生活需要而联合开办的。"公平先锋社"的成立是合作社发展史上具有里程碑意义的一件大事,因为它在实践中创造了一种新的制度。"公平先锋社"的创办者就是先锋社的社员,他们作为劳动者和消费者同时受到工厂主和销售商的双重盘剥,他们为了改善自身所处的经济社会状况和缓解所处困境而联合起来成立"公平先锋社",满足他们现实的生活需求。因此,他们既是先锋社的主人,又是其顾客;既是其所有者,又是其使用者。使用者和所有者的统一是该消费合作社运作的主要特征,并在其章程中明确"本社以实现社员之经济利益与改善社员的地位及家庭境况为对象和目的",后来又逐步确立了确保合作社目的实现的一系列原则,这就是公平先锋社所创造的合作社制度框

---

〔1〕 参见唐宗焜:《合作社真谛》,知识产权出版社 2012 年版,第 3 页。

〔2〕 唐宗焜:《合作社真谛》,知识产权出版社 2012 年版,第 9 页。

架。实际上,罗虚戴尔公平先锋社并非世界上第一个合作社,而是世界上第一个成功的合作社,因为它所创造的这种新制度对后来合作社的发展发挥了至关重要的作用,并深深地影响了合作经济的思想、立法和实践。正是在此意义上,可以说,罗虚戴尔公平先锋社以其制度创新标志着现代合作社运动的开端,合作社也因此成为市场经济中不可或缺的经济社会组织形式。罗虚戴尔公平先锋社的成功在社会上产生了示范效应,成为英国各地消费者合作社仿效的模式。也就是说,按照罗虚戴尔原则经营合作社事业的合作社适应了现代社会的发展并真正获得了新生。[1] 另外,合作社运动的不断发展也促进了合作社之间的联盟与合作,最终在 1895 年成立了第一个国际性的合作社组织,即国际合作社联盟。进入 20 世纪以后,合作社发展的范围越来越广,涉及领域越来越多。后来,联合国也成为世界合作社的中心协调组织支持合作社的发展,联合国设立的国际劳工组织于 2002 年通过了促进合作社发展建议书,成为国际上支持合作社发展的纲领性文件。

综上所述,罗虚戴尔公平先锋社的成立完全是出于社员自身的实际需要,而且,他们所制定的规则也是从现实环境出发,趋利避害,保证自身需求得以满足,并促进合作社可持续发展。尽管罗虚戴尔公平先锋社所创造的合作社制度不可避免地具有一定的历史局限性,然而,它的成功反映了能得以推广的合作社所应具有的本性和要素特征,为后来的国际合作社运动实践奠定了基础。国际合作社联盟在成立后一直致力于合作社概念的确定和合作经济的推广,并对罗虚戴尔公平先锋社的成功经验进行了概括总结,而总结出来的成功经验也指引着日后各国合作社的健康

[1] 管爱国、符纯华译著:《现代世界合作社经济》,中国农业出版社 2000 年版,第 106 页。

发展。

(二)合作社是矫正市场交易中谈判权力失衡的有效组织

合作社基于人们的实际需要而产生,是商品经济和市场经济发展到一定阶段的必然产物,是经济上处于弱势地位的人们自愿联合起来应对市场风险的互助组织。正如有著述提到,"以增进社员利益为目标的合作社避免了市场调节不足的可能性,而且使外部收益内部化"[1]。也就是说,从合作社产生的外部环境来看,恶劣的经济社会环境是推动合作社事业发展的主要动力,因此,合作社主要存在于天生竞争处于劣势的农业生产者和手工业生产者中。人们在市场经济中最基本的经济活动就是市场交易,市场交易各方在交易过程中能否实现各自利益的关键在于其在市场上是否具有谈判权力,而该谈判权力又直接来自参与市场交易的主体在市场竞争中所处的强弱势地位。无论是农业生产者还是手工业者,在市场交易中与强势厂商谈判时都常常处于弱势地位,如农业生产者在购买农业生产资料或出售农产品时,面对实力悬殊的市场交易主体,根本不可能掌握交易的谈判权力,其弱势地位常常导致各项交易条件为强大的对方交易主体所掌握,实力悬殊最终导致利益落差巨大,处于弱势地位的市场交易者利益受损。而且,处于分散状态的农业生产者或手工业者等都不可能真正掌握市场交易的谈判权力,在这种情况下,他们只有联合起来通过合力来对抗始终控制交易条件的强势交易方,从而获得平等竞争的交易条件。因此,当有这种需求的人们自愿联合起来组成合作社,他们就获得了一种具有合力的组织资源,使他们拥

〔1〕 参见国鲁来:《农村合作组织合作社制度及专业协会实践的制度经济学分析》,载中国社会科学院农村发展研究所编:《中国农村发展研究报告 No. 3》,社会科学文献出版社 2002 年版,第 201 页。

有了在市场交易中谈判的权力。因此,合作社就是在市场交易中本来没有或者缺乏谈判权力的群体争取和创造自己的谈判权力的一种有效的组织形式。正如沃特金斯在《合作社原则:今天和明天》一书中所说:"合作社联合的初始目的是获得权力。无论哪种合作社,都是产生和拥有经济权力的机制,这种经济权力是它们的社员作为个人几乎是不可能得到的。在市场经济中,这种权力的最简单的形式就是谈判权力,而联合就可以作为买者或卖者来行使这种权力。"[1]换句话说,合作社就是矫正市场交易中原本处于强弱势地位的交易各方谈判权力失衡的一种有效组织。对于处于弱势地位的交易群体来说,加入或组建合作社也是他们获得市场交易谈判权力的有效途径。

二、合作社的本质和原则

罗虚戴尔公平先锋社的成功就在于其创造了一种能够满足社员需求的合作社制度。而要弄清楚合作社是怎样在制度安排上保证社员的需求得以满足的,就需要我们从理论上分析合作社的本质属性以及合作社的组建和运作所依据的原则。

(一)合作社的本质

根据自 1844 年罗虚戴尔公平先锋社成立以来的世界现代合作社运动的实践经验,能够保证社员需求得以满足的合作社价值主要体现在以下三个方面:

第一,在组织特征上,合作社是由人们自愿组合而成的,相对于资本的联合而言,合作社是人的联合,因此,其联合的目的也是满足资源联合的人们的共同需求,而不是致力于投资回报的最大

〔1〕 W. P. Watkins, Co - operative Principles: Today and Tomorrow, Manchester: Holyoake Books,1986. 转引自唐宗焜:《合作社真谛》,知识产权出版社 2012 年版,第 13 页。

化。这种以人为中心的组织形态决定了社员出资是合作社资本结构的主要组成部分。出资不仅是社员的义务，也是社员的权利。一方面，出资是取得社员资格的条件，只有取得社员资格才能获得合作社提供的服务，因此，出资也是社员享受合作社服务的条件；另一方面，出资也是合作社成员行使民主权利的基础。[1]作为独立的社团法人，合作社的财产构成主要以社员出资为基础。在责任承担上，合作社以其法人财产对外承担责任，社员则以其出资对合作社承担责任。除了合作社为清偿债务而消耗掉社员的出资之外，社员的出资及其增值最终是属于出资的社员个人所有，社员出资后转移的是其对出资的使用权。而且，合作社是由社员联合所有的组织形态，合作社能够利用社员的出资形成社员联合所有的资本。在此意义上，社员联合所有与社员对其个人份额的个人所有具有一致性。社员联合所有可以说是社员对合作社的权益，因此其与合作社作为法人享有的法人财产权也是不矛盾的。

第二，在治理结构上，社员民主控制是合作社区别于其他组织的重要特征。在治理机构上，合作社也设有社员大会、理事会、监事会和经理，与股份公司的治理机构在形式上具有类似性。然而，合作社的法人治理结构或者说治理机制却与股份公司截然不同。相较于股份公司股东以其所持股份对公司行使权利，合作社在治理结构上实行的是“一人一票”的民主管理机制。从一定意义上说，社员民主控制也是保证合作社不偏离为社员服务的宗旨所不可或缺的治理机制。因此，在合作社引入外资的过程中，必须防止资本对合作社的控制，社员一旦丧失对合作社事务的民主

〔1〕 参见张晓山：《农民专业合作社规范化发展及其路径》，载《湖南农业大学学报（社会科学版）》2013 年第 4 期。

控制，社员权益被侵害的现象就在所难免，而且也容易蜕变为追求投资回报的非真正意义上的合作社。

第三，在组织目标上，合作社存在的价值在于社员受益。如前所述，合作社是出于人们的实际需要由人们自愿联合而成的，他们联合的目的是使合作社这种组织能够提供他们所需要的服务，并使他们能从这种服务中获益。也就是说，为社员服务是合作社的宗旨。而且，合作社的利益与其社员的利益是一致的，合作社在运作过程中不能脱离社员的利益去追求合作社自身独立的利益。否则，合作社就不成其为合作社，或者不是名副其实的合作社。在手段上，社员联合所有和社员民主控制是确保社员受益的关键要素。同时，社员受益又是社员联合所有在经济上的体现，社员民主控制则是确保社员受益的合作社固有的治理机制。在内容上，社员受益体现在两方面：一是社员的根本利益是社员通过利用合作社提供的服务而增强在市场交易中的谈判权力所获得的利益，具体包括联合购买产生的节约开支、联合销售产生的收入增加以及通过合作社的合力举办个人办起来不经济的事业所产生的经济利益等。二是在合作社有盈余的情况下，社员享有盈余的支配权、分配权和受益权。

总体来说，合作社区别于其他组织的质的规定性在于社员所有、社员控制和社员受益。这也是研究合作社社员权的三大关键要素。

（二）合作社的原则

合作社原则与合作社质的规定性紧密相关，可以说，合作社质的规定性是合作社原则的基础，合作社原则是合作社质的规定性的集中体现。因此，对合作社原则的概括，必须结合国际合作社运动的实践，并对合作社实践的经验进行归纳总结。我们这里所说的合作社原则,实际上就是在总结世界上第一个成功的合作社"罗虚戴尔公平先锋社"基本经验的基础上,经由国际合作社运动实践的检验和发展,得以概括的对合作社发展具有普遍意义的基本原则。国际合作社联盟对合作社原则的概括做出了巨大贡献,为适应形势的发展,国际合作社联盟先后三次对合作社原则进行了审议和修订。最终,国际合作社联盟于 1995 年在联盟成立百年代表大会上通过的《关于合作社特征的声明》(以下简称《声明》)全面阐明了合作社的定义、价值和原则。[1]2002 年 6 月,国际劳工组织第 90 届大会通过的《关于发展合作社的建议书》,对合作社制度的定义、价值和原则等内容,采用了国际合作社联盟 1995 年通过的《声明》。可以说,罗虚戴尔原则得到了国际广泛认可,是当前公认的合作社制度边界。[2]

国际合作社联盟在《声明》中将合作社原则概括为七项:自愿与开放的社员资格,民主的社员控制,社员经济参与,自治与独立,教育、培训与告知,合作社之间的合作,关注社区。[3] 这七项原则对合作社来说是一个有机联系的整体,我们不能孤立地理解各项原则,而应将各项原则贯彻于合作社实践的全部过程。合作社原则不仅是合作社的组织规范,也是合作社的行为准则。因此,只有切实把握各项原则的内涵和实质,才能准确地在合作社运作实践中加以贯彻实施。下面,笔者将结合《声明》对这七项原则的具体阐述来评析合作社原则,并指出其对我国农民专业合作社制度建设的指导意义。

1. 自愿与开放的社员资格。从内涵上看,该项原则包含社员

---

[1] 参见中华全国供销合作总社国际合作部编写:《国际合作社联盟》,中国社会出版社 2009 年版,第 8 ~ 9 页。

[2] 钱森:《农民合作社制度思辨》,山东人民出版社 2017 年版,第 83 页。

[3] 参见唐宗焜:《合作社真谛》,知识产权出版社 2012 年版,第 24 ~ 28 页。

资格的自愿性与开放性两层含义。社员资格的自愿性,指的是合作社是自愿的组织,任何人不得强迫,包括入社自愿和退社自由两个方面。社员资格的开放性则指的是对每个自愿入社的人没有性别的、社会的、种族的、政治的或宗教的歧视,是向一切能够使用合作社服务并愿意承担社员责任的人们开放。由此可以看出,社员资格的开放性实际上包括两个条件:一是能够使用合作社服务,二是愿意承担社员责任。换句话说,不使用合作社服务的人加入合作社就有违合作社为社员服务的宗旨,社员不仅应当享有社员权利,还应当履行社员义务、承担社员对合作社应负的责任。

2. 民主的社员控制。该项原则的含义不仅是指合作社的控制权由社员掌握,而且,社员行使控制权是按照民主的程序进行的。社员是合作社的主人,无论是合作社的管理人还是合作社的雇员,其行动都应对合作社社员负责,为社员利益服务。

3. 社员经济参与。社员经济参与包含两方面内容。一方面,在合作社资本的形成与控制上,社员应对合作社公平地出资,并按照民主程序控制合作社的资本;而且,合作社资本中至少有一部分通常是合作社的共同财产,如用于弥补合作社亏损、发展合作社经营或转增社员股本等的"公积金";另外,对社员出资实行资本报酬有限原则,社员出资是取得社员资格、获得合作社服务的条件,因此,合作社的"资本报酬"只是合作社对社员出资形成的资本进行使用而给予的补偿,或者说是使用资本的成本,故实行有限原则。另一方面,在合作社盈余的支配与分配上,社员有权决定对合作社盈余设立公积金用于发展合作社事业,将可分配盈余按每个社员与合作社交易额的比例返还给社员,即"惠顾返还"。另外,经社员认可、社员大会决策,也可将合作社盈余用于其他活动。社员经济参与,实际上是关于社员有权决定如何支配或分配合作社盈余的问题，而且社员也可根据合作社的实际情况决定可分配盈余的用途。

4. 自治与独立。这是处理合作社的外部关系，包括与政府或其他经济组织所应遵循的基本原则。合作社是由社员控制的自治的组织，无论其与其他组织还是与政府达成协议，或者是要从外部筹资，都必须以确保合作社的自治为条件，即保证合作社由其社员实行民主控制。也就是说，合作社在发展的过程中不可避免地要与政府或其他经济组织打交道，但要坚持合作社的独立性，不能受制于外部力量；或者是要从外部力量处筹集资本，但筹资的前提是不能破坏社员的民主控制和合作社自治。否则，合作社就可能蜕变为其他组织，而非真正意义上的合作社了。

5. 教育、培训与告知。该项原则既包括在合作社内部传播合作社知识、合作社文化，培育合作社意识以及培养社员或其他工作人员为合作社工作的各种技能，也包括在合作社外部面向社会公众对合作社知识、文化或精神的传播。笔者认为，对于这项原则的贯彻执行，政府应发挥重要的作用，政府应为合作社知识、文化或精神的对内对外传播提供政策和法律上的支持，为合作社事业发展创造相应的环境条件。

6. 合作社之间的合作。合作社之间的合作，包括国内合作社之间的合作以及合作社之间跨越国界的合作。加强合作社之间的合作有利于提高合作社的实力，提升合作社参与市场经济活动的竞争力，但同时也必须注意的是，合作社之间的合作不能以伤害社员的民主控制以及合作社的自治为代价，应在实现规模效益的同时兼顾合作社社员的民主控制以及合作社自治，平衡各方利益。贯彻合作社之间的合作原则，在合作社实践中的主要方式是，可以发展合作社联社，或者是发展专业合作社。

7. 关注社区。该项原则指的是，合作社要履行的相关社会责任,即合作社在自我发展的过程中,也要为社区的发展做出应有贡献。当然,“关注社区”的具体内容也是由社员共同决定的。

上述关于合作社的各项原则是一个有机的整体,对任何一项原则的否定都会影响对其他各项原则的贯彻执行。不过,在以上七项合作社原则中,笔者认为,“自愿与开放的社员资格”“民主的社员控制”“社员经济参与”可以说是合作社原则的核心。这三项原则最能反映合作社的本质,也成为界定合作社的基准。

综上所述,合作社原则是对国际合作社运动实践积累的经验的概括总结,是合作社的根基。但是,合作社原则并不是一成不变的,随着合作社生存环境的变化,合作社原则也是变化发展的。而且,国际合作社联盟所确定的合作社原则也只是检验某个组织是否为合作社的基本标准,为各国合作社制度的建立和发展提供基本框架。也就是说,以上原则对各国合作社的具体制度安排仅具有指导性而非强制性。各国由于具体国情千差万别,对国际合作社原则的执行也不可避免地存在差异。合作社原则在经济社会发展的进程中本身也需要不断调整和完善。而且,在世界范围内,合作社运动体现为共同性与多样性的统一,对合作社原则取得完全的共识会是越来越困难的事情。可以说,合作社原则应是一个开放的体系,不能仅以国际合作社联盟所确定的合作社原则是否得到严格执行来作为判断合作社的准则。[1] 实际上,各国的合作社立法对国际合作社原则的引入通常也是各具特色的。因此,本书认为,各国在进行合作社立法或合作社制度安排时主要应把握合作社区别于其他组织的质的规定性,可以根据本国经济

〔1〕 参见徐小平:《中国现代农业合作社法律制度研究》,西南政法大学 2007 年博士学位论文,第 37 页。

社会发展的实际情况和相应需要做出适应本国合作社发展的制度安排。就我国而言，针对当前我国农民专业合作社在发展中遇到的实际问题，我们需要的是能够“让农民组织起来”和“真正为农民服务”的较为健全和完善的农民专业合作社制度。

第三节　合作社社员权界定

一、合作社社员权含义〔1〕

我国《农民专业合作社法》并未对其成员〔2〕享有的社员权进行直接的法律界定，只是列举了社员权的内容。如前所述，社员权是一项独立的民事权利，但根据权利义务的一致性原理，社员权实际上也是对社员权利和社员义务的统称。再结合农民专业合作社的法律内涵，农民专业合作社社员权，即是指具备社员资格条件并办理入社手续成为合作社社员后，所享有的权利和承担的义务的总称。当然，对社员权的理解离不开对社员法律地位的认识。一般认为，社员的法律地位主要体现在两方面，即社员与合作社之间的法律关系以及社员之间的法律关系。这两项法律关系都涉及合作社的内部关系。然而，笔者认为，对农民专业合作社社员权内涵的切实把握，还需考虑合作社内部关系对外部关系的影响。

具体来说，应从以下三方面把握合作社社员权的内涵：首先，

---

〔1〕 参见许英：《农民专业合作社社员权的涵义辨析与概念界定》，载《肇庆学院学报》2017 年第 4 期。

〔2〕 本书在一般意义上使用“社员”说法，但在引用《农民专业合作社法》及其相关法律规定时使用的是“成员”说法，在未特别说明时，本书所说“社员”与“成员”是同一指称。

社员权是社员与合作社之间法律关系的集中体现。即具备社员资格条件通过出资成为合作社社员后,可以基于社员身份对合作社享有权利并承担义务,如社员对合作社的民主控制等。也可以说,社员是合作社内部规范化建设与外部效益化追求的根本动力。[1] 其次,社员权在社员与社员之间具有平等性。社员之间社员权的平等,也是指社员之间的法律地位平等。在合作社的运作中,每位社员平等地享有社员权利和平等地履行社员义务,共同推动合作社事业的发展。具体来说,社员对合作社事务实行民主管理或者说社员的民主控制原则就是对社员权平等性的集中反映。而且,合作社社员权的平等性是实质平等而非形式平等,即并非权利义务的等同,如社员是否出资以及出资的差异都会导致社员实际享有的表决权、盈余分配权在具体数额上并不完全相同。最后,社员权利的行使应兼顾其他社员的利益、合作社整体的利益以及与合作社发生业务往来关系的第三人的利益。这一点在合作社实践中往往为很多人所忽略,大家通常较为关注社员权中的权利,而忽略或淡化其中的义务。实际上,社员权利与其他相关利益主体的利益平衡问题也是关于"社员权是社员权利义务的总称"的另一种全面阐释。

总之,对农民专业合作社社员权的理解,一定要明确和把握合作社在运行过程中所形成的各种经济社会关系。我国农民专业合作社的形成和发展也有其特定的社会经济背景,相关制度设计就应关切我国实际,尤其是要注意农民专业合作社的发展与规范之间的关系,致力于实现农民专业合作社的长期绩效与短期绩效的平衡。我国《农民专业合作社法》的立法目的在于规范农民

[1] 参见徐建群:《关于农民专业合作社社员建设的思考》,载《农村经营管理》2016年第9期。

专业合作社的行为，保护农民专业合作社及其成员的合法权益。社员权制度建设不仅在维护农民专业合作社及其成员的合法权益上至关重要，而且也是农民专业合作社规范化和质量提升的关键。然而，农民专业合作社社员权研究是在法学界长期被忽视的典型。一项关于"农民合作社研究的多维度特征与发展态势分析"的研究指出，合作社规范化等主题值得学界重点关注和深化研究。[1]随着农民专业合作社地位与作用的不断凸显，尤其是其在推进农业农村现代化进程中的重要意义，我国农民专业合作社社员权及其立法保护问题应当引起高度重视。[2] 现行《农民专业合作社法》虽对一些已不适应合作社实践发展的需要的规定进行了修订，然而，其关于社员权的相关规定过于简略，在社员权的制度建设上仍存在诸多缺陷与不足，既不利于保护农民专业合作社及其成员的合法权益的法律目标的实现，又因为实践中出现了大量偏离法律规定的不规范发展的农民合作社，也必将制约我国农民专业合作社的进一步发展和新型农业经营主体的培育。因此，农民专业合作社的社员权制度建设应立足于我国实践中农民专业合作社发展的制度需求，以实现合作社事业宗旨为目标，以合作社价值和原则为根本，以合作社社员利益保护为核心，全面协调和平衡各种利益关系，贯彻公平与效率相结合的价值理念，运用法律形式对合作社社员权利以及各种相关利益做出充分而有效的维护与保障。

---

〔1〕 参见张连刚、陈卓等：《农民合作社研究的多维度特征与发展态势分析——基于1992～2019年国家社科和自科基金项目的实证研究》，载《中国农村观察》2020年第1期。

〔2〕 参见刘观来：《我国农民专业合作社社员权的诉权保护——以社员代表诉讼的制度构建为中心》，载《农业经济问题》2016年第12期。

二、合作社社员权调整的利益关系

如前所述,社员权既体现了对内关系,又体现了对外关系。在对内关系上,农民专业合作社的社员权体现为社员对农民专业合作社的权利义务关系;在对外关系上,则体现为社员与社员之间以及社员对不特定的第三人之间的权利义务关系。也就是说,社员权关系所涉及的利益主体是多元的,不仅有社员,还有合作社以及其他利益相关者。尤其在目前我国农民专业合作社的实践中,社员异质性还很普遍,因此,社员也存在农民社员与非农民社员、普通社员与核心社员之分,不同类型的社员之间有着不同的利益诉求。可以说,合作社的终极目的之一便是对公平的追求,这种"公平"不仅是指形式公平,还包括实质公平,不仅体现为组织内的公平,还体现为组织外的公平。〔1〕因此,农民专业合作社的社员权制度的正当性就在于,其制度设计在维护社员利益的同时也能兼顾不同利益主体之间的利益平衡。正如罗斯科·庞德所言,在确定了法律予以保护的利益是什么之后,所有利益不能全部得到保护也不能彻底地得到保护,因为许多利益是交错的、或多或少有冲突的。如何衡量这些利益就成为摆在我们面前的一个问题,它们对立法者来说是根本问题,也是法院在选择推理起点、在解释和标准的运用中经常要面对的问题。〔2〕

(一)社员与合作社之间的利益平衡

从本质上而言,合作社是社员联合所有、民主控制的组织,社员与合作社之间存在紧密的利益关系。农民专业合作社作为社员自愿联合而成的互助性经济组织,社员作为个体与作为独立法

〔1〕 参见钱淼:《农民合作社制度思辨》,山东人民出版社 2017 年版,第 88 ~ 89 页。
〔2〕 参见[美]罗斯科·庞德:《法理学》(第三卷),廖德宇译,法律出版社 2007 年版,第 247 页。

人的农民专业合作社整体既有利益联合也有利益冲突。一方面，农民专业合作社的宗旨即是为全体成员谋取利益，因此，作为整体的农民专业合作社利益与成员个体的利益具有一致性。另一方面，从合作社的持续稳定发展来看，合作社的整体利益更注重合作社的经营与发展，如合作社规模的扩大以及市场竞争力的提升等，但社员个体又由于存在不同类型的差异而有不同的利益要求，如非出资成员主要是利用合作社的服务，关心的是与合作社惠顾的价格改进，出资成员尤其是出资额较多的成员则较为关心合作社的盈利情况，普通成员关心的是自身的经济利益较入社前是否有增进或是否受到核心成员的侵害，核心成员则更为关心的是对合作社经营事务的控制权以及盈余分配的控制权是否受到削弱等。由此可见，社员自我利益与农民专业合作社利益之间的冲突在所难免。因此，农民专业合作社要获得持续不断发展的生命力，必然要求在社员与合作社之间建立紧密的利益联结关系。正如“如何在公司利益与股东利益之间寻找平衡点，亦是公司法股东权制度中的要点”[1]，农民专业合作社与其社员之间的利益平衡对合作社的发展甚为关键，也是社员权制度中的重点问题。

（二）不同类型社员之间的利益平衡

我国农民专业合作社在发展实践中，由于资金的需求，成员异质性非常普遍，而且立法也对成员异质性问题做出了相应的制度安排。因此，农民专业合作社的成员基于身份的不同而存在农民成员与非农民成员之分，基于出资以及出资多少的差异而存在普通成员与核心成员之分。不同类型的成员之间必然存在诸如民主控制权、盈余分配权等各种利益冲突。因此，在成员异质性

---

〔1〕 李彤：《近代中国公司法中股东权制度研究——以法律与社会的互动为中心》，法律出版社2010年版，第30页。

条件下,社员权制度设计不仅要考虑社员之间的形式平等问题,而且要对客观存在的基于农民成员或普通成员的弱势地位而产生的实质不平等通过法律加以适度矫正,以实现法律制度的实质公平价值,将效率价值建立在公平价值的框架之内。

(三)社员与债权人之间的利益平衡

社员与债权人之间的利益平衡主要反映在合作社的财产责任制度与退出制度上。也就是说,合作社的财产责任制度与退出制度设计能否兼顾社员与债权人之间的利益,是制度正当合理性的重要考量。一方面,由于农民专业合作社的成员主要为农民,农民的经济实力较弱,因此农民专业合作社法并未强制要求成员入社以出资为前提,而是交由合作社章程自主确定。然而,成员对合作社的责任又是以其出资额为限承担有限责任,必然造成未出资成员对合作社债务的承担难以实现。另一方面,农民专业合作社遵循“入社自愿,退社自由”的原则,社员经常处于变动之中,而且社员退社还需返还其出资,又必然造成合作社财产也处于经常变动之中,就合作社的债权人而言,合作社责任财产的经常变动导致合作社的信用难以评估,显然不利于合作社债权人利益的保护。因此,有效协调与平衡社员与债权人之间的利益,是社员权的取得与丧失制度设计的考量重点。

第二章 合作社社员权主体制度

在法理学领域,权利概念抑或义务概念是法律中的最基础概念,曾是学界争论的热点话题,然而,有学者通过法律实证分析和历史分析,提出主体概念才是法律概念体系的起点。在对法律的主体性进行历史分析后更是指出,罗马法以来的权利法模式是个人主体性在法律层面发展的结果。所以说,主体概念更有理由被看成是实在法律的最一般概念。[1] 在美国法学家约翰·齐普曼·格雷看来,法律意义上的主体系指享有法律权利和承担法律义务的人,也包括享有权利不承担义务或者承担义务不享有权利的人。[2] 如前所述,社员权在性质上应归属为一项独立的民事权利。而权利主体必须以具有主体资格为前提,即为法律所赋予承受法律关系的资格。唯具有主体资格者,才可以成为权利主体。可以说,主体资格问题,是法律制度的核心问题,关系到法律规定

---

〔1〕 龙卫球:《法律主体概念的基础性分析(上)——兼论法律的主体预定理论》,载《学术界》2000 年第 3 期。

〔2〕 参见[美]约翰·齐普曼·格雷:《法律主体》,龙卫球译,载《清华法学》2002 年第 1 期。

的利益落实到谁的问题。[1] 与此同时,社员权主要反映的是社员与合作社之间的法律关系,社员资格制度也是农民专业合作社法规范合作社组织的重要法律制度。因此,对社员权主体制度的研究,除社员主体资格外,还必须立足于合作社主体的规范性讨论框架。

第一节　合作社社员资格

如上所述,要成为社员权主体,必须有法律所赋予社员主体资格。社员资格,即主体成为合作社社员所应具备的身份或地位。

一、社员资格条件界定

社员资格条件与社员资格是两个不同的概念。社员资格条件,是指获得社员资格需满足的条件,是社员权制度研究的前提。满足社员资格条件的不一定获得社员资格,但获得社员资格须首先符合社员资格条件。

从合作社的形成来看,合作社是具有共同需求的人们自愿联合而成的组织,为鼓励和吸引人们加入合作社,扩大合作社的力量,在社员的资格条件方面,现代合作社运动奉行开放性原则。国际合作社联盟所确立的七项合作社原则中,其中第一项就是"自愿和开放的社员资格原则",即合作社是自愿的组织,对所有能够利用合作社服务和愿意承担社员义务的人开放,无性别、社会、种族、政治和宗教的歧视。各国由于社会经济条件不同以及合作社的发展情况也存在较大差异,对社员开放性原则既有继承

---

〔1〕 参见龙卫球:《民法总论》,中国法制出版社 2001 年版,第 187 ~ 188 页。

也有发展。也就是说,各国或地区的合作社立法和合作社实践既对吸收社员持开放性态度,但也存在或多或少的限制条件。

关于社员资格条件,主要包括积极资格条件和消极资格条件两个方面。具体来说,积极资格条件是指能成为合作社社员应具备的条件,如年龄、居住区域、国籍、关联性等方面的规定,还包括"能够使用合作社服务""愿意承担社员责任"等;消极资格条件则是指不能成为合作社社员的限制性条件,如道德品质低下的人不能成为社员、不能同时参加两个性质相同的合作社等。如我国台湾地区"合作社法"对个人社员与法人社员分别做出了不同的社员资格条件规定。对自然人而言,只要年满 20 岁便具有入社的资格,如果未满 20 岁,则要求有行为能力亦可入社。同时也规定了被排除社员资格的情形,如褫夺公权、破产、吸用鸦片或其代用品则不得为合作社社员。对法人而言则要求是非营利者,而且只能加入有限责任的保证责任合作社为社员。[1]

二、我国法律关于社员资格的规定

(一)社员资格条件规定

成为农民专业合作社的社员,须符合法律规定的社员资格条件。根据我国《农民专业合作社法》第 19 条的规定,具有民事行为能力的公民,以及从事与农民专业合作社业务直接有关的生产经营活动的企业、事业单位或者社会组织,能够利用农民专业合作社提供的服务,承认并遵守农民专业合作社章程,履行章程规定的入社手续的,可以成为农民专业合作社的成员。但是,具有管理公共事务职能的单位不得加入农民专业合作社。由此可见,在积极资格条件方面,法律对自然人和团体组织分别做出了相应

---

〔1〕 参见李锡勋:《合作社法论》,台北,三民书局 1982 年版,第 87 ~91 页。

要求，同时还要求能够利用农民专业合作社提供的服务、承认并遵守农民专业合作社章程；在消极资格条件方面，法律明确规定“具有管理公共事务职能的单位不得加入农民专业合作社”。具体来说，关于社员资格条件规定，须从以下四方面理解我国现有法律规定。

1. 社员资格范围包括自然人和团体组织

自然人取得社员资格必须是具有民事行为能力的中国公民，企业、事业单位和社会组织要取得社员资格就必须是从事与农民专业合作社业务直接有关的生产经营活动的团体组织。可以看出，我国现行立法在贯彻国际合作社联盟所确定的社员开放性原则的同时，也对社员资格条件做出了一定限制，如关于自然人民事行为能力的限制以及团体组织与合作社要有关联性的限制等。其中，《农民专业合作社法》（修订草案）曾将自然人社员资格修改为具有“完全”民事行为能力的公民，以排除限制民事行为能力以及无民事行为能力的公民成为合作社的成员，但修订过程中基于农村贫困人口脱贫致富的需要以及非完全民事行为能力人享有土地承包经营权等实际情况，最终修订通过的《农民专业合作社法》对自然人成员的规定未作修改。[1] 关于团体组织加入农民专业合作社的法律限制，一方面在于农民专业合作社的发展需要其他企业、事业单位和社会组织提供资金、技术、市场经验等方面的优势；另一方面又在于防止资本等因素对弱势农民的过度裹挟。

2. 能够利用农民专业合作社提供的服务

从组织特性上而言，农民专业合作社成立的目的在于满足成

---

〔1〕 参见王瑞贺主编：《中华人民共和国农民专业合作社法释义》，法律出版社 2018 年版，第 56～57 页。

员的共同经济和社会需求，在此意义上，只有能够利用农民专业合作社提供的服务才能成为农民专业合作社的成员，因为，只有在有这样需要的成员的参与下，才能保证农民专业合作社的有效存在和生产经营活动的正常开展，从而维护成员自身的权益。

3. 承认并遵守农民专业合作社章程

章程是合作社制度的核心内容，是对合作社及其社员与管理人员具有约束力的调整合作社内部组织关系和经营行为的自治性规范。在本质上，合作社章程就是社员之间的契约，是合作社实现自治的工具。合作社章程一般由合作社的设立人合意制定，从其契约属性来看，任何自然人、法人或者非法人组织只有在承认并遵守特定农民专业合作社章程的基础上，才有可能成为其社员。

4. 具有管理公共事务职能的单位不得加入农民专业合作社

我国法律不仅赋予农民专业合作社具有独立的市场主体法律地位，而且与其他市场主体享有平等法律地位，其生产经营自主权受到法律保护。因此，法律关于社员资格消极条件的规定，即是排除了具有管理公共事务职能的单位加入农民专业合作社。这样的规定，可以说，一方面是为防止政府及其有关部门或单位不当干预农民专业合作社的生产经营活动；另一方面也是为保障农民专业合作社作为市场主体的独立性和平等性，防止具有管理公共事务职能的单位利用公共资源为农民专业合作社提供不当服务，形成不正当竞争，从而影响市场经济秩序和其他市场主体合法权益。

（二）社员资格的取得规定

满足社员资格条件不等于社员资格的取得。根据我国《农民专业合作社法》第19条的规定，符合相应社员资格条件的“可以成为农民专业合作社的成员”。也就是说,法律并未规定具有社员资格条件的主体当然成为农民专业合作社成员。此处“可以”的含义表明该规定中的社员资格条件仅为必要条件,而非成为社员的充分条件。换句话说,只有在具备法定实体条件的前提下,才有可能通过相应程序而取得社员资格。[1] 根据我国法律的规定,要取得农民专业合作社的社员资格,还须履行章程规定的入社手续。社员资格的取得是获得社员主体地位的前提,也是社员权的基础。

符合《农民专业合作社法》第 19 条、第 20 条规定的公民、企业、事业单位或者社会组织,可以在农民专业合作社成立时履行章程规定的入社手续后加入,也可以要求加入已成立的农民专业合作社。符合法律规定的公民、企业、事业单位或者社会组织,要求加入已成立的农民专业合作社的,应当向理事长或者理事会提出书面申请,经成员大会或者成员代表大会表决通过后,成为本社成员。除了履行法定的入社手续外,如果合作社章程对加入合作社的程序还有其他规定的,应当按照章程规定履行入社手续。

(三)以农民为主体的社员资格规定

尽管在成为农民专业合作社成员的资格条件方面,现行立法并没有要求必须具有农民身份,但《农民专业合作社法》明确规定了农民专业合作社必须以农民为主体,而且农民成员不少于80%,可以说是对社员资格的间接限制。基于农民专业合作社为农民服务的宗旨,该规定是对贯彻和落实国家的农业政策所做的立法考虑,而且对农民成员所设定的最低要求也关乎广大农民群众能否真正成为合作社的主人,并且能否利用合作社为自己谋取

---

〔1〕 郑景元:《合作社商人法律制度研究》,清华大学出版社 2019 年版,第 70 页。

利益。为了保证该条款能真正落到实处，关于“农民”身份的认定就显得至关重要。可以说，我国《农民专业合作社法》第20条的规定实际上是以社会学上的身份为基础，将社员主体资格划分为农民和非农民两种形态。[1] 然而，对于“农民”的概念或者说什么是“农民”，《农民专业合作社法》并未做任何解释。国务院发布的《农民专业合作社登记管理条例》第15条对这一立法空白做了补正，对不同类型成员的身份证明分别予以阐释。可以说，该规定对农民成员的判断采取的是形式主义原则，即具有农业人口户口簿的自然人以及没有农业户口簿但能提供土地承包经营权证或者村委会出具的证明从事农业生产的自然人都可以被认定为有农民身份。为贯彻落实修订后的《农民专业合作社法》，国家市场监督管理总局于2019年7月10日发布的《农民专业合作社登记管理条例》（修订草案征求意见稿）在成员身份证明上增加了林权证等证书，并对“视为农民成员”的情形及其身份证明作出了规定。[2]

然而，地方立法大多对农民身份的认定作出了相应规定，细化了设立或加入农民专业合作社的农民成员的认定范围，归纳起来，包括保留农村土地承包经营权的城镇居民，拥有本市农村土地承包经营权证的非农业户籍人员，已转为城镇户口但依法享有农村土地承包经营权的居民，国有农场、牧场、林场、渔场等企业、事业单位中实行承包经营从事农业生产经营服务的职工，依法取

---

[1] 参见李继生：《论中国农民专业合作社的社员主体资格——以〈农民专业合作社法〉的相关规定为分析对象》，载《中南财经政法大学研究生学报》2010年第1期。

[2] 参见《农民专业合作社登记管理条例》（修订草案征求意见稿）第14条，载国家市场监督管理总局网：http://www.samr.gov.cn/hd/zjdc/201907/t20190710_303316.html，最后访问日期：2020年6月25日。

得农村土地承包经营权直接从事农业生产经营服务的城镇居民，以及到农村任职的高等院校毕业生，已迁入城镇居住但仍保留土地承包经营权、林权、农村集体资产股权的居民，在本市承租土地、水面等从事农业生产的本市非农业户籍人员、非本市户籍人员等，均可按农民成员对待。[1]《农民专业合作社登记管理条例》(修订草案征求意见稿)增加的“视为农民成员”的规定也许是吸收了部分地方立法经验。

三、合作社参与主体及社员类型

(一)参与主体及其行为特征

我国农民专业合作社的建立呈现“强者牵头，弱者参与”的组织特征。在我国农民专业合作社的发展实践中，真正由小农户牵头创办的合作社非常少，参与和创办农民专业合作社比较积极的农户大多是那些具有一定生产规模的专业大户和长期从事农产品销售的运销户。除此之外，一些政府的涉农部门如农业部门、科协、供销合作社等和涉农企业在有关政治利益或经济利益的驱动下也会热心组织和创办合作社。总体来说，我国农民专业合作社的参与主体包括普通农户、生产和运销大户、供销合作社、农村基层组织、企业等。不同的参与主体其参与合作社的积极性、动机、利益诉求等都有所不同，直接影响各参与主体与合作社之间

---

〔1〕参见《湖南省实施〈中华人民共和国农民专业合作社法〉办法》第8条第2款，参见《北京市实施〈中华人民共和国农民专业合作社法〉办法》第10条第2款，参见《黑龙江省农民专业合作社条例》第5条第2款，参见《山东省农民专业合作社条例》第17条第3款，参见《四川省〈中华人民共和国农民专业合作社法〉实施办法》第5条第2款，参见《重庆市实施〈中华人民共和国农民专业合作社法〉办法》第7条第2、4款，参见《山西省农民专业合作社条例》第6条第2款，参见《江西省农民专业合作社条例》第10条第3款，参见《天津市农民专业合作社促进条例》第9条，参见《福建省农民专业合作社条例》第11条，参见《吉林省农民专业合作社条例》第7条。

的关系紧密度。因此，分析不同参与主体的行为特征，是社员权制度研究的重要基础问题。

1. 普通农户

在家庭联产承包责任制下，普通农户作为独立的生产者，生产较为分散。又由于在市场经济体制下，普通农户普遍要负责从生产到销售的全过程，市场信息的不灵通导致普通农户在市场交易中往往处于无谈判权力的弱势地位。随着市场范围的不断扩大，普通农户还极易受到中间环节的盘剥，生产效益极低。为改变农户在市场中的不利地位，农户需要联合起来通过合作以保障自身经济利益的最大化。然而，家庭联产承包责任制的实施不仅激发了农民的生产积极性，也在一定程度上强化了农民具有的"万事靠自己"的传统心理积淀以及"善分不善合"的行为方式。对中国农村广大中小农户而言，合作成本较高，在农民群体内部也容易产生集体行动的困境，即农民追逐个体利益的自私性决定普通农户只愿利益共享而不愿风险分担，极易产生"搭便车"现象，普通农户不太关心合作社的发展，参与合作社的积极性也不高。正如有论者所说，农村经济改革使农民原子化，原子化的小农面临的合作成本高昂，机会主义行为和"搭便车"现象是普遍存在的。[1]

2. 生产和运销大户

随着农业市场化改革的逐步推进，绝大多数农产品的生产经营已放开，而且，从中央到地方也出台了一系列有利于农民从事农产品经销的措施，各地涌现出一大批生产和运销大户。在农村市场化的改革浪潮中，这些生产和运销大户不仅活动范围在不断

---

〔1〕 参见黄胜忠：《转型时期农民专业合作社的组织行为研究：基于成员异质性的视角》，浙江大学出版社 2008 年版，第 50～51 页。

拓展，而且积累了丰富的市场经验，掌握了大量商品流通知识。随着农产品生产的市场化、商品化和专业化程度的不断提高，他们也大多从事以市场需求为导向的专业化生产。相较于普通农户而言，这些专业大户具有多方面的比较优势，如生产规模、资金、信息、销售网络以及技术水平等，而且他们自身还有继续扩大规模和加快发展的需要。但是，这些专业大户在生产中也会出现资金不足、人力不够等问题，在市场交易中面对强大的市场主体时，他们也会缺乏充足的谈判勇气和安全感。因此，他们又有联合起来扩大生产、通过合作统一行动的强烈愿望，尤其是能获得国家的扶持，这是他们积极兴办专业合作社的重要动力。但同时也要注意，这些专业大户也会因为强烈的自私性和逐利性，为谋求暴利而损害市场秩序和侵犯他人的利益。[1]

3. 供销合作社

供销合作社在形成的初期即新中国成立之时也是具有合作性质的组织，而且，在 20 世纪 50 年代初期，农村供销合作社的建立为农村居民提供了一个有效的销售渠道，积极促进了农业的发展。然而，从 20 世纪 50 年代后期开始，随着合作化运动的开展，供销合作社逐步失去了合作性质，并在之后的 20 年间逐步演变成计划经济体制下垄断农产品经营的国营商业部门的组成部分。1978 年农村改革以后，供销合作社仍为半官方组织，但面对外部经济改革的大环境，农民逐渐成为具有独立生产自主权的农业生产主体，农村经济格局的巨大变化促使供销合作社不得不进行自上而下的改革。在改革过程中，由于面临政治和经济上的双重压力，供销合作社不得不与农民打交道参与或组建合作社。然而，

---

〔1〕 参见黄胜忠：《转型时期农民专业合作社的组织行为研究：基于成员异质性的视角》，浙江大学出版社 2008 年版，第 51 页。

供销合作社作为独立于农民之外的商业组织，与农民并非经济利益共同体。因此，供销合作社加入专业合作社在很多情形下是改制与政治的需要，其与农民打交道也并非完全为农民服务，更多的是为了自身经济利益的实现。

4. 农村基层组织

根据中央一系列农村经济政策，农村基层组织通常被赋予协调生产、技术指导、市场信息服务、资金筹措与调配、协调管理等职能。也就是说，农村基层组织有引导农民进入市场、组织农民联合起来闯市场的职责。而且，农村基层组织也的确在带领农民致富和领办合作社过程中发挥了积极作用。但我们必须清醒地认识到，农村基层组织作为“准管理部门”，其加入合作社为农民服务通常是因实现自身政治经济利益的需要。

5. 企业

在发展我国农村经济的过程中，在农村流通领域曾一度大力推行“公司＋农户”“订单农业”等模式。这些模式对于处于分散状态的农户来说，可以在一定程度上解决农产品的销路问题，对发展农业产业化经营具有积极作用。然而，这些模式无法脱离资本对农户的控制或制约，实际上，农户在市场交易中仍不具有谈判权力，农户的利益常常为以营利为目的的公司或其他企业组织所占据，因此，“带动千家万户的农民进入市场”“增加农民收入”在大多数情况下都成为空话，“公司＋农户”的经营模式也很难成为广大中小农户可以依赖的模式。面对政府对农民专业合作社的税收减免优惠和财政扶持措施，以追求利润最大化为生存法则的企业常常热衷于领办合作社。[1]

---

〔1〕 参见黄胜忠：《转型时期农民专业合作社的组织行为研究：基于成员异质性的视角》，浙江大学出版社 2008 年版，第 55～55 页。

由于从事农业生产经营的单一农户处于市场弱势地位，可以说，“法律之所以允许企业可以成为合作社成员，是想通过合作社，在农民和企业之间建立起良好的利益连接机制，并以此带动农民共同致富，提升农民的自助能力”。当然，实践中积极入社或领办合作社的龙头企业，有些是本地农民兴办的企业，有些是外来的工商企业。对此，有观点指出，“在现实经济生活中，对所谓的龙头企业还应做具体的区分。合作社的一条重要原则是它扎根于当地社区之中，以促进当地社区的发展为宗旨。一些本地农民兴办的企业领办合作社或专业技术协会，在他们自身受益的同时，也带动了其他农民增加收入，增强了他们抵御市场风险的能力，最终促进了当地社区经济社会的发展，这种经济现象有其存在和发展的合理性。但对外来的工商企业试图进入合作社或领办合作社，圈钱圈地、套取优惠政策，一定要保持警惕，防止其侵犯农民社员的利益，败坏合作社的形象”[1]。然而，笔者认为，仅仅在企业成员的身份上区分是本地农民兴办的企业还是外来的工商企业，并不能从实质上解决农民成员与企业成员在利益上的冲突，这种想当然地认为如果是本地农民兴办的企业领办合作社或专业技术协会就会在其自身受益的同时还带动其他农民增加收入的想法，其实有点理想化的意味。

而且，企业牵头组建农民专业合作社有利于减少中间环节从而降低企业生产成本，还有利于企业形成产业规模经营和建立稳定的原料供应基地。也正因如此，企业的绝对“自私性”也导致在利润分配上企业期望遵循资本最大化的原则，而不愿通过惠顾返还多分给农户利润，他们加入和领办合作社主要为争取各种好

---

〔1〕 李秀丽、李东海：《〈农民专业合作社法〉实施中的相关法律问题探析》，载《山东社会科学》2009 年第 9 期。

处。为了避免当地具有垄断性质的龙头企业加入合作社控制农民的原料或产品市场，取得政府的各种优惠政策，有些地方的做法是在合作社注册前，工商局请农业部门进行材料审核，并规定龙头企业不得作为合作社的法人代表，以保证农户在合作社中有充分的决策权，实现有效的民主治理。[1]

（二）社员类型及其分类标准

如前所述，在我国农民专业合作社的发展实践中，农民专业合作社的参与主体呈现出诸如普通农户、生产和运销大户、供销合作社、农村基层组织、龙头企业等各种主体。而且，在我国《农民专业合作社法》对“成员”的各种表述中，既有基于“民事主体”类型的自然人与团体组织的成员划分，又有基于“身份”的农民与非农民的成员划分。法律条款中关于“成员”的不同表述，说明立法对成员“异质性”进行了认可。然而，不同的参与主体其参与合作社的积极性、动机、利益诉求等都有所不同，直接影响各类参与主体与合作社之间的关系。

1. 农民社员与非农民社员：以社员利益的同质性与异质性为标准

传统合作社的本质特征在于，合作社的社员必须是合作社的惠顾者和服务使用者。传统合作社形成的历史经验也表明，合作社是为满足人们的共同需求而产生的。也就是说，传统合作社的优势就在于社员之间具有共同利益。社员利益的同质性对传统合作社至关重要。社员通过合作都能从中获益，才能使合作得以持续稳定。而且，社员利益的同质性程度越高，社员之间采取统一行动的可能性也就越大，不同社员之间的协调也就越容易。另

---

〔1〕 参见苑鹏：《〈农民专业合作社法〉颁布后的新动向及相关建议》，载《中国经贸导刊》2008 年第 1 期。

外,社员利益同质性程度越高,也能促使社员之间的信任和忠诚等社会机制发挥重要作用,提高合作社运作效率。

就农民专业合作社而言,顾名思义应为以农民为主体的组织。而且,有关实践调研数据也进一步表明,农民专业合作社主要是农民的联合。该课题组对全国 114 家农民专业合作社的成员构成进行了调查,在所调查的农民专业合作社全体成员中,农民成员的比例占到了 97.32%;且东、中、西部地区之间呈现一致性,农民成员比例均在 96% 以上。也就是说,该调查结果表明,尽管农民专业合作社的成员类型具有多元化趋势,但仍以农民为主体。〔1〕 事实上,作为一种新型的农民合作组织,囿于农民资源禀赋的差异,纯粹由农民组成的专业合作社在实践中往往难以运作成功。据有关调查数据显示,我国部分省份如江苏、浙江、山东等的农民专业合作社大多是由农村能人、农产品加工营销企业和村委会领办,农民自发组建或由农户领办的合作社数量很少。这主要是因为农户缺乏领办合作社所必需的资金、销售渠道、经营能力和社会关系等资源,资源禀赋的差异对领办和创建合作社影响很大。〔2〕 而且,我国农民专业合作社目前还处于发展的初级阶段,普遍规模较小、资金缺乏、生产经营技术和基础设施都较为落后、市场信息不甚畅通,吸收非农民成员加入合作社,不仅有利于弥补农民成员资源禀赋缺陷,发挥非农民成员在资金、技术、市场经验等方面的优势,从而维持并促进农民专业合作社的有效运转,而且非农民成员加入合作社也为资金、技术与农民的劳动的结合创造了条件,符合目前我国农民专业合作社发展实践的需求。

---

〔1〕 参见孔祥智等:《中国农民专业合作社运行机制与社会效应研究:百社千户调查》,中国农业出版社 2012 年版,第 81 页。

〔2〕 参见孙亚范、余海鹏:《立法后农民专业合作社的发展状况和运行机制分析——基于江苏省的调研数据》,载《农业经济问题》2012 年第 2 期。

根据我国《农民专业合作社法》对“成员”的规定，一方面，合作社的成员并不是单一的农民，企业、事业单位或者社会团体也可以成为合作社的成员。另一方面，合作社成员主要由农民组成，而且，农民不少于成员总数的80%，成员人数在20人以下的，允许一个从事与农民专业合作社业务直接有关的生产经营活动的企业、事业单位或者社会组织进入；成员人数超过20人的，其也不得超过5%，即合作社可以由不同的利益主体组成，在成员组成上具有“异质性”特点。其中，对农民成员组成比例的控制表明了立法者最大限度地保持合作社成员“同质性”特征的同时又为资本进入留下了空间。

基于此，我们可以把农民专业合作社的成员类型分为农民成员与非农民成员。从理论上分析，合作社的农民成员基本上来自同一集体经济组织，可以说，这是在费孝通先生所说的“熟人社会”中形成的合作组织。在这个熟人社会中，“人们经常不断地沟通，相互打交道，因此他们有可能知道谁是能够信任的，他们的行为将会对其他人产生什么影响，对公共池塘资源产生什么影响，以及如何把自己组织起来趋利避害。当人们在这样的环境中居住了相当长时间，有了共同的行为准则和互惠的处事模式，他们就拥有了为解决公共池塘资源使用中的困境而建立制度安排的社会资本”[1]。因此，基于这种社会关系所组成的集合体，在某种意义上必然容易带来成员利益的共同增进。除此之外，非农民成员由于不具备这种社会关系，他们加入农民专业合作社往往不为互助，而为某种政治或经济利益。所以说，成员利益的同质性与异质性差异就在于，农民成员通过合作达到互助，非农民成

---

〔1〕［美］埃莉诺·奥斯特罗姆：《公共事物的治理之道》，余逊达、陈旭东译，上海译文出版社2012年版，第275页。

员或为取得资本报酬等其他经济利益或为实现政治目标等政治利益。

实际上,我国《农民专业合作社法》关于非农民成员的引入是在借鉴了其他国家合作社立法的经验,并充分考虑我国农民专业合作社在发展过程中对资金的实际需求所做的制度安排。一方面,由于在传统合作社制度中,一个社员只要向合作社缴纳了最低股本额就可以享有合作社社员的全部权利,而且合作社对资本实行报酬有限原则,合作社社员缺乏向合作社进行更多投资的动力;同时,合作社作为弱者的联合,社员自身的资金有限,因而社员客观上也不可能向合作社进行更多投资。因此,在传统合作社的制度安排下,资金短缺成为制约各国合作社发展的普遍问题,也被视为合作社制度的主要缺陷。为此,随着市场经济的不断发展,为应对合作社内外经济条件的变化,各国合作社法通过制度创新对合作社资本的筹集方式做出了多种探索,如瑞典 1987 年《合作社法》允许合作社向非社员发行债券,加拿大 1998 年《合作社法》允许发行没有票面金额的投资股份和社员股份。[1] 另外,日本农业协同组合中有"准组合社员",意大利合作社中有"融资社员",美国新一代农业合作社中有"优先股股东"等这些不同类别的社员都是各国合作社为了融资的需要所做的社员制度创新。另一方面,我国农民合作社发展的实情是,囿于农民资源禀赋的差异,如广大分散经营的小农户,一缺资金,二缺生产技术,三缺营销能力,四不愿承担投资入股风险,一些农村能人、大户和部分涉农企业在过去一个时期就成了发起、创办合作社和维持合作社正常运转的重要力量,而且,如果没有能人、大户以至于公司企业

---

〔1〕 参见陈荣文:《我国合作社立法中的若干问题研究》,载王保树主编:《中国商法年刊(2006):合伙与合作社法律制度研究》,北京大学出版社 2007 年版,第 318 页。

的加入和带动，合作社就很难组织起来并有效运转，[1]也就是说，在实践中纯粹由农民组成的专业合作社往往难以运作成功。在这种情形下，《农民专业合作社法》允许非农民成员加入合作社，为农民专业合作社吸引外来资本投入打开了方便之门，因此对成员结构做出了异质性的制度安排。

根据上述关于农民专业合作社参与主体的特征加以判断，普通农户加入合作社的目的主要是解决产品的销路和增加收入，生产和运销大户由于自身生产经营规模较大，承担的市场风险也较大，组建合作社主要为进一步扩大规模，提高质量标准，从而增强谈判地位，更有效地抵御市场风险，或者组建合作社后进行品牌营销通过加工增值等方式获取更多经济利益。可以说，这些参与主体尽管行为特点也有差异，但实质上是从事农业生产经营服务获取更多经济利益的主体，在组建合作社上具有利益的同质性，可以界定为我们这里所说的“农民成员”。与此相对应，诸如供销合作社、农村基层组织和企业则应界定为“非农民成员”。因为他们加入或组建合作社或为资本报酬等其他经济利益或为政治利益考虑。具体来说，供销社领办合作社在实践中大多是为寻求自身体制改革的出路，既有经济利益的追求，也有诸如取得对农民合作社管理权的政治利益考量；农村基层组织参与合作社则主要是出于自身政治工作或任务的要求，夹杂着政治经济利益追求；龙头企业参与或组建合作社要么是为了稳定原料供应或农产品采购，要么是为了获取政府财政支持和税收优惠。不同的动机和目的，必然进一步影响其行为。因此，根据是否实质从事农业生产经营服务和互助利益的考量区分为“农民成员”和“非农民成

[1] 参见杜吟棠：《〈农民专业合作社法〉的立法背景、基本特色及其实施问题》，载《青岛农业大学学报（社会科学版）》2008 年第 2 期。

员”，旨在提供不同成员权利义务配置的标准，最大限度地实现立法关于侧重保护“农民”主体利益的意旨。

2. 普通成员与核心成员：以成员在合作社的产权与控制结构差异为标准

前述关于农民专业合作社各类参与主体的行为特点表明，普通农户、生产和运销大户、供销合作社、农村基层组织和龙头企业等在资源禀赋、要素投入、对合作社的贡献以及承担风险等方面都存在差异，导致成员结构具有高度的异质性。对于绝大多数普通农户而言，由于他们存在资源禀赋的缺陷，由他们自发组建合作社的可能性较小，实践中这类合作社的数量也是少之又少。相反，我国实践中发展起来的合作社大多是由生产和运销大户、龙头企业等掌握一定资本资源和社会资源的主体所领办的。由于农民专业合作社的各种参与主体加入和组建合作社的目的和动机不同，也必然影响其在合作社发展过程中所扮演的角色，对合作社产生的影响也不同。因此，各类参与主体的资源禀赋差异决定了其在合作社中的地位是普通成员抑或是核心成员。

随着农村经济体制改革的进行，在我国农村，农民分化的现象较为严重，富裕的农民往往是一些拥有政治、经济或文化资源的“农村精英”，依然贫困的农民则是那些“面朝黄土背朝天”、耕种于“一亩三分地”的缺乏各种社会经济资源的普通农户。普通农户的资源禀赋决定了他们只能是合作社的普通成员；而其他参与主体（包括生产和运销大户、供销合作社、农村基层组织和龙头企业等）由于愿意面对风险，也能够承担合作社的组织成本，充当了合作社创建的主导力量，他们大多是合作社的所有者、控制者，或者利益相关者,因而成为合作社的核心成员。[1] 无论是在合作社的形成还是在合作社的发展过程中,两类不同成员对合作社的贡献都是有所不同的。在农民专业合作社发展的初期,由于处于弱势地位的农户缺乏合作社相关知识,自身资源禀赋的缺陷,如缺乏资金和技术以及企业家才能等,导致普通农户往往陷入集体行动的困境,合作社很难组建起来。反之,具有经营能力、资金实力和风险承担能力的生产大户等则往往能够基于资本报酬和响应市场需要成功组建合作社。

随着农村经济的不断发展,农民分化的现象直接影响农民专业合作社在形成和发展过程中的产权结构。在成员结构异质性条件下,有的成员同时向合作社提供资本和产品,有的成员只向合作社提供资本,有的成员只向合作社提供产品,有的成员则只从合作社购买投入品。由于不同成员对合作社的要素投入不同,必然导致成员对合作社的产权结构以及基于产权结构安排的盈余分配机制的不同诉求。因此,为了维护农民专业合作社的稳定和发展壮大,普通成员与核心成员在农民专业合作社的所有权结构的调整值得关注,应通过调整所有权结构平衡两类成员之间的利益诉求。尽管维系合作社成员的同质性有利于坚持合作原则,合作社的内部制度也能公平地照顾所有成员,然而,外部环境的复杂性以及市场竞争日益激烈,合作社要发展就需要聚集不同要素和能力,成员异质性的增加也必然导致合作社治理结构的变化。例如,据有关调查数据显示,大多数合作社的理事长都是由专业大户、营销大户和村干部等农村能人担任,农民以外的社会力量担任理事长的比例很小。各类农村能人在农民专业合作社

〔1〕 参见黄胜忠:《转型时期农民专业合作社的组织行为研究:基于成员异质性的视角》,浙江大学出版社 2008 年版,第 63 页。

的发展中充当了“企业家”的角色。[1] 可以说，无论从要素贡献的角度，还是从能力的角度，核心成员都顺理成章地成为合作社的管理者。所以，在成员异质性条件下，绝大多数农民专业合作社的理事长和理事会成员基本上都是由那些拥有一定社会资源并对合作社进行较多投资的核心成员组成，从而农民专业合作社的控制权的分配也是非均衡的，所谓“民主管理”在多数情况下很难真正付诸实践。[2] 也就是说，由于在治理结构上核心成员也掌握了合作社的控制权，在普通成员与核心成员之间必然存在由于产权和治理结构问题所导致的利益分配上的不同诉求而产生利益冲突。正因如此，对合作社成员做出普通成员与核心成员的划分，还表现在对两类成员在合作社治理结构中地位的关注。

四、我国社员资格法律规定的不足及其完善

（一）社员资格限制规定分析

在我国现行立法关于社员资格及其限制的规定中，关于自然人民事行为能力的限制规定是否合理在学界引发了一定的争议。有著述认为，现行立法对社员行为能力的要求过于严格，排除了非完全民事行为能力的农民成员社员，不利于对弱势农民的保护。[3] 也有著述认为，从避免影响合作社的运营角度考虑，对加入合作社的社员行为能力进行一定程度的限制是合理的。[4] 本

---

〔1〕 参见孙亚范、余海鹏：《立法后农民专业合作社的发展状况和运行机制分析——基于江苏省的调研数据》，载《农业经济问题》2012 年第 2 期。

〔2〕 参见黄胜忠：《转型时期农民专业合作社的组织行为研究：基于成员异质性的视角》，浙江大学出版社 2008 年版，第 72 页。

〔3〕 参见李继生：《论中国农民专业合作社的社员主体资格——以〈农民专业合作社法〉的相关规定为分析对象》，载《中南财经政法大学研究生学报》2010 年第 1 期。

〔4〕 参见王玉梅：《农民专业合作社之法理探究与实践》，科学出版社 2012 年版，第 129 页。

书认为，合作社作为一种经济组织，主要体现互助与合作性，对加入合作社做出民事行为能力资格的限制也是有利于体现互助与合作的。然而，《农民专业合作社法》（修订草案）曾将自然人成员资格修改为具有“完全”民事行为能力的公民，以排除限制行为能力和无民事行为能力的公民成为合作社的成员，有利于保证加入合作社的成员能真正参与互助合作活动。因此，对自然人加入合作社的民事行为能力应做出具备完全民事行为能力的要求，即成员能够独立地进行民事活动。另外，关于团体组织的关联性限制，现行立法也有不完备之处。为了保持“农民合作”的本性，立法关于关联性的限制是有必要的，然而该限制规定过于呆板，缺乏对社员要求的包容性规定。实际上，面对合作社进一步发展的资金困境，很多国家都不同程度地存在放宽社员与合作社关联性限制的做法，即允许虽与合作社业务无直接关系，但却拥有资金或技术并愿意向合作社投资的个人及企业成为合作社的成员。[1]就我国的实际情况来看，农民专业合作社的发展仍处于初级阶段，在相关政府扶持政策跟不上实际需要或得不到切实执行的现实背景下，吸收拥有资金和技术的人员或组织加入合作社对合作社自身的发展具有重要意义。与此同时，只有在合作社获得发展后，农民成员的权益才能得以最大化地实现。当然，针对资本等因素进入合作社可能给合作社带来的一系列成员异质性问题，还需要对合作社相关制度的完善，如完善社员权的分配制度、加强社员权的行使和保护制度建设等。

另外，关于能够利用合作社服务的规定实际上是排除了非利用合作社服务的参与主体加入合作社，与农民专业合作社实践发

---

〔1〕 参见王玉梅：《农民专业合作社之法理探究与实践》，科学出版社 2012 年版，第 131 页。

展中的情况并不相符。实际上，农民专业合作社的成员从一开始就呈现高度的异质性，在成员结构异质性条件下，有的成员同时向合作社提供资本和产品，有的成员只向合作社提供资本，有的成员只向合作社提供产品，有的成员则只从合作社购买投入品。由此看来，实践中，农民专业合作社的参与主体加入合作社并非都呈现为利用农民专业合作社提供的服务的行为特征。而且，仅提供资本的成员加入合作社在解决合作社融资难题以及扩大经营规模等方面都发挥着积极作用。实际上，随着各国合作社的不断发展，内外部经济环境都发生了巨大变化，合作社的进一步发展面临严重的资金问题。为了提高合作社的市场竞争力，为社员谋取更大利益，各国合作社出于适应形势的需要对内部制度安排做出了一定的调整，其中在社员资格限制方面主要放宽了对关联性的要求，即允许一些非从事农业生产也与合作社的业务无关联的个人或团体组织加入合作社。这种适时调整主要源于市场竞争的日益激烈以及合作社自身的先天不足，是为了克服资金短缺问题而做出的有效应对。因此，关于利用服务的成员资格条件与农民专业合作社发展实际的制度需求不符。

对承认并遵守章程的成员资格要求，一方面体现了对合作社自治原则的贯彻执行，另一方面也有利于保证成员之间的合作性。当然，如果合作社章程不利于成员利益的维护，由于合作的基础不具备，任何自然人、法人或者非法人组织都可选择不加入。即使加入合作社后，也可行使社员权、启动救济程序。关于履行章程规定的入社手续的规定，可以说再次极大地体现了章程自治即合作社自治的精神，但由于大多数情况下，实践中的合作社章程或不规范或流于形式，关于入社的程序规定也显得较为随意，或者是得不到切实执行，也给加入合作社的成员情况增添了更多不确定性因素。

(二)建立合理限制的社员资格制度

社员资格问题是合作社规范化建设问题的基础。[1] 有著述通过对国外相关立法资料与我国相关立法资料的收集,介绍了社员条件的一般规定以及社员的类型。[2] 另外,关于我国农民专业合作社社员资格的限制的研究,包括对社员资格限制的理论基础的阐述,[3] 以及我国立法中社员资格限制存在的问题及其完善。[4] 有著述指出,现代域外合作社的社员范围逐渐扩展,社员资格呈开放的发展趋向。因此,对行为能力欠缺的自然人社员资格的准入、自然人社员从农民身份向农业劳动者的转变、对团体组织社员业务关联性的开放及权利的限制,是我国农民专业合作社社员资格的应然选择。[5] 也有著述指出,对社员资格的法律规制应以家庭承包责任制为基础,由盈余分配原则所决定。[6]

关于我国农民合作社的社员资格,归纳起来,理论界存在封闭的社员资格和开放性的社员资格两种主张,[7] 还有观点认为:合作社社员资格开放,不应当是无条件的开放,而应当是社员资

---

〔1〕 参见徐旭初:《合作社成员资格 谁能说得清》,载《中国农民合作社》2016 年第 4 期。

〔2〕 参见欧阳仁根、陈岷等:《合作社主体法律制度研究》,人民出版社 2008 年版,第 155 ~ 162 页。

〔3〕 参见王玉梅:《农民专业合作社之法理探究与实践》,科学出版社 2012 年版,第 122 ~ 127 页。

〔4〕 参见李继生:《论中国农民专业合作社的社员主体资格》,载《中南财经政法大学研究生学报》2010 年第 1 期;王玉梅:《农民专业合作社之法理探究与实践》,科学出版社 2012 年版,第 127 ~ 132 页。

〔5〕 参见吕丝:《农民专业合作社社员资格问题研究》,载《太原理工大学学报(社会科学版)》2013 年第 1 期。

〔6〕 参见王博:《合作社社员资格的法律制度探析》,载《华北电力大学学报(社会科学版)》2013 年第 3 期。

〔7〕 参见路明:《农民合作经济组织立法进展》,载《科学决策》2004 年第 10 期。

格有限开放。[1] 根据上述关于农民专业合作社的社员资格的法律规定的阐释,可以看出,我国立法采取的是开放的合作社的社员资格,但同时又加以一定限制。如我国农民专业合作社的社员包括农民和非农民的自然人、团体等主体,农民成员至少占成员总数的80%以上,非农民成员必须是从事与农业合作社业务有关的生产经营活动等,还对团体社员的比例做出了限制。

根据前文关于"自愿与开放的社员资格"的合作社原则,社员资格条件不包含性别的、社会的、种族的、政治的或宗教的歧视,但同时要满足两个限缩条件:一是能够使用合作社服务,二是愿意承担社员责任。各国合作社实践对国际合作社联盟确立的此项原则的贯彻执行通常有两种途径:一是在合作社立法中直接规定社员资格的基本条件,二是通过合作社法律赋予合作社章程自主确定社员资格条件。实际上,各国合作社实践对合作社原则的贯彻执行普遍遵循的是标准性与灵活性的统一,即在遵从开放性原则的基础上,对社员资格进行合理限制。尽管合作社从产生上就是处于竞争弱势地位的群体为增强竞争地位和改善自身竞争环境而创立的合作组织,但当法律对这种组织形式加以确认,并试图重新分配社会资源以实现社会正义时,法律在厘定社员资格主体边界时往往采取适当限制的原则,以实现对竞争中弱势群体的平等保护。[2] 遵循社员开放性原则有利于吸引外部资本、引进先进技术,壮大合作社的发展;而对社员资格做出适当的限制又有利于确保国家的惠农政策和扶持措施能真正使农民受益,保证合作社目的和宗旨的实现。因此,关于合作社社员资格的开放和

---

[1] 魏国君等:《变革中的平衡——中国商事法律制度更新初探》,法律出版社2007年版,第134页。

[2] 参见吕丝:《农民专业合作社社员资格问题研究》,载《太原理工大学学报(社会科学版)》2013年第1期。

限制都不是绝对的，而是在开放性原则的基础上，为了确保合作社的健康发展作出合理限制。[1]

实际上，法律意义的“自由”从来都不是绝对的。只要限制性规定未带有“歧视性”，就不是对自由、自愿原则的破坏，而且现行立法关于农民成员比例的限制性规定已经排除了对农民的歧视。[2] 我国现有社员资格制度被称作“是一种开放度相对较高但并不完全开放的制度”[3]，社员资格限制须具有法律依据。因此，在立法完善上，建议增加社员资格的合作社自定方式，毕竟立法设定不能完全照顾社员资格的差异性，[4]即赋予合作社章程在法律规定的范围内有权对社员资格作出具体规定，一方面为社员资格限制提供正当性依据，另一方面增强入社门槛设置的民主合理性，有利于促使合作社与成员共同商议入社门槛的设置，进而提高合作社的运行绩效。[5]在地方立法层面，目前根据新《农民专业合作社法》修订或出台地方立法的只有新疆维吾尔自治区和吉林省。其他地方立法在修订时，可以考虑充分发挥合作社章程对社员资格限制或入社门槛设置的自治作用。

五、农民社员的认定标准及主体范围

（一）农民社员认定标准辨析

为了保证法律实施的效果，实现立法保护农民权益的意旨，

---

〔1〕 参见王玉梅：《农民专业合作社之法理探究与实践》，科学出版社 2012 年版，第 124 页。

〔2〕 参见钟真、黄斌：《要素禀赋、入社门槛与社员增收：基于三家农民合作社的案例分析》，载《改革》2018 年第 9 期。

〔3〕 平瑛、贾杰斐：《中国合作社社员资格制度界定与完善——基于博弈论和对新合作社法的思考》，载《农林经济管理学报》2019 年第 1 期。

〔4〕 参见张德峰：《合作社社员权论》，法律出版社 2016 年版，第 131 页。

〔5〕 参见钟真、黄斌：《要素禀赋、入社门槛与社员增收：基于三家农民合作社的案例分析》，载《改革》2018 年第 9 期。

防止一些非农逐利者利用法律漏洞进入合作社滥用国家的政策优惠，应进一步探讨农民身份的界定问题。

第一，户口或职业标准。现有立法以“户籍”为标准来界定农民身份的做法，学者们普遍认为不甚合理。如果按户籍界定，即凡是有农村户口的就是农民，其存在的问题就是，对于仍有农村户口但进城务工经商的“农民工”是否能被认定为《农民专业合作社法》意义上的农民。除了“户籍”界定标准之外，还有职业标准。如果按照职业界定，则凡是从事种养业和直接为其进行产前、产后服务的劳动者都是农民，又必然造成有城市户口到农村从事种养业的人员也应称之为农民。在近两年实施乡村振兴战略的过程中，学界提出以培养“新型职业农民”来重构农业生产主体，甚至指出“培育有能力、有意愿立足农村经济发展的下一代农民是破解农村空心化、实现乡村振兴的重中之重”[1]。可以说，农民概念界定的不同对农民专业合作社的组成会带来很大影响。实践中也常常出现借农民身份而注册登记的“假合作社”。

第二，户口与职业相结合标准。在农民的界定上，也有学者提出，“对于何谓农民，不仅要看其户口是否长期（一般以三年至五年以上为限）在农村，而且要看其是否从事种、养业和直接为种、养业进行产前、产后服务的劳动者。如果将来统一城乡户籍制度，则要看户口是否在乡村”[2]。甚至还有学者认为，同时具备三个要素，即具有农业户口、在农村生产生活、与土地有着天然联系的社会劳动者，才能称为农民。[3] 很显然，这是严格意义上

〔1〕 王雅军、张波：《“农民职业化”与农村土地制度改革》，载《改革》2019 年第 5 期。

〔2〕 李长健、冯果：《我国农民合作经济组织立法若干问题研究（上）》，载《法学评论》2005 年第 4 期。

〔3〕 参见高建民：《中国“农民”的概念探析》，载《社会科学论坛（学术研究卷）》2008 年第 9 期。

的农民身份概念，以该农民概念来界定农民社员将难以契合《农民专业合作社法》的立法精神。对认为“这种以身份和职业相结合的判断方式是很科学的”[1]看法，本书实难认同。尽管这种将户口与职业结合起来的判断方式，既重形式审查又重实质审查，有利于避免那些“鱼目混珠”的“农民”进入合作社，但在目前农民群体已不断发生变化的新形势下，这种判断方式不利于鼓励有志于乡村振兴的各种力量建设和发展乡村。如近年来，有相当一部分大学生毕业后自愿回到农村，用自己所学建设家乡。而且，对于农民专业合作社的发展而言，正需要这种具有较高知识文化水平的有识之士带领农村的农民创办合作社，走共同致富的道路。

第三，居住地及主要收入来源标准。还有学者主张，应以法定居住地和主要收入来源作为界定农民的标准，即只有在农村有法定的住所且在以农业中获得的收入为主要经济来源的人，才可以认定是农民。[2] 这样的界定同样也较为狭隘，排除了虽在农村没有法定居住地，但愿意回到农村从事农业生产经营并带动农民致富的“能人”。另外，有学者建议借鉴国际法上的居民概念来界定农民，考虑自然人的居住地及其与农业生产的关系综合加以判断。即如果一个人在农村有住所、居所或长期居住在农村，又以农业生产经营所得为其主要收入来源，就可界定为农民而不必考虑其户口，至于从事农业生产经营但不在农村居住的人则只能被认定为非农民，可以普通公民身份加入合作社。[3] 尽管这种标准

[1] 蒋颖：《中国农村合作社法律制度发展研究》，中国农业科学技术出版社 2009 年版，第 92 页。

[2] 参见彭真明、文杰：《农业合作社的法律分析》，载王保树主编：《中国商法年刊（2006）——合伙与合作社法律制度研究》，北京大学出版社 2007 年版，第 372 页。

[3] 参见魏国君等：《变革中的平衡——中国商事法律制度更新初探》，法律出版社 2007 年版，第 136 页。

比较切合我国国情，具有一定的合理性，但还是拘泥于自然身份的划分，不能体现其中的利益关系。尤其是随着新型职业农民队伍的不断壮大，农民身份分化已成为客观发展趋势。在此情形下，农民主体认定及其权利保护成为促进农民专业合作社健康发展的关键问题。

（二）农民社员主体范围界定

考察国外其他国家的合作社立法可知，他们对合作社成员的规定更为纯粹。可以说，将合作社成员限定为农业劳动者自然人已成为各国合作社法的通例。例如，根据日本《农业协同组合法》的规定，农业协同组合的成员分为组合成员和准组合成员，而且只有作为自然人的农业劳动者成员才能成为享有议决权和选举权的组合成员。在美国，根据有关农业合作社法律的规定，只有以农场主、种植者、畜牧和乳品生产者、干鲜果品生产者的身份从事农产品生产的人才有资格成为农业合作社的社员。[1] 而且，"认定农业生产者"已成为日本农业政策执行的重要抓手，如通过1993年《农业经营基础强化促进法》确立了认定农业经营者制度。[2] 相比而言，我国农民专业合作社还处于发展的初级阶段，普遍规模较小、资金缺乏、生产经营技术和基础设施都较为落后、市场信息不甚畅通，而且随着我国城乡一体化的深入推进以及户籍制度改革的趋势，单纯以户籍或职业为标准界定农民身份均不合时宜。当然，我国农业在向现代农业转型发展的过程中，多种经营主体将长期存在，从身份和职业上界定农民概念也将长期并存。有观点指出，我国《农民专业合作社法》中关于社员资格规定

---

〔1〕 参见蒋颖：《中国农村合作社法律制度发展研究》，中国农业科学技术出版社2009年版，第87~88页。

〔2〕 程郁、张云华：《日本持续强化农地规模经营制应对农业问题》，载《中国经济时报》2015年1月14日，第5版。

中的“农民”应当主要是就“农民”职业与身份而言，非指“农民个体”，即“农民”社员应以“农户”为主体。并从防止“家庭式合作社”阻碍合作社发展的角度考虑，进一步提出我国法律应对来自同一农户的“农民个体”人数加以限制，以规范合作社的设立行为。[1] 实际上，该观点仅就农民身份而言，提出农民专业合作社的社员应以“农户”为主体，由于未能考虑从职业上界定“农民”而有失偏颇，也不符合“职业农民”的未来发展趋势。可以说，合作社中的农民社员制度安排应该从身份到职业转型，这是一种必然趋势。[2]

实际上，自2005年原农业部首次提出培育“职业农民”以来，新型职业农民队伍不断发展壮大。原农业部于2017年发布的《“十三五”全国新型职业农民培育发展规划》指出，截至2015年年底，全国新型职业农民达到1272万人，并提出了“到2020年，新型职业农民队伍总量超过2000万人”的发展目标。其中，农民合作社成为新型职业农民的主要执业平台之一，新型职业农民也通常都是在农民合作社等新型农业经营主体从事农业生产经营活动。新型职业农民作为以农业为职业、具有相应的专业技能、收入主要来自农业生产经营并达到相当水平的现代农业从业者，尽管存在城镇人口和农村人口两种户籍来源，在户籍身份和权利占有等方面都存在一定差异，但在生产属性上却具有一致性，即农业职业性，因此，他们的行为取向和利益诉求也具有相似性。[3] 尤其是在农民成员与非农民成员的区分上，成员之间利益的同质

---

〔1〕 参见王博：《合作社社员资格的法律制度探析》，载《华北电力大学学报（社会科学版）》2013年第3期。

〔2〕 参见郑景元：《合作社商人法律制度研究》，清华大学出版社2019年版，第69页。

〔3〕 参见郑雄飞：《职业化与成员权：新型职业农民的社会利益关系及其协调路径优化》，载《山东社会科学》2018年第5期。

性对保持合作社的合作本质具有重要意义，以此为标准较能符合目前我国农民专业合作社发展的实践需求。

因此，本书主张，应扩大符合条件的农民主体的认定，并根据立法的意旨来确定农民社员范围。《农民专业合作社法》侧重保护的是实质上从事农业生产经营服务的从业者的利益，而且这类群体特征的差异性也越来越突出，拘泥于以是否具有“农业”户口或是否在农村有法定居住地来认定农民身份都存在不合理之处。结合法律精神，根据我国农村社会发展的实际情况，较为合适的做法是以是否实质从事农业生产经营服务和实现互助为标准，也就是说以其加入合作社的意欲获取的利益是否具有同质性区分为农民成员和非农民成员。

如前所述，地方立法为扩大农民身份的认定提供了诸多经验，对此，应完善《农民专业合作社登记管理条例》（修订草案征求意见稿）中“视为农民成员”的规定，除在国有农场、林场、牧场、渔场等企业中实行承包租赁经营、从事农业生产经营或者服务的职工外，依法取得农村土地经营权直接从事农业生产经营服务的城镇居民以及到农村任职的高等院校毕业生，在本市承租土地、水面等从事农业生产的本市非农业户籍人员、非本市户籍人员等，即新型职业农民，组建或加入农民专业合作社，均可按农民成员对待。不过，法律首先应当支持拥有承包经营权和经营收入主要来源于农业的农户。[1]值得注意的是，由于农民成员与非农民成员在资源禀赋上的差异以及加入合作社的目的与利益的不同，在农民专业合作社成员权利义务的配置以及其他相关制度设计上都应对此加以重点考量，尤其是新型职业农民本身因户籍身份的

〔1〕 参见王瑞贺主编：《中华人民共和国农民专业合作社法释义》，法律出版社2018年版，第212页。

差异而有内生型职业农民和嵌入型职业农民之别，[1]须通过妥适的制度安排防止不同户籍身份的职业农民的利益冲突，维护各种参与主体的利益平衡。

第二节　合作社的规范化

一、农民专业合作社的法律地位[2]

对于合作社的性质问题，国内外学者一般都认为其为企业，如我国著名法学家江平教授认为，“公司属于资本企业，而合作社则具有劳动者企业性质。在西方国家，合作社实行限制股金分红的原则，即资本占有权在合作社中只获取利息，不能于此之外获取利润。劳动者只能利用资本进行工作，而不能为资本所有者工作，这是合作社的精神”[3]。美国的汉斯曼教授也把合作社归入企业的类型，并且认为：原则上合作社不需要资本投入，它完全可以通过借贷取得所需的全部资本，如果社员要向合作社投入资本，这种投资通常采用贷款或者优先股的形态：投资的社员不会因此获得额外的表决权，投资回报受一个固定的最高利率的限制。[4] 本书也持同样主张，合作社在性质上应归为企业。

合作社是企业，但合作社是不是法人呢？在我国《农民专业合作社法》出台之前，国内许多学者都主张将农民专业合作社定

---

〔1〕 参见郑雄飞：《职业化与成员权：新型职业农民的社会利益关系及其协调路径优化》，载《山东社会科学》2018 年第 5 期。

〔2〕 参见许英：《农民专业合作社成员出资制度：规范分析与完善路径》，载《土地法制科学》（第 2 卷），耿卓主编，法律出版社 2018 年版，第 133～135 页。

〔3〕 江平主编：《新编公司法教程》，法律出版社 1994 年版，第 36 页。

〔4〕 参见［美］亨利·汉斯曼：《企业所有权论》，于静译，中国政法大学出版社 2001 年版，第 16 页。

性为法人。[1] 但也有学者认为,"农民合作经济组织不一定是法人。因为法人必须具备较严格的条件,考虑到我国农民合作经济组织发展的特点,要采取先促进、后规范的立法取向,将其分为两大类:符合条件的法人型农民合作经济组织,确定其为合作社法人;不符合法人条件的确定其为非法人型农民合作经济组织。待农业合作经济组织发展到一定程度后,可只规定合作社法人这一类形式"[2]。该观点考虑了我国的特殊国情而将农民合作经济组织区分为合作社法人和非法人型农民合作经济组织,具有一定合理性。然而,在同一部法律中对同一种经济组织作出不同法律地位的规定在立法技术上较难处理,而且在其他的市场主体法中也未有类似做法。因此,2006 年《农民专业合作社法》最终出台时在第 4 条中明确规定,"农民专业合作社依照本法登记,取得法人资格"。

至此,是否可以认为我国法律上只承认法人类型的农民专业合作社呢? 实则不然,一方面,现行立法所界定的农民专业合作社具有多种类型,根据法律的定义,农民专业合作社是在农村家庭承包经营基础上,农产品的生产经营者或者农业生产经营服务的提供者、利用者,自愿联合、民主管理的互助性经济组织。农民专业合作社以其成员为主要服务对象,提供农业生产资料的购买,农产品的销售、加工、运输、贮藏以及与农业生产经营有关的技术、信息等服务。由此可以看出,法律所界定的农民专业合作

---

[1] 参见米新丽:《论农业合作社的法律性质》,载《法学论坛》2005 年第 1 期;参见王静:《农民专业合作经济组织的法律地位分析》,载《农村经济》2005 年第 9 期;参见冯兴俊:《合作社基础法律问题探析》,载王保树主编:《中国商法年刊(2006)——合伙与合作社法律制度研究》,北京大学出版社 2007 年版,第 288 页。

[2] 李长健、冯果:《我国农民合作经济组织立法若干问题研究(上)》,载《法学评论》2005 年第 4 期。

社包括多种类型,既包括“生产 + 销售”型的合作社,也包括纯粹为成员提供农业生产资料购买、提供与农业生产经营有关的技术信息等服务的中介服务型合作社。另一方面,《农民农业合作社法》第4条的规定同时表明,未经登记的合作社不具有法人资格。对此,可以从比较法上得以考证。如在美国,对于登记的法人形态的合作社,既可以按照一般的公司法来注册登记,在有专门的合作社法的州,也可以按照合作社法的规定进行登记。而对于未登记的合作社,在法律上被当作合伙。另外,依据《日本农业协同组合法》的相关规定,也可以得出,合作社必须登记,不登记的不得作为法人对待。[1]

正所谓,社会经济发展会促使人们创造出各种各样的组织体形式,实际每一种组织在被法律赋予主体地位之前,在实践中都早已被采用了,法律通常只是对这些实践经验的总结。[2] 同样地,我国《农民专业合作社法》旨在规范的是经登记取得法人资格的农民专业合作社,但法律同时认可未登记的不具有法人资格的农民合作组织的存在,对于未登记的农民合作组织在法律地位上则可以以合伙对待。

二、农民专业合作社与其他合作组织的界分

按照不同的分类方法如经济学或法学分类方法,以及按照不同的分类标准如组织方式、经营方式、责任方式、活动范围、外部联系、法律特征等,均可以对合作社进行不同的分类。[3] 修订后

---

〔1〕 参见陈彦晶:《合作社的法律地位及其财产权》,载王保树主编:《中国商法年刊(2006):合伙与合作社法律制度研究》,北京大学出版社2007年版,第306页。

〔2〕 参见马俊驹:《法人制度的基本理论和立法问题之探讨中》,载《法学评论》2004年第5期。

〔3〕 参见屈茂辉等:《合作社法律制度研究》,中国工商出版社2007年版,第30～31页。

的《农民专业合作社法》对农民专业合作社的定义以及业务内容进行了相应修订。明确农民专业合作社的内涵和外延，是将农民专业合作社与其他企业形式进行区分的关键，有利于农民决定是否设立或加入农民专业合作社，也有利于政府及其部门甄别出真正的农民专业合作社并予以政策支持。为了保证研究的专业性和讨论的严谨性，本书仅以农民专业合作社为讨论主体范围。在内涵上，农民专业合作社作为一种新型的农业经营主体，是建立在农村家庭承包经营基础之上，专业的以及自愿联合、民主管理的互助性经济组织；其专业性主要体现在经营服务的内容上，是农产品的生产经营者或者农业生产经营服务的提供者、利用者联合组成的经济组织。因此，农民专业合作社既不同于传统的农村集体经济组织，也非公司类的一般企业法人。《农民专业合作社法》所调整的农民合作经济组织必须符合法律对其内涵的规定。在外延上，并非所有的合作社都是法律意义上的农民专业合作社。结合农民合作社发展实践，有必要对农民专业合作社与其他合作组织进行法律界分。

（一）与社区性经济合作社的区分

如前所述，在农民专业合作社法出台实施后，各种类型的农民专业合作社迅速发展，在农业生产和带动农户进入市场方面发挥了越来越重要的作用。尽管农民合作社在实践发展中进行不断创新，与传统合作社相比，呈现出多样性特点，但仍须对各种类型的农民合作社与农民专业合作社加以区分。尤其是实践中存在的诸如社区性股份经济合作社或经济合作社，也是由农民办的，但并非法律意义上的农民专业合作社。早在 1984 年的中央一号文件中就提出了设置以土地公有为基础的地区性合作经济组织，即后来发展起来的农村社区股份合作社；农民还可不受地区限制，自愿参加或组成不同形式、不同规模的各种专业合作经济组织，即后来发展起来的农民专业合作社。[1]

近年来，随着农村集体产权制度改革的不断深入推进，一些地方将改革后的农村集体经济组织称作股份经济合作社或经济合作社。实际上，这些社区性经济合作社主要是农村集体经济的组织载体，其主要在农村集体产权制度改革以及发展壮大农村集体经济方面发挥着重要作用，但该类合作社并非法律意义上的农民专业合作社，其作用范围与农民专业合作社的服务对象和业务范围均有本质区别。可以说，农村集体经济组织与是否存在具体的合作社性质的组织形态无关，而是一种因土地所有关系产生的成员联合起来进行支配的共同体组织。[2] 也有将农村净资产量化到成员后形成的合作经济组织称作是农村社区股份合作社的。[3] 这类合作组织所从事的业务并非服务于农民的生产经营，虽然农民可以从该合作组织中受益，但却不是该组织的惠顾者或使用者。而且，这类合作组织的成员资格是自然取得的，并不存在“入社自愿，退社自由”的问题。[4] 目前，国家正在研究制定农村集体经济组织方面的专门法律，两种合作经济组织在未来应有明确的法律界分。

（二）与农村资金互助社的区分

农村资金互助社是我国农村金融改革的产物。由于农村金

---

〔1〕 参见孔祥智：《中国农民合作经济组织的发展与创新（1978—2018）》，载《南京农业大学学报（社会科学版）》2018 年第 6 期。

〔2〕 参见戴威：《农村集体经济组织成员权制度研究》，法律出版社 2016 年版，第 81 页。

〔3〕 参见孔祥智：《中国农民合作经济组织的发展与创新（1978—2018）》，载《南京农业大学学报（社会科学版）》2018 年第 6 期。

〔4〕 参见马彦丽：《论中国农民专业合作社的识别和判定》，载《中国农村观察》2013 年第 3 期。

融体系的不完善,现有农村金融机构不能满足农村金融需求,大量农村资金外流,农村发展供给资金严重不足。为了缓解促进农村发展的资金供给压力,原银监会于2006年12月发布了《关于调整放宽农村地区银行业金融机构准入政策更好支持社会主义新农村建设的若干意见》,准许产业资本和民间资本到农村地区新设银行,批准在农村可以设立村镇银行、信用合作组织、专营贷款业务的银行全资子公司,并允许农村地区的农民和农村小企业发起设立社区性信用合作组织。紧接着,原银监会又于2007年1月发布《农村资金互助社管理暂行规定》和《农村资金互助社组建审批工作指引》,指导开展调整放宽农村地区银行业金融机构准入政策的试点工作。在此形势下,全国各地以农民资金互助组织为主要形式的新型农村金融机构应运而生。根据《农村资金互助社管理暂行规定》对农村资金互助社的定义,农村资金互助社的设立须经银行业监督管理机构批准,在乡(镇)、行政村范围内,由农民和农村小企业自愿入股组成,为社员开展存款、贷款、结算等业务。也就是说,在合作社开展信用合作试点中,国家将开展资金互助业务的农民合作社纳入了原银监会2007年发布施行的《农村资金互助社管理暂行规定》的管理范围,将农村资金互助社定性为具有独立企业法人地位的社区互助性银行业金融机构。

根据《农民专业合作社法》的规定,经依法登记的农民专业合作社也是具有法人地位的互助性经济组织。而且,农村资金互助社与农民专业合作社在实行民主管理以及为社员服务、谋求社员共同利益上具有一致性。然而,根据《民法总则》关于法人的分类,农民专业合作社属于介于营利法人与非营利法人之外的第三类法人,即特别法人。在我国现有的法律规范体系中,农村资金互助社与农民专业合作社为不同的法律规范所调整,尽管原银监会出台的规章效力层级低,但作为专门规范农村资金互助社的法律规范目前仍是现行有效的。因此，从现有的法律规范体系来看，农民专业合作社与农村资金互助社属于两类不同的互助性合作组织，在法律地位和管理制度上均有本质区别，其法律界分目前较为清晰。

然而，在规范农民合作社、促进农村内生性金融制度健康发展的意义上，应将农村资金互助合作社纳入《农民专业合作社法》调整范围。实际上，在《农民专业合作社法》的修订过程中，曾将农民专业合作社的业务范围扩展到资金互助，但在最终通过修订草案时删除了该规定。尽管修订后的《农民专业合作社法》仍没有明确将资金互助合作社纳入规范体系，但也没有明令禁止合作社开展资金的互助合作。甚至在关于农民专业合作社的地方性法规如《江苏省农民专业合作社条例》第 34 条和《山东省农民专业合作社条例》第 44 条均规定，农民专业合作社在本社内部可以开展资金互助。中央一号文件也多次提出鼓励开展农民合作社内部资金互助服务，如 2017 年中央一号文件明确提出了积极发展生产、供销、信用“三位一体”综合合作等创新举措。2018 年最高人民法院《关于为实施乡村振兴战略提供司法服务和保障的意见》进一步规定要“依法保护资金互助的交易模式”。中共中央办公厅、国务院办公厅于 2019 年 2 月发布的《关于促进小农户和现代农业发展有机衔接的意见》则强调要“扶持农村资金互助组织”。本书主张，在下一阶段修订完善《农民专业合作社法》时，应将资金互助合作社纳入《农民专业合作社法》的规范框架。即明确其市场主体法律地位和互助合作法律性质，以保证资金互助合作社能在统一完备的法律制度框架内运作，防止其偏离互助合作的初衷。[1]

---

〔1〕 参见陈小君等：《我国农村集体经济有效实现的法律制度研究：理论奠基与制度构建》，法律出版社 2016 年版，第 294 页。

三、合作社的规范化历程

（一）法律缺失下的不规范发展

随着社会主义市场经济的不断发展，农村在以家庭承包经营责任制为基础的双层经营体制下，各种各样的合作社应运而生，各种各样的合作方式与联合方式不断出现，合作社在新的时代获得了新的发展。与合作社的蓬勃发展不相协调的是，我国在农民合作组织方面的立法较为滞后，在2006年前仅有试点省份的地方性立法，以《浙江省农民专业合作社条例》为典型。由于没有专门的法律来保护规范这类组织，合作社发展质量参差不齐，合作社法律制度建设的空白也会引发一系列制度性问题。而且，由于进一步发展合作社面临法律缺失，合作社成长也满足不了农业产业化的需要。

自20世纪90年代以来，随着我国建立社会主义市场经济体制的经济体制改革目标的提出，以及我国加入WTO之后农业也逐步与世界农业接轨，我国农业和农村经济发展发生了深刻变化，促使我国农业经济基本矛盾逐步显露。其中，最为突出的是，我国农村的小生产与大市场之间的矛盾日益尖锐化。在此背景下，农民专业合作社作为农民合作经济组织首先在浙江、江苏、山东等省份产生，并逐步在全国各地得到迅速发展。为了克服小农与市场之间日益尖锐化的矛盾，农民专业合作社在产生之初特别注重组织效率，又由于对合作社本质认识不到位，农民专业合作社在发展过程中暴露出很多不规范的问题，严重制约了农民专业合作社作为独特的农民合作组织的优势发挥。

（二）法律规范下的不规范运行

为了规范农民专业合作社的发展，促使其组织制度优势的发挥，2006年10月，我国《农民专业合作社法》得以颁布。可以说，

《农民专业合作社法》的颁布促使我国农民专业合作社的发展步入法治化轨道。而且,《农民专业合作社法》的宗旨就是通过规范农民专业合作社的发展,维护农民专业合作社和成员的合法权益。目前我国经济社会发展仍处于转型期,在经济获得不断发展的同时,不同利益主体之间的利益差距也越来越明显,其中城乡差距尤为突出,农民成为经济社会发展进程中最大的弱势群体。因此,农民专业合作社作为以农民为主体的互助性经济组织,农民的合法权益应得到最大限度的保护。在此意义上,《农民专业合作社法》具有弱势群体利益保护的性质。另外,农民专业合作社作为农民群体利益的代表,其为农民带来的利益包括直接利益和间接利益,短期利益和长远利益,社员个体利益和组织整体利益。因此,农民专业合作社是以利益为纽带而结成的互惠互利的组织体,同时是维护农民权益和实现社会利益均衡的重要组织形式。

在《农民专业合作社法》颁布实施后,由于政府的扶持政策和大力推动,农民专业合作社在各地均获得了前所未有的发展。截至2017年年底,在工商部门登记的农民专业合作社达到201.7万家,相当于法律开始实施的2007年年底的78倍。[1] 农民专业合作社在发展实践中不断显现出其在增加农民收入、构建新型农业经营体系、发展制度规模经营和推进农业现代化方面的重要作用,逐渐成为引领适度规模经营的新型农业经营主体,并成为带动小农户进入市场以及与现代农业发展有机衔接的有效载体。

然而,各地社会经济条件不同,各地农民专业合作社呈现不均衡发展,而且形式也呈现多样化态势。另外,各地政府对农民

---

〔1〕 参见王瑞贺主编:《中华人民共和国农民专业合作社法释义》,法律出版社2018年版,第3页。

专业合作社的扶持力度也有所不同，不仅催生了很多不规范的“假合作社”，而且合作社的股份化趋势也越来越明显。实践中运作的农民专业合作社制度与农民专业合作社的法律目标明显相悖。再加上农村分工分业的深化发展，《农民专业合作社法》的一些规定已经不适应合作社实践发展的需要，一些合作社出现了管理不民主、财务制度不健全等内部运行不规范问题，影响和制约了合作社的健康发展。我国农民专业合作社发展中存在的不规范问题，包括有些合作社公司化色彩比较浓、生产者成员股份太低，有些合作社政府干预过多、行政色彩过浓；在内部运行机制上也存在诸如章程不规范、组织机构不健全、缺乏科学民主的管理和监督机制、合作社与成员利益关系不够紧密等问题。[1]

（三）法律规范下的规范调整

关于对合作社规范性的辨别，我国学界历来以西方合作社的价值与原则为标准。因此，关于我国合作社发展道路中到底需要一部怎样的农民合作社法律，学者们对我国农民合作社立法应参考国际合作社原则具有相当的共识。而农民合作社法律的核心便是对于合作社本质问题的表述和理解，即合作社法律或者合作社政策的制定，须建构在一定的价值目标、基本原则的基础上。在《农民专业合作社法》订立前后，学界对于合作社本质问题的争论尤为突出，其中对农民合作社发展问题的共识也通过法律的表述而成为法律的核心内容。学界普遍把合作社原则视为合作社本质的集中体现，所有者和惠顾者同一是合作社本质的基本点，按交易额分配盈余和民主控制的合作社本质也得到了广泛认同。

---

〔1〕 参见郭红东：《中国农民专业合作社发展——理论与实证研究》，浙江大学出版社 2011 年版，第 113～114 页。

然而,法律实施后,争论愈加激烈并与法律修订的社会需求、合作社的发展方向同步。学者们也注意到合作社原则因应农业产业化生产和规模效应扩展方面的变化。

成员民主制、按惠顾返还盈余、资本报酬有限,是 100 多年来基本未变的三条合作社原则。[1] 资本报酬有限是合作社的核心原则和根本特征,违背该原则的合作社就不是真正的合作社。[2] 部分合作社名不副实和绝大多数甚至全部合作社名不副实是两个性质不同的问题。若是前者,则可能只关乎合作社的"做假"问题;若是后者,则关乎合作社在中国的前途。[3] 可以说,合作社的本质规定性蕴含于合作社的基本原则之中。尽管自国际合作社联盟成立时所确立的合作社基本原则也在发展中发生了变化,但是成员按惠顾返还盈余、资本报酬有限、成员民主控制是始终未被遗弃的合作社的本质规定性。如果在合作社发展实践中,按成员惠顾返还的比例遭到了按股分红的挤压、在"一人一票"的基础上产生了附加表决权,合作社的本质规定性尤其是按成员惠顾返还盈余为主、资本报酬有限,仍是合作社区别于其他经济组织的根本标志,亦是合作社价值功能得以实现的重要保障。[4]

在我国,不同地区农业发展的不平衡性将长期存在,各地区文化和农民创造性也存在很大差异,再加上各地政府机构推动作用发挥的差异性,形成了多元化的、有特色的农民合作社实践,不

---

〔1〕 参见徐旭初:《中国农民专业合作经济组织的制度分析》,经济科学出版社 2005 年版,第 65 页。

〔2〕 张德峰:《合作社资本报酬有限原则之立法探讨》,载《政法论坛》2017 年第 3 期。

〔3〕 邓衡山、王文烂:《合作社的本质规定与现实检视——中国到底有没有真正的农民合作社?》,载《中国农村经济》2014 年第 7 期。

〔4〕 参见高海:《〈农民专业合作社法〉修改的思路与制度设计》,载《农业经济问题》2017 年第 3 期。

仅专业合作社的发展呈现多样性，而且出现了诸如农村社区股份合作社、土地股份合作社等多种创新类型。尽管这些合作社与《农民专业合作社法》所规定的合作社存在一定的偏离，但在实践中都为农民组织化水平和农民收入的提高作出了贡献。[1] 有的研究以土地股份合作社的发展为研究对象，指出我国现阶段合作社的合作制属性并未改变，而且其本质规定与国家所追求的社会公平正义与共同富裕目标是一致的。[2] 对这类“不规范”合作社的认识，也成为最近几年学界讨论的重点，越来越多的学者主张变通传统合作社原则，理性认识这些“不规范”合作社。

为进一步规范农民专业合作社的发展，修订后的新《农民专业合作社法》开宗明义，将“规范农民专业合作社的组织和行为”前移作为第一个立法目的，以提高农民专业合作社的发展质量和水平。与此同时，新《农民专业合作社法》针对合作社发展中的不规范问题，增加了对不规范合作社的约束性和惩罚性规定。如针对实践中出现的虽设立了农民专业合作社但长期不开展经营活动，最终演变成“空壳社”“挂牌社”等问题，法律规定对连续两年不从事经营活动的农民专业合作社，吊销其营业执照，依法予以解散。同时，法律还增加了对农民专业合作社开展经营活动的过程管理规定，以便工商行政管理部门对农民专业合作社是否存在经营异常情况进行监督，如要求农民专业合作社按照《农民专业合作社年度报告公示暂行办法》等规定，向登记机关报送年度报告，并向社会公示。可以说，该修订规定是一种“从事后的监管倒

---

〔1〕 参见孔祥智：《中国农民合作经济组织的发展与创新（1978—2018）》，载《南京农业大学学报（社会科学版）》2018 年第 6 期。

〔2〕 参见洪梅香：《公平抑或效率：合作社的异化及辨析——兼论土地股份合作社的发展》，载《东岳论丛》2019 年第 5 期。

逼合作社的规范运行”[1]的做法。显而易见的是，新法仍然保持原法律框架，主要针对法律实施中存在的问题进行“小修小补”，此次法律的修订并未能解决农民合作社在规范化和进一步发展中面临的种种问题，尤其是有些不规范合作社对农业产业发展还具有积极作用，但除专业合作社之外的其他农民合作组织的有益制度仍未得到法律表达。也就是说，农民合作社在发展实践中所出现的偏离法律规定的不规范发展现象仍值得重点关注。

关于合作社是否规范的问题，应通过建立农民专业合作社判定和识别的标准来对合作社加以判定与识别。[2]对农民合作社的现实规范性程度进行评判，应以《农民专业合作社法》为主要依据，尤其是法律所规定的农民专业合作社应当遵循的五项原则，即农民专业合作社的规范化原则。可以说，法律的强制性规定是底线，而具有理想主义色彩的合作社理念则是上限。[3] 在判断一个农民专业合作社是否规范的基本标准上，有的研究提出了“以农民为主体、具有真实的农民合作关系、服务于农业生产经营”的三要素标准，并以此为标准，将不规范农民专业合作社分为五类，即“无合作无运营的空壳合作社”“无实质合作的‘一个人’合作社”“无农民主体的企业型合作社”“主体不明的多轨制合作社”“服务范围超越农业生产经营领域的合作社”。[4] 实际上，修订后的法律拓宽了农民专业合作社的业务服务范围，取消了原来实

---

〔1〕 马彦丽等：《从防止合作社异化视角看新修订法律的进步与改善空间》，载《中国农民合作社》2018 年第 7 期。

〔2〕 参见马彦丽：《论中国农民专业合作社的识别和判定》，载《中国农村观察》2013 年第 3 期。

〔3〕 参见徐旭初、吴彬：《〈农民专业合作社法〉的规范化效应检视》，载《东岳论丛》2017 年第 1 期。

〔4〕 参见唐丽桂：《农民专业合作社发展中的不规范现象研究》，载《重庆社会科学》2019 年第 2 期。

行联合与合作的范围须是同类农产品或同类农业生产经营服务的限制,改为采取列举的方式,允许农民专业合作社从事所列举的一种或多种业务,在所列举的服务范围上并没有采取穷尽的方式,而是使用"等服务"的类型化的兜底表述,以弥补列举方法难以穷尽的缺陷。也就是说,与农业生产经营有关的各种合法服务均可,如资金互助服务。因此,关于"服务范围超越农业生产经营领域"的界定主要应考虑两个要素:一是服务内容是不是农业生产经营领域所需,二是服务是否合法。而判断服务是否合法,除服务内容合法外,还须考虑该服务是否为法律、行政法规所明确规定须经审批方可提供的服务。2007 年原银监会发布施行的《农村资金互助社管理暂行规定》,是在国家主导下开展农村地区信用合作试点的部门规章,效力层级低,也不具稳定性。因此,在合作社本身的制度规范上,应将资金互助服务明确纳入农民专业合作社业务范围,既满足小规模农业生产经营者的资金需求,通过合作社开展资金互助业务的内生制度安排来解决农民专业合作社进一步发展中的融资需求问题,也符合农民对合作社提供服务的多元化需求以及合作社综合化的发展趋势。而关于"以农民为主体""具有真实的农民合作关系"均是关涉合作社的社员建设问题,也可以说就是合作社的治理结构问题。所以,合作社规范化建设的根本在于合作社的成员建设问题,如合作社成员主体意识与合作文化培育,可以说是合作社规范化建设的根本和途径。尊重和保护农民成员的权利,是合作社规范化建设的基础。[1] 为此,本书接下来三章将围绕合作社社员建设问题,主要探讨合作社社员主体资格取得和丧失制度以及合作社社员权利行使制度,

---

〔1〕 参见徐旭初、吴彬:《〈农民专业合作社法〉的规范化效应检视》,载《东岳论丛》2017 年第 1 期。

这也是合作社规范化建设的关键内容。

此外，实践中那些为了获得政府的优惠政策而产生的“伪合作社”，已严重违背社员民主管理、按惠顾额分配盈余、限制资本报酬等合作社基本原则。[1] 在此意义上，中国农民合作社是否规范的问题，除合作社本身的制度规范外，还包括政府对合作社激励机制的偏差也是重要一环，其纠偏则需扎根于体制机制的完善。因此，在政治经济学意义上，需要进一步完善中国特色社会主义市场经济体制，建立健全政府减贫行为的激励机制等。[2] 由此可以看出，合作社的规范性问题还涉及对合作社社员权保障的政府支持制度的合理建构，本书将在最后一章予以展开论述。

---

〔1〕 参见潘劲：《中国农民专业合作社：数据背后的解读》，载《中国农村观察》2011年第6期。

〔2〕 参见李萍、田世野：《如何看待现阶段我国农民合作社的“规范性”？——一个政治经济学的探讨》，载《四川大学学报（哲学社会科学版）》2019年第1期。

第三章　合作社社员权取得制度

在合作社理论上，合作社是基于互助的人的结合，作为人的结合之物的表现，即为出资。而且为了体现平等互助的合作社本质，传统合作社实行的是社员均等入股，也因此成为“一人一票”，由合作社社员民主控制的基础。以资金自助的原则，实现合作社为社员所共有。因此，除采取非出资的合作制度外，各国合作社法几乎都规定了社员的出资义务。但社员出资是附随社员资格的财产义务，其前提是社员资格的取得。[1] 社员向合作社出资以后，社员对于其出资不再享有支配权，而只享有社员权，合作社对社员的出资享有合作社财产权，社员财产与合作社财产发生分离。[2] 也就是说，社员出资是社员权形成的基础。成为农民专业合作社的社员，须满足《农民专业合作社法》规定的社员资格条件，详见前述“合作社社员资格”部分的论述。然而，要产生入社的效果，享有社员权，还须履行合作社相关法律和章程规定的入社的出资义务。如根据我国台湾地区“合作社法”的规定，社员缴

---

〔1〕 参见李锡勋：《合作社法论》，台北，三民书局1982年版，第107页。

〔2〕 参见屈茂辉等：《合作社法律制度研究》，中国工商出版社2007年版，第7页。

纳股金以后始发生社员入社的效果。[1]

社员权的取得,是指具有社员资格的人通过入社行为并经法定程序获得社员地位后,享有社员的权利和承担社员的义务。现有著述中,关于社员权取得问题的专门研究并不多。其中,有学者从入社的程序规定的角度分析社员身份的取得,[2]但仅限于对国内外立法资料的梳理,未能深入分析社员权取得的相关问题。另外,也有学者基于创设入社、申请入社、继承入社和受让入社四种入社方式探讨社员权取得问题,但主要从社员人数、章程内容及入社手续等方面进行探讨,而且以介绍各国合作社法规定为主,并基于四种入社方式简要评析了我国社员权取得制度。[3]因此,本章在现有研究的基础上,主要围绕社员出资问题讨论社员权取得制度,并基于这个动态行为过程,探讨社员权取得制度应如何在社员与相关主体之间进行利益平衡与选择。

第一节　我国现行社员出资与社员权取得制度阐释

社员权是建立在取得社员资格后履行财产义务的基础之上的。因此,在社员资格取得并享有社员权利承担社员义务的制度设计中,社员出资问题是个值得研究的课题。而且,社员出资还关涉合作社一系列制度设计,如社员出资直接决定合作社财产和责任制度设计,财产制度又决定合作社的治理制度设计。即围绕

[1] 参见李锡勋:《合作社法论》,台北,三民书局 1982 年版,第 92 页。

[2] 参见欧阳仁根、陈岷等:《合作社主体法律制度研究》,人民出版社 2008 年版,第 162 ~ 166 页。

[3] 参见张德峰:《合作社社员权论》,法律出版社 2016 年版,第 138 ~ 157 页。

社员出资、遵循利益平衡理念，有利于重构适应农民专业合作社发展的财产制度和治理制度，规范农民专业合作社的组织和行为，从而保护农民专业合作社及其成员的合法权益。与此同时，对制度缺陷或不足产生的现实问题进行分析，首先应审视现行制度，因此，本节以法律实证方法对现行关于社员出资规定与社员权取得制度予以解读，阐释《农民专业合作社法》等现行法律规范对社员出资与社员权取得的相关规定，以为分析制度缺陷和产生的现实问题奠定基础。

一、社员出资与社员权取得规定

（一）社员出资规定

根据我国《农民专业合作社法》第12条和第15条的规定，设立农民专业合作社应当“有符合章程规定的成员出资”，农民专业合作社章程应当载明“成员的出资方式、出资额，成员出资的转让、继承、担保”。也就是说，我国现行法律对农民专业合作社及其成员的最低出资额均未作出具体规定，既没有设置农民专业合作社的法定最低出资额，也没有设置成员出资门槛。在出资形式上，2006年出台的《农民专业合作社法》并未明确作出规定，而是在2007年出台的《农民专业合作社登记管理条例》中进行了相应规定。2017年修订后的《农民专业合作社法》则增加了成员出资形式的规定，既包括货币出资，也包括实物、知识产权、土地经营权、林权等可以用货币估价并可以依法转让的非货币财产出资，还包括章程规定的其他方式的作价出资。但要排除法律、行政法规规定不得作为出资的财产。此外，根据我国《农民专业合作社法》第19条和第24条的规定，成员的资格条件中没有出资的要求，新成员入社除履行法律规定的程序外也没有出资的要求。

成员出资是农民专业合作社成立时财产的主要来源，但综观

《农民专业合作社法》中关于成员出资的规定，以赋予章程规定为主，充分体现了农民专业合作社的自治与自主性。由于《农民专业合作社法》颁布的初衷即在于帮助在市场交易中处于弱势地位的农民提高市场竞争能力和谈判地位，因此，为了鼓励农民积极创办农民专业合作社，法律没有要求农民专业合作社的成员必须要出资，对成员没有最低出资额的强制性要求。为了“吸引更多的农民入社，发挥农民专业合作社带领农民闯市场的功能作用，让不同类型和不同发展阶段的农民专业合作社都能容易地取得法人资格”[1]，而且“农民专业合作社发展的规模和水平不一”[2]，《农民专业合作社法》修订时仍未设立成员出资门槛。另外，随着农村改革的不断深化，尤其是农村承包土地所有权、承包权、经营权“三权分置”制度的确立，以土地经营权、林权作价出资参加农民专业合作社的现象越来越普遍。因此，《农民专业合作社法》在修订时增加了出资形式规定，对出资结构进行了完善。

另外，由于成员出资不仅是农民专业合作社的重要财产来源，还是农民专业合作社盈余分配的重要依据。为了避免成员之间以及成员与农民专业合作社之间的利益冲突问题，保护农民专业合作社及其成员的合法权益，法律规定农民专业合作社成员不得以对该社或者其他成员的债权冲抵出资，也不得以缴纳的出资抵销对该社或者其他成员的债务。

（二）社员权的特性

从整个社员权制度体系来看，社员权与社员资格存在密切的

---

〔1〕 王瑞贺主编：《中华人民共和国农民专业合作社法释义》，法律出版社 2018 年版，第 35 页。

〔2〕 陈建国等主编：《中华人民共和国农民专业合作社法解读》，中国法制出版社 2018 年版，第 47 页。

联系，社员资格的取得意味着社员权利的取得，而社员权利的行使则表明了社员资格的享有。社员资格反映了社员的主体地位，而社员权利则是社员资格的具体体现。农民专业合作社的成员依法可享受社员权利并承担社员义务。《农民专业合作社法》对社员权利义务作出了一些原则性和普遍性的规定。如我国《农民专业合作社法》第 21 条和第 23 条分别就农民专业合作社的成员享有的权利和承担的义务作出了明确而统一的规定，即社员权具有平等性。

一般来说，根据权利行使的目的不同，可将合作社社员权利分为共益权与自益权两大类。其中，共益权通常表现为社员的参与权，是社员基于合作社的整体利益而享有的权利；自益权是社员为自身利益而享有的权利，即社员基于社员地位而享有的个人应享有的利益的权利。根据《农民专业合作社法》关于社员权利的明确规定，其中，共益权主要是参加成员大会的权利、表决权、选举权和被选举权、查阅权和临时成员大会召集请求权，社员自益权主要包括享受服务权、分享盈余权以及自由退社权。除此之外，法律还规定合作社章程可规定其他类型的社员权利。

另外，因成员的出资额或与本社交易量（额）的差异，社员权还具有差异性，其主要表现在两个方面：一是表决权的差异。修订后的《农民专业合作社法》第 22 条明确了坚持“一人一票”的民主管理制，即农民专业合作社成员大会选举和表决，实行一人一票制，成员各享有一票的基本表决权。同时，出于农民专业合作社的发展需要更多资金以及鼓励成员与合作社交易的考虑，在基本表决权的基础上又规定了附加表决权制度。但修订后的该法删除了原法中的“章程可以限制附加表决权行使的范围”的规定，并在农民专业合作社章程应当载明的事项中增加了“附加表决权的设立、行使方式和行使范围”。二是盈余分享权的差异。基于社员地位的取得，根据《农民专业合作社法》第 44 条的规定，农民专业合作社的成员对可分配盈余都享有按照交易量（额）分配的盈余分享权，而且按照交易量（额）比例返还的盈余不得低于可分配盈余的60%。按照交易量（额）比例返还后的剩余部分，则以成员账户记载的出资额等按比例分配给社员，即出资差异导致成员获得的可分配盈余也有差异。

根据权利义务相一致原则，合作社社员不仅享有一定的权利，同时也应承担一定的义务。我国《农民专业合作社法》第 23 条规定，农民专业合作社成员承担下列义务：执行成员大会、成员代表大会和理事会的决议，按照章程规定向合作社出资，按照章程规定与合作社进行交易，按照章程规定承担亏损，章程规定的其他义务。由此可见，《农民专业合作社法》在采取列举的方式规定社员义务的基础上，又通过兜底条款，由合作社的章程根据合作社的具体情况规定成员应承担的其他义务。而且，社员履行的出资义务也是章定义务，而非法定义务。

综上所述，《农民专业合作社法》关于社员出资的规定，表明出资非社员的法定义务，也非以出资为社员地位取得之必备要件，即我国法律对农民专业合作社社员权的取得无法定最低出资额的要求。

二、社员出资与合作社财产制度规定

财产制度是合作社法的基础制度，也是农民专业合作社与其他市场主体相区别的一个重要特征。根据我国《农民专业合作社法》的相关规定，农民专业合作社财产制度主要体现为以下内容。

（一）农民专业合作社法人财产权

《农民专业合作社法》明确规定，农民专业合作社经依法登记取得法人资格。根据法人制度理论，法人拥有独立的财产。农民专业合作社的财产构成包括成员出资、公积金、国家财政直接补助、他人捐赠以及合法取得的其他资产所形成的财产。在多元形式的合作社财产中,成员出资是基础也是最主要的部分,但成员出资的方式与出资额由合作社章程具体规定。为了扩大合作社的资金来源,法律允许成员之间存在出资差异,鼓励成员向合作社进行更大的投资。公积金是从合作社的盈余中提取的一种储备基金,其作用主要在于弥补亏损和扩大合作社的生产经营,如果合作社积累的公积金超出了合作社发展所需,则可以转化为成员的出资。国家财政直接补助是国家为了扶持农民专业合作社的发展直接划拨给合作社的财政补助资金。他人捐赠为支持农民专业合作社事业发展的友爱人士赠与的财产。合法取得的其他资产则为农民专业合作社在经营发展过程中获得的其他合法财产。与此同时,《农民专业合作社法》还规定,在成员资格终止的情形下,成员有权要求合作社退还记载在该成员账户内的出资额和公积金份额。也就是说,成员资格终止,须按规定处理其与合作社的财产关系,即农民专业合作社的财产具有变动性。

另外,农民专业合作社对上述财产享有占有、使用和处分的权利,而无收益权。农民专业合作社法人财产的独立性侧重于其独立的对财产的利用与处分权利,而非对财产拥有所有权,正如"法人财产权不等同于法人对其财产享有所有权,例如国有土地,企业法人享有的只是国有土地使用权"[1]。又由于农民专业合作社在本质上是互助性经济组织,其组织功能在于为社员服务,对社员具有非营利性质,其财产的收益权应归其社员所有。而

---

〔1〕 王瑞贺主编:《中华人民共和国农民专业合作社法释义》,法律出版社2018年版,第17页。

且，农民专业合作社的财产大部分都量化到了成员账户，符合合作社为社员所有的组织特性。

（二）农民专业合作社法人及成员的有限责任

在责任制度上，根据《农民专业合作社法》第 5 条和第 6 条的规定，农民专业合作社以包括成员出资、公积金、国家财政直接补助、他人捐赠以及合法取得的其他资产所形成的财产对债务承担责任。农民专业合作社成员则以其成员账户记载的出资额和公积金份额为限对农民专业合作社承担责任，即我国法律对农民专业合作社及其成员仅规定了有限责任形式。

农民专业合作社成员的有限责任，是立法者基于我国农民专业合作社发展的现状，考虑到农民收入普遍不高、农业经营规模较小等现实问题所做出的制度安排。如果要求成员对合作社债务承担无限责任，一方面不符合我国目前农民专业合作社发展的实际，另一方面也不利于保护本来就处于弱势地位的农民群体，可能会打击农民加入或参与合作社的积极性。在大多数国家合作社立法都采取的是有限责任的情况下，我国立法最终选择了有限责任的形式。

（三）农民专业合作社盈余分配规定

分配制度是农民专业合作社财产制度的核心组成部分，不仅是合作社产权结构、内部治理机制的重要体现，也是合作社经济绩效的直接反映。与此同时，农民专业合作社的盈余分配规则又与社员出资密切相关。根据我国《农民专业合作社法》关于"财务管理"的规定以及《农民专业合作社财务会计制度（试行）》的相关规定，我国农民专业合作社盈余分配制度主要包括三方面内容。

1. 可分配盈余及其构成。作为特殊的经济组织形式，农民专业合作社的业务活动有其自身特点,即为成员提供服务而开展业务。但法律为适应农民专业合作社发展的实际,又赋予合作社章程就一些具体经济活动事项作出具体规定的权利,如是否为非成员服务及其服务价格等。因此,农民专业合作社的业务活动既包括为成员提供服务,也包括为非成员提供服务。其中,合作社成员与农民专业合作社的交易为内部交易,非成员与农民专业合作社的交易则为外部交易。基于农民专业合作社的经济组织特性,法律将农民专业合作社的总收入扣除各项支出后的部分,以"盈余"概念界定之,与公司的利润概念相区分。结合农民专业合作社业务活动的特点,合作社盈余在来源上,包括内部交易和外部交易产生的盈余,以及合作社对外投资产生的收益。而在弥补亏损、提取公积金后的当年盈余,则为农民专业合作社的可分配盈余,即盈余中依法向成员返还或者分配的部分。

2. 盈余分配原则与规则。作为合作社盈余分配的重要依据,农民专业合作社应当为每个成员设立成员账户,主要记载该成员的出资额、量化为该成员的公积金份额以及该成员与本社的交易量(额),即成员账户主要记载成员出资和交易量(额)。作为主要为成员服务的互助性经济组织,农民专业合作社的盈余分配遵循惠顾返还原则,即可分配盈余主要按照成员与本社的交易量(额)比例返还,且返还总额不得低于可分配盈余的60%。此外,为调动成员出资的积极性,充分考虑成员出资在合作社运作和获得盈余中的作用以及适当保护出资成员的利益,法律同时也允许部分可分配盈余以成员账户记载的成员出资为依据进行分配,具体来说,就是成员惠顾返还后的剩余部分以成员账户中记载的出资额和公积金份额以及本社接受国家财政直接补助和他人捐赠形成的财产平均量化到成员的份额,按比例分配给成员。

3. 可分配盈余转出资规定。成员出资的来源,除成员履行章程规定义务的出资和公积金量化而来的出资外，还包括由可分配盈余转化而来的出资。经过民主程序，可分配盈余可转为成员出资，即经成员大会或者成员代表大会表决同意，可以将全部或者部分可分配盈余转为对农民专业合作社的出资，记载在成员账户中。

第二节　现行社员出资制度对社员权益的制约

当法律已经以前所未有的方式渗透人类生活的方方面面时，立法的草率和表述上的粗糙，都会导致法律的实施障碍，司法者存有上下其手的余地，而公民和当事人却得不到应有的法律保护，更为严重的是，人们在残缺不全的法律面前很容易丧失对法律的信任。[1] 也就是说，法律制度设计的不周到，很可能导致法律目标难以真正实现甚或侵害到应当受到保护的利益。通过前述关于社员出资与社员权取得相关法律规定的解读，我们发现，现行立法并未对成员出资做出强制性要求，也未对农民专业合作社成员的最低出资额作出具体规定，也就是说，农民专业合作社没有法定最低出资额。我国《农民专业合作社法》赋予章程规定成员出资的权利，符合农民专业合作社互助合作的组织属性，同时也体现为对成员出资的任意性制度安排。然而，这种任意性出资制度，从农民专业合作社的互助合作属性上看，不利于成员与合作社之间的利益联结；如果从农民专业合作社的法人人格上看，则导致农民专业合作社法人财产权的残缺，与其法人地位不

〔1〕 参见孙潮：《立法技术学》，浙江人民出版社 1993 年版，序言。

相适应。相关主体之间的利益矛盾仍不可避免。因此,对现行制度安排的现实困境以及导致的利益矛盾进行系统而细致的分析,又是完善现行制度或重新进行制度构造的前提。我国现行《农民专业合作社法》中的任意性出资制度对各相关利益主体的权益制约主要表现为以下三方面。[1]

一、任意性出资制度易导致社员与合作社之间的利益联结不紧密

从本质上而言,合作社是社员联合所有、民主控制的组织,所有社员出资是联合所有并民主控制的基础。作为独立的社团法人,合作社的财产构成主要以社员出资为基础。在责任承担上,合作社以其法人财产对外承担责任,社员则以其出资对合作社承担责任。除了合作社为清偿债务而消耗掉社员的出资之外,社员的出资及其增值最终属于出资的社员个人所有,社员出资后转移的是其对出资的使用权。而且,合作社是由社员联合所有的组织形态,合作社能够利用社员的出资形成社员联合所有的资本。在此意义上,社员联合所有与社员对其个人份额的个人所有具有一致性。社员联合所有可以说是社员对合作社的权益,即出资不仅是社员的义务,也是社员的权利。因此,出资是确立社员主体地位、享有社员权利的基础,以出资为社员资格取得或社员权利享有的基础旨在保持合作社与成员之间利益的一致性,以此调动广大社员积极参与合作社。实际上,我国农业合作社普遍存在资本和发展后劲不足等问题,根本原因在于合作社的资本性先天不足。社员与合作社关系以使用关系为主,缺乏资本联系的纽带,因此,社员与合作社的权利义务关系不清晰,社员归属感不强,缺

---

〔1〕 参见许英:《农民专业合作社成员出资制度:规范分析与完善路径》,载《土地法制科学》(第2卷),耿卓主编,法律出版社2018年版,第136~141页。

乏进行长期投资的愿望,参与管理、监督的积极性不高。[1]

从组织行为角度来看,成员履行出资义务意味着成员承诺(member commitment),即成员愿意向合作社投资以及愿意与合作社做交易的偏好。[2] 即使在贸易更加自由化以及重组的障碍逐渐衰弱下来的情形下,成员承诺就像是成员与合作社之间的一种黏合剂,促使成员与合作社始终保持稳定的交易关系。[3] 实际上,农户在加入合作社后对合作社履行交售农产品的义务,是让渡了部分家庭经营的决策权,该机会成本只有通过农户在获得产销服务的同时还能够分享农产品加工、运销环节中的增值利润得以弥补。因此,就农户而言,农民专业合作社的制度安排要能够将大部分盈余通过"惠顾返还"让农户得以分享,使农户获得利益激励,才能从根本上推动农户与合作社之间的业务关系,将农户与合作社的利益紧密联结在一起。农民专业合作社才能获得稳定经营和可持续发展,也才能在市场竞争中不断扩大市场份额并增强竞争能力。正如有学者所言,预期收益不高也会极大降低合作社对于农户的吸引力,影响合作社成员规模的扩大,进而制约合作社的进一步成长和规模经济的实现;[4]预期收益不高和不愿放弃农业经营的决策权是制约农户加入合作社的主要原因。[5] 而且,通过实地调研,我们发现很多合作社的农民成员因

---

〔1〕 参见白晓明:《论我国农民专业合作社法人治理结构的发展与完善——基于外部力量主导合作社的视角》,载《宁夏社会科学》2010 年第 2 期。

〔2〕 参见黄胜忠:《转型时期农民专业合作社的组织行为研究:基于成员异质性的视角》,浙江大学出版社 2008 年版,第 126 页。

〔3〕 Fulton, "M. Cooperatives and member commitment", *The Finnish Journal of Business Economics*, 1999(4), p. 418.

〔4〕 孙亚范、余海鹏:《立法后农民专业合作社的发展状况和运行机制分析——基于江苏省的调研数据》,载《农业经济问题》2012 年第 2 期。

〔5〕 蔡荣:《"合作社 + 农户"模式:交易费用节约与农户增收效应——基于山东省苹果种植农户问卷调查的实证分析》,载《中国农村经济》2011 年第 1 期。

加入时未出资或存在被加入的现象，往往对合作社事务并不关心，甚至并未与合作社进行交易，导致大量“伪合作社”的存在。合作社内部分配机制不健全，农户入股合作社的股金较少，农户与合作社之间的关系主要是交易关系，而合作社只不过是联系农户与市场的中间商而已，农民在合作社中根本不具有主体地位，因而合作社也非真正属于农民的互助经济组织，现实运作中相当一部分合作社已异变为大股东追求利益最大化的股份化公司。[1]

实践中，由于社员不出资或很少出资，导致成员之间在股权结构上出现严重失衡，或者是合作社产权结构没有社员股金，或者是社员股金数量很少而使合作社的发展受到很大制约。如有关地区的实证研究表明，仅有占样本总量36.6%的农民专业合作社存在成员以缴纳会费或缴纳股金方式向合作社出资的行为。其中，发起人个人投资在资本结构中所占比例过高。[2] 也就是说，大多数合作社没有成员缴纳出资的行为，在这些合作社中，大多数普通成员与合作社之间的关系通常表现为通过合作社销售产品或者购买生产资料的买卖关系。其与合作社之间的关系并不紧密，其行为仅为利用合作社的服务，既不参与合作社事务的管理也不关心合作社事业的发展。由于少数成员的资本份额过高，容易形成“一股独大”，因而导致“内部人控制”问题的发生。在大多数普通成员由于未出资或很少出资而缺乏对合作社监督的积极性的情形下，合作社极易沦为少数人控制的企业。

在社员与合作社的利益联结上，农户的积极参与和稳定惠顾

---

〔1〕 参见王卫涛：《我国农民合作社发展现状及对策研究》，东北财经大学2011年硕士学位论文，第32页。

〔2〕 参见孙亚范：《农民专业合作经济组织利益机制及影响因素分析——基于江苏省的实证研究》，载《农业经济问题》2008年第9期。

是农民专业合作社可持续发展的保证。就农民专业合作社而言，缺少成员承诺即成员愿意向合作社投资以及愿意与合作社做交易的偏好，农民专业合作社也是很难形成的。农民专业合作社的核心在于坚持合作原则，而且各项内部制度的建立和运作都要突出农民的主体地位和经济利益，其中，很重要的一方面就是提高农民成员的入股比重。〔1〕在合作社信用问题上，成员出资是合作社的信用基础，成员出资少或不出资的一个重要原因就是对合作社缺乏信任，因此在对外融资贷款上也很难获得信任。〔2〕然而，《农民专业合作社法》并未对社员出资作出强制性规定，即出资并非社员资格取得的前提。我国《农民专业合作社法》关于成员出资的任意性规定导致农民专业合作社成员的社员权基础不明确，成员与农民专业合作社之间缺乏紧密而有效的利益联结机制。由于合作社与农民利益联结方式的缺陷，导致合作社内部成员之间难以建立真正意义上的合作机制问题，社员是否出资以及出资多少情况明显各异，导致合作社治理存在内部人控制风险问题，合作社内部社员管理、民主管理、财产权属等均存在不规范问题导致农民专业合作社难以健康发展。〔3〕由于利益联结机制的不健全，成员与农民专业合作社之间难免存在利益矛盾。因此，成员向合作社出资以及愿意与合作社做交易是保持成员与合作社之间利益关系紧密联结的关键。

---

〔1〕参见胡卓红：《我国农民专业合作社发展的瓶颈问题与突破之策》，载《现代财经（天津财经大学学报）》2010 年第 3 期。

〔2〕参见潘劲：《对农民专业合作社成员边界问题的思考》，载《理论研究》2013 年第 2 期。

〔3〕参见蒋颖：《中国农村合作社法律制度发展研究》，中国农业科学技术出版社 2009 年版，第 69～70 页。

二、任意性出资制度易造成出资社员与非出资社员之间的权利制衡失效

根据前述关于社员资格及其限制的现行立法规定,“能够利用合作社的服务”的要求可以理解为社员入社所做的“惠顾承诺”,成员基于惠顾承诺得享有社员资格,获得社员地位。除此之外,也可以通过出资获得社员地位。但出资并非社员资格的法定要求。因此,基于社员是否缴纳出资入社的不同,农民专业合作社存在出资社员与非出资社员之别。关于社员权利,无论是出资社员还是非出资社员,基于社员地位都享有“一人一票”的基本表决权,同时社员又基于惠顾和出资差异,还享有相应的附加表决权,分享盈余权的内容也有所不同,即出资较多的社员可被分配较多的盈余。也就是说,在成员异质性条件下,出资情况直接影响成员之间的利益分配。

由此,社员出资差异所体现的表决权和分享盈余权的差异,将直接影响社员参与合作社事务的积极性以及合作社的治理。无论是在合作社的形成还是在合作社的发展过程中,出资社员与非出资社员由于在资源禀赋上的差异以及加入合作社目的的不同,也必然影响其在合作社发展过程中所扮演的角色和对合作社产生的影响的不同,从而对合作社的控制权和收益权也存在不同诉求。出资社员作为资本资源等要素的所有者,在合作社的产权结构上就必然倾向于股份化。他们希望通过占有合作社相对多数股份,获得合作社的实际控制权,并进而通过有利的剩余分配方式实现对投入要素的控制权和收益权。而非出资社员与合作社的联系主要在于与合作社进行交易,因此,他们又应该是期望合作社能够按照交易量(额)来安排产权结构的。然而,出资社员与非出资社员所要达到的这种利益平衡机制实际上是在违背合作社本质属性。我国《农民专业合作社法》所规定的民主管理机

制和盈余分配制度均要求成员之间必须风险共担，实践中出资社员与非出资社员所形成的权利义务关系是对合作社本质属性的扭曲。[1] 从长远来看，这种大股集中的现象不仅容易导致非出资社员利益受损，而且这种向少数社员倾斜的产权结构也是不利于农民专业合作社健康发展的，必然伤害合作社的组织绩效。因此，必须从制度上平衡合作社出资成员和非出资成员之间的风险责任关系。

而且，实践中，绝大多数农民专业合作社的理事长和理事会成员基本上都是由那些拥有一定社会资源并对合作社进行较多投资的社员组成的，从而农民专业合作社的控制权的分配也是非均衡的，所谓“民主管理”在多数情况下很难真正付诸实践。在对重大问题的决策上，也有相当数量的合作社完全是由资本控制的。也就是说，在治理结构上，出资社员往往掌握着合作社的控制权。就非出资社员而言，在农民专业合作社与社员的利益联结方式上，大多数体现为提供信息、技术服务、实行盈余分配及保护价收购产品。他们与农民专业合作社的关系并不紧密，因此参与合作社事务的积极性也不高，难以行使对合作社事务的监督权。也就是说，社员出资的任意性导致非出资社员对出资社员的权利制衡失效。

三、任意性出资制度易导致合作社外部责任承担能力不足

如前所述，农民专业合作社的财产构成有五个来源，即成员出资、公积金、国家财政直接补助、他人捐赠以及合法取得的其他资产，这五个来源所形成的财产是农民专业合作社对债务承担责任的保证。在上述关于农民专业合作社的财产构成中，由于我国

---

〔1〕 参见于欣慧、任大鹏：《农民专业合作社成员间风险责任关系研究》，载《农村经济》2015 年第 12 期。

农村经济发展水平不平衡,我国法律对农民专业合作社及其成员均无法定最低出资额要求,而且各种类型的出资如货币出资应占多少比例也未有明确规定。考虑到我国农民专业合作社的发展还处于初级阶段,盈利普遍不多而且各地实际情况也存在很大差异,因此合作社的公积金也为任意公积金,农民专业合作社是否提取公积金由其章程或者成员大会决定,不是强制性的规定。另外,关于国家财政直接补助的有无以及数额大小、他人是否捐赠以及捐赠多少都是农民专业合作社自身无法控制的,合法取得的其他资产也是属于不确定性的财产构成。由此看来,合作社的财产在每一项来源上都存在有限性和不确定性的特点,因此,合作社财产在总体上具有十分有限而且很不稳定的特点,农民专业合作社财产的独立性也难以实现。而且,我国法律还规定农民专业合作社的当年盈余除弥补亏损和提取公积金外均分配给本社成员。当然,经成员大会或者成员代表大会表决同意,可以将全部或者部分可分配盈余转为对农民专业合作社的出资,但仍然记载在成员账户中。成员资格终止的,农民专业合作社还应当按照章程规定的方式和期限,退还记载在该成员账户内的出资额和公积金份额。可以说,农民专业合作社的各项财产均记载在成员账户,合作社法人财产与合作社社员财产并没有实现真正意义上的财产分离,实际上,合作社社员对财产具有支配力甚至是最终的控制力。

然而,农民专业合作社作为一个具有独立法人地位的市场主体,对外要与其他市场主体进行交易。对不特定的交易第三人而言,合作社的财产状况是影响其是否与合作社打交道以及频繁程度的重要因素。而且,合作社经营规模的扩大以及实力的壮大都需要资金的支持,合作社财产构成情况直接影响合作社对外的融资能力。然而,在合作社的财产构成上,在其他各项来源都具有不确定性的情形下，作为农民专业合作社初始资本的成员出资，受农民经济能力的限制，成员出资总额有限。而且，在成员出资并非法定要求下，实际上很多合作社都存在相当一部分不出资的成员，在没有最低注册资本规定的现行制度安排下，社员承担的经营风险较小，社员的利益因而得到了有效考虑，但由于合作社财产来源的有限性和不确定性致使合作社责任财产存在明显不足的问题。责任财产有限，农民专业合作社对外的信用也将受到影响和制约。由于成员加入合作社时无法律强制的出资义务，导致合作社缺乏独立的责任财产，并进一步导致合作社在市场主体中信誉的降低，严重制约了合作社自身的融资需求和进一步发展。[1] 而且，关于货币出资比例以及最低注册资本规定的缺失，合作社在办理注册登记时，只要全体成员对各种出资确认评估价后形成出资清单即可申请登记，使合作社法人的真实财产难以确定，对合作社债权人而言无法预知合作社的偿债能力，因而影响交易安全，同时也制约了合作社的对外经营活动的开展。可以说，在现行财产制度和责任制度安排下，合作社债权人的利益很难得到有效保障。农民专业合作社法人财产权是一种残缺且羸弱的法人财产权，其决定合作社法人对债务人的独立责任也成为一种虚幻的责任，无论是交易相对人开展交易还是金融机构放贷都会更加审慎，这极易导致农民专业合作社融资难现象的发生。[2] 从长远来看，有利于社员权益的制度安排却由于不能有效保障债权人利益而导致农民专业合作社的经营和发展受到制约，并最终影响社员利益的最大化实现。

---

〔1〕 许英、吴越：《农民专业合作社成员出资制度反思与重构——以土地承包经营权作价出资为研究重心》，载《农村经济》2013 年第 10 期。

〔2〕 参见管洪彦、孔祥智：《农民专业合作社法人财产权：规范解释与修法思路》，载《农业经济问题》2017 年第 5 期。

第三节　重构我国社员权取得制度的路径选择

一、合作社社员制度类型

根据社员入社是否必须履行出资义务以及新社员加入的限制程度进行划分，合作社社员制度主要存在三种类型。

（一）不以缴纳股金为前提的完全开放的社员制

丹麦是实行完全开放的社员制的国家，其主要是深受罗虚戴尔公平先锋社的影响，在产权安排上大致遵循罗虚戴尔原则。具体来说，加入合作社不需要缴纳股金，任何人只要拥有合作社的交易合同，就可成为合作社的社员。然后，再依据社员与合作社交易的产品数量确定社员占有股份的多少，并以此作为盈余分配的依据。[1] 可以说，丹麦合作社的产权制度安排遵循合作社的所有者与惠顾者的一致性，社员与合作社之间以"交易"为中心确立利益关系。社员与合作社交易越多，对合作社所做贡献越多，其获得的收益也就越多，社员与合作社之间以"交易"为基础建立了较好的激励机制。

（二）缴纳股金入社的较开放的社员制

德国《合作社法》在合作社的组织原则上一直秉承"自愿的成员制度"，即成员在感到合作社与自己的利益目标一致时，可以自

---

〔1〕 参见王玉梅：《农民专业合作社之法理探究与实践》，科学出版社 2012 年版，第 147～148 页。

愿入社。[1] 但是,社员资格与入股密切相关,入股决定了社员有共同筹集资金、承担费用的义务,特别是缴纳社章规定的与其社股相应的款额的义务。[2] 社员缴纳股金的义务是合作社社章必须规定的事项,即合作社社章必须规定每个社员得以加入合作社所需认购的股份和有义务缴纳的股金数额,需要缴纳的股金总额至少要达到认购股份的1/10。[3]

另外,法国和芬兰合作社也实行较开放的社员制。在法国,凡是承认合作社章程的农民都可以申请加入合作社,社员入社要根据与合作社预期交易的农产品量缴纳股金,并根据交易量的增加补交股金。另外,为吸引外来投资,合作社还有非社员股东,对非社员股东仅给予比社员较高利率的红利。[4] 在责任类型上,法国的合作社采有限责任。[5] 在芬兰,任何具备社员资格的人提出申请均可加入合作社,社员必须入股一股以上,即社员入社须缴纳入社费。合作社的盈余以每位社员利用合作社服务的量进行分红。一般情形下,社员个人对合作社的债务不承担个人责任。[6] 可以说,在芬兰,合作社是其社员设立的公司,它通过开展诸如社员利用公司的服务来参与各项经济活动达到促进社员经济利益的目标,社员对合作社的责任也仅是有限责任。

我国台湾地区"合作社法"规定,社员有加入和退出合作社的

〔1〕 参见国鲁来:《德国合作社的基本理念与原则》,载《中国农民合作社》2010年第5期。

〔2〕 参见郭国庆:《德国〈合作社法〉评介》,载《河北法学》1999年第1期。

〔3〕 参见王东光:《德国合作社法律制度研究》,载王保树主编:《中国商法年刊(2006):合伙与合作社法律制度研究》,北京大学出版社2007年版,第251页。

〔4〕 参见王玉梅:《农民专业合作社之法理探究与实践》,科学出版社2012年版,第148~149页。

〔5〕 李锡勋:《合作社法论》,台北,三民书局1982年版,第165页。

〔6〕 参见管爱国、符纯华译著:《现代世界合作社经济》,中国农业出版社2000年版,第160~169页。

自由,因此,合作社的社员人数与股金总额均可变动。然而,要产生社员入社的法律效果,社员在取得资格后应立即缴纳股金,社员对合作社应负有以一定金额出资的义务,即每一社员至少应认购一股。[1] 也就是说,社员须缴纳股金方可实现法律意义上的入社,否则无法产生入社的法律效果并享有社员权。在社员对合作社债务承担的责任形式上,我国台湾地区“合作社法”规定了三种责任形式,即有限责任、保证责任和无限责任。有限责任是社员以其认购的股额为限承担责任;保证责任则是社员以其认购的股额和保证金额为限承担合作社债务;无限责任是指合作社财产不足清偿债务时社员之间承担连带责任。[2] 其中,因合作社是法人,具有合作社财产,为保证合作社债务的清偿,社员对合作社负有出资的义务,合作社也因此对社员享有出资请求权,即合作社的债权,对外可为合作社债务的担保。[3]

（三）购买交易份额或交易权入社的封闭社员制

美国“新一代合作社”是实行封闭社员制的代表。不同于合作社社员资格的开放性,北美新一代合作社对社员入社资格有所限制,不仅要求具备一定经济条件、生产能力以及个人信誉度等条件才可入社,而且入社社员要支付较高的股金,通常每个社员承购股金在 5000 ~ 15000 美元。[4] 新一代合作社与社员之间存在一个“双向合同”,即要求社员向合作社交售一定数量的产品,同时要求合作社收购这些产品。新一代合作社的运作,首先是发

---

〔1〕 参见李锡勋:《合作社法论》,台北,三民书局 1982 年版,第 91 ~ 92、107 页。

〔2〕 参见石旭雯:《合作社的法律特征探析》,载王保树主编:《中国商法年刊(2006):合伙与合作社法律制度研究》,北京大学出版社 2007 年版,第 268 页。

〔3〕 参见李锡勋:《合作社法论》,台北,三民书局 1982 年版,第 167 页。

〔4〕 石旭雯:《合作社的法律特征探析》,载王保树主编:《中国商法年刊(2006):合伙与合作社法律制度研究》,北京大学出版社 2007 年版,第 262 页。

行合作社股票，每一股代表社员有向合作社交售一个单位农产品的权利，通过在社员中分配交货权就确定了社员向合作社交售产品的数量。因此，新一代合作社的社员是有限的。合作社扩大规模需要资金也是通过同样的方式筹集，即社员必须通过预先购买交货权股票对合作社进行投资。在社员享有的权利和承担的义务上，一方面，合作社的收益按照社员交售的产品所占份额进行分配，并在年末将经营收益按照此比例返还给社员；另一方面，按照合同规定，社员必须向合作社交售自己的产品或从其他地方购买相应的产品来交售以履行合同义务。[1] 另外，新一代合作社还通过负债和发行优先股吸引优先股股东，优先股股东没有投票权，只能获得固定的股息。[2] 由此可见，新一代合作社实行社员的封闭性即有限的社员，首先，可以确保合作社的稳定与经营效率；其次，股东的多样性既保证了合作社的资金需求又能确保合作社的利益有所保障；最后，社员股权与交货权的一致性有助于增强社员的责任感和保证产品的高质量，稳定合作社与社员的交易关系。

二、我国合作社社员制度选择的基本遵循

通过分析上述三种类型的社员制度，“完全开放的社员制”主要是延续了传统合作社的模式，严格遵循所有者与惠顾者的统一，特别强调劳动者的联合，而忽略资本的力量。这种类型的社员制度较能反映合作社的本质，然而在市场竞争日益激烈的环境下，绝对地奉行经典合作社原则必然导致合作社的低效率，社员受益的合作社目标也较难实现。而且，这种完全开放的社员制也存在一定程度的弊端，由于入社无须缴纳任何股金，新社员的加

---

〔1〕 参见管爱国、符纯华译著：《现代世界合作社经济》，中国农业出版社 2000 年版，第 210、212 页。

〔2〕 参见王玉梅：《农民专业合作社之法理探究与实践》，科学出版社 2012 年版，第 149 页。

入必将摊薄原有社员的利益,从而导致原有社员的利益减损,新旧社员之间的利益冲突不可避免地打击了社员的积极性,造成"搭便车"现象严重。与此相对应的是实行"封闭的社员制"的新一代合作社,它们在产权制度、运行机制等方面都对传统合作社进行了创新,这些合作社不再是产品的交换销售场地,它们只向自己的社员收购预定数量的产品,主要发展加工业,以提高产品的附加值并让社员分享增值的收益。这种社员制度能够较好地解决合作社在面对挑战和激烈竞争环境下的资金问题,并增强合作社的资金实力,而且也能稳固合作社与社员的交易关系,有利于社员与合作社利益的共同增进。然而,封闭的社员制度对社员的资金实力等个人能力要求较高,对吸引广大农民加入合作社存在局限。与前两种社员制度相比而言,"较为开放的社员制"是一种折中的做法。既遵循入社自愿原则,又要求社员入社必须缴纳一定的股金以获得社员地位,并将入社股金与交易量结合起来,确保所有者与惠顾者的统一,同样保持了合作社的本质。这种社员制度既未打破入社自愿原则,同时又考虑到了合作社发展的资金需求,也通过社股与交易量相结合的方式确保了社员与合作社的交易关系,有助于保持社员与合作社之间的利益联结。总体来说,实行较开放的社员制,社员入社必须缴纳股金,入股是获得社员权的前提,而且入股与交易量联系起来,并作为盈余分配的依据。这种做法对合作社而言具有一定的资本保证。

在社员制度的选择上,我国大多数学者认为应遵循社员资格有限开放的原则。[1]但也有学者主张借鉴欧美新一代合作社的

---

〔1〕 参见郭富青:《制定我国合作社立法的构想》,载王保树主编:《中国商法年刊(2006):合伙与合作社法律制度研究》,北京大学出版社2007年版,第347页;参见彭真明、文杰:《农业合作社的法律分析》,载王保树主编:《中国商法年刊(2006):合伙与合作社法律制度研究》,北京大学出版社2007年版,第371页。

发展经验，逐步推行股份合作社，在社员与合作社之间签订股权协议，通过将股份与社员权利义务挂钩，实现股份制与合作制结合。然后在此基础上逐步建立合作社股权交易市场，通过市场价格反映合作社的经营状况。[1] 还有著述指出，由于合作社组织目的的特殊性，合作社的低效率不能从根本上得以消除，但可以做一些适应性的产权界定以对制度设计的缺陷做出补足，如实行有条件的社员资格"门户开放"。社员资格的开放性为新加入的社员攫取留存的共有财产提供了便利的条件，降低了合作社的效率。但我国农民专业合作社承担着一定的社会目的，实行封闭的社员资格制度也是行不通的。因此，合适的选择是实行有条件的社员资格开放，具体规定为：新加入的社员在投资股金上除个人的那部分外还有补缴合作社公共积累资金量化到社员个人身上的那部分份额，以避免"搭便车"行为，对某些有特殊要求的合作社允许其挑选具备一定经济条件、生产能力及个人信誉好的社员。[2] 本书认为，实行有条件的社员资格开放制度，较能兼顾合作社本质与资金需求，然而较为妥当的制度安排还需考虑到我国农业发展的实际以及各地农民专业合作社发展的不均衡现象，即还需考虑其运用和实施因素。

因此，在借鉴其他国家或地区的合作社制度来发展我国农业组织形式时，务必要考虑我国农业组织化的国情，即"借鉴经验并不意味着照搬照抄，需要注意其对于中国合作社的适应性"[3]。

---

〔1〕 参见白晓明：《论我国农民专业合作社法人治理结构的发展与完善——基于外部力量主导合作社的视角》，载《宁夏社会科学》2010 年第 2 期。

〔2〕 参见姚菊芬等：《我国农村经济改革中的热点法律问题研究》，中国民主法制出版社 2011 年版，第 39 页。

〔3〕 平瑛、贾杰斐：《中国合作社社员资格制度界定与完善——基于博弈论和对新合作社法的思考》，载《农林经济管理学报》2019 年第 1 期。

在借鉴适应经验的同时,坚持"以农民为核心、以合作制为基础、以市场为导向、以利益机制为纽带、以产业化经营为基本形式"[1]。目前我国农村的发展情况复杂多样,各地发展的农民专业合作社在具体形式上也存在多样化趋势,发展很不均衡,总体处于发展的初级阶段。基于此,较好的社员制度应是能鼓励实践探索形式多样的适应实际需求的合作社形式,为不同形式的合作社发展提供可供选择的制度安排。例如,我国中西部欠发达地区比较适合发展典型的传统合作社,适宜选择开放类型的社员制度;在经济发达的沿海地区可以以美国新一代合作社为发展方向,在承认个人产权的基础上,加大资本的聚集和有效利用程度,发展规模大、实力强的合作社事业,在此基础上注重农产品的品牌建设和国际化战略,提升我国农产品的国际竞争力,因此可以实行较为封闭的社员制度。

总体来说,要建立何种类型的合作社,其基本遵循应是尊重农民的意愿,从真正为农民服务的角度出发,提供有利于农民积极参与的合作社社员制度,同时保证合作社及其成员的合法权益得以有效实现并兼顾合作社债权人的利益,实现合作社的稳定和可持续发展。

三、重构我国合作社社员权取得制度的现实依据

如前所述,我国农民专业合作社的社员资格制度应适应我国复杂多样的合作社形式而有不同的制度安排。关于社员资格制度的安排首先需要厘清农民专业合作社的法律地位,基于不同法律地位的农民专业合作社应当做出不同的社员制度安排。也就是说,重构农民专业合作社社员权取得制度应当建立在我国农民

---

[1] 孔祥智等:《国外农业合作社研究——产生条件、运行规则及经验借鉴》,中国农业出版社 2012 年版,第 127 页。

专业合作社的法律地位的基础之上，对于不同法律地位的农民专业合作社提供与之相适应的不同制度安排。在法律地位上，农民专业合作社存在法人与非法人之分，因此，对社员出资的法律要求也应体现差异。基于法律地位的不同，重构农民专业合作社社员出资和社员权取得制度，必须考虑以下三方面因素。[1]

首先，必须明确社员出资对农民专业合作社发展的意义。不区分法人与非法人类型的农民专业合作社，而一律要求社员必须出资入社，容易阻隔中小农户加入合作社的积极性，使那些急需利用合作社提供的服务但又缺乏出资能力的农户被拒之门外。而且，关于改善农民在市场交易中的信息获取，让处于市场弱势地位的农民能够组织起来解决小生产与大市场之间矛盾的合作社价值将荡然无存，合作社似乎也沦为有钱人的游戏场所，其与公司的差异将会越来越被淡化，合作社存在的意义也将被削弱甚至消失。农民专业合作社作为一个具有独立法人地位的市场主体，其为农民成员服务能力的提升必然受外部经济环境的影响，其经营规模以及市场竞争能力都会直接影响其为成员服务的能力。在此意义上，成员出资入股作为合作社生产经营的基础，保障合作社发展资金的稳定性以确保合作社的对外信用度，对提升合作社的市场竞争能力尤为重要。因此，完善农民专业合作社社员出资制度，应考虑农民专业合作社法人与不具有法人资格的农民专业合作社的差异性，相关制度设计应具有包容性，既要考虑合作社是劳动者的联合，因此要淡化资本的作用，又要考虑合作社法人的市场主体性质，需要维护交易对象的安全和交易秩序的稳定。

---

〔1〕 参见许英：《农民专业合作社成员出资制度：规范分析与完善路径》，载《土地法制科学》（第2卷），耿卓主编，法律出版社2018年版，第135～136页。

其次，在对农民专业合作社制度进行立法设计时，应当着重考虑立法到底旨在规范怎样的合作社，并在此基础上做出相适应的制度安排。在法律规范结构上，现行立法旨在规范的是经登记取得法人资格的农民专业合作社。而且，国务院新闻办公室于2008年2月28日发表的《中国的法治建设》白皮书，确立了《农民专业合作社法》市场主体法的法律制度性质。[1] 那么，《农民专业合作社法》关于取得法人资格的农民专业合作社的制度安排也应当与其他市场主体法中的法人制度安排相一致。例如，对社员出资的要求，根据《公司法》的规定，有限责任公司的股东须认缴出资额，股份有限公司的股东须认购股份。因此，经登记取得法人资格的农民专业合作社的成员也应当履行出资义务。出资后，农民专业合作社成员对其出资不再具有支配权，而享有社员权。

最后，由于我国各地农村经济发展水平不均衡，农民收入水平差距较大，农民专业合作社的发展具有复杂性和多样性，其制度安排就应当反映农民专业合作社实践的制度需求，进行可供选择的制度设计。对于设立具有法人资格的农民专业合作社而言，就应做出以社员出资为强制性要求的社员权取得制度安排。又由于，"立法者是不能对社会主体的利益任意规定和配置的。实际上，法律对社会主体利益的划分与配置大都是对实际社会关系中已有利益的追记和确认"[2]。因此，在对成员的出资义务作出法律强制性规定的同时，还应为农民实现出资入社提供可能的制度安排，即应当允许出资形式的多样化。修订后的《农民专业合作社法》不仅明确规定了成员出资形式，而且将土地经营权、林权等列入成员出资方式。这实际上就是对农民专业合作社制度实

[1] 参见陈婉玲：《民国〈合作社法〉的孕育与影响》，法律出版社2010年版，第311页。

[2] 李道军：《法的应然与实然》，山东人民出版社2001年版，第139页。

践的法律表达。也就是说,农民专业合作社成员出资的形式可以多样,只要符合章程规定、全体成员认可、符合法律和行政法规规定即可。在现有法律完善的基础上,还应进行配套制度的完善,尤其是土地经营权登记制度的完善、土地经营权评估机制的完善、以土地经营权出资的责任制度的完善等,以扫清土地经营权作价出资合作社的制度障碍。

第四节　我国合作社出资及社员权取得规范的完善

我国现行立法尽管对社员资格条件及其限制作出了相关规定,但在赋予农民专业合作社法人地位的基础上却没有明确成员出资的法定义务,造成了实践中农民专业合作社成员出资情况的混乱不一,对农民专业合作社对外融资和扩大发展也造成了一定影响。可以说,农民专业合作社的产权安排是相对合理的,一方面肯定了农民专业合作社的独立财产权,另一方面又划分了成员账户,既符合农民专业合作社的本质,又兼顾了成员个人利益和合作社整体利益。然而,从农民专业合作社财产的构成要素来看,每一项财产都是十分有限的而且还处在变动之中,即农民专业合作社财产的来源情况也不可避免地造成农民专业合作社面临着制约其可持续发展的责任财产不足的问题。责任财产有限,必然造成农民专业合作社的对外信用受到影响,债权人的利益也无法得到有效保障,因此也必将影响农民专业合作社的对外经营和发展。由于成员出资非为社员权取得的前提,而且在社员权利义务的分配、社员权责统又未做出相应的制度安排,导致社员与合作社、出资成员与非出资成员、非出资成员与合作社债权人之间存在各种利益矛盾，需要对社员权的取得制度加以重构以克服各种利益矛盾，实现各相关主体利益平衡。

一、社员出资的强制性规范与任意性规范相结合

早在《农民专业合作社法》最初出台之前，有委员在就立法草案所做的说明中指出，我国各地经济发展的不平衡，以及农民专业合作经济组织的业务特点和现阶段出资成员与非出资成员并存的实际情况，一律要求农民加入专业合作经济组织时必须出资或者必须出法定数额的资金，不符合目前发展的现实。[1] 因此，最终法律在出台时并未对成员出资作出强制性要求，而是交由合作社自主确定。而且，修订后的《农民专业合作社法》关于农民专业合作社的设立条件以及成员条件也未做调整，即仍未规定出资为社员的法定义务。如果从资本制度角度来看，相较于公司的法定资本制度，《农民专业合作社法》将合作社出资总额、社员出资方式和出资额以及验资方式等都赋予合作社章程约定而非作出法律强制性规定，可以说这是一种协议资本制度。协议资本制度没有出资最低额要求，也无须法定机构验资，大大降低了合作社的建立门槛和建立成本，适应了我国各地经济发展不平衡、农民经济实力较弱的现实，但不利于保证合作社的经营能力，不利于防止合作社成立中的欺诈、投机等行为，难以维护债权人的利益。[2]

在是否应强制规定社员出资义务的问题上，有学者从农民专业合作社的角度，认为约定社员最低出资额不利于让处于市场弱

---

〔1〕 李春亭（全国人大农业与农村委员会副主任委员）：《关于〈中华人民共和国农民专业合作社经济组织法（草案）〉的说明》，第十届全国人民代表大会常务委员会第二十二次会议，2006 年 6 月 24 日。

〔2〕 参见吴启才：《农民专业合作社内部制度的法律研究——基于杭州市的调查》，载《法治研究》2009 年第 1 期。

势地位的农民能够组织起来解决小规模经营者无法克服的市场障碍，从而不可能实现合作社的价值及《农民专业合作社法》追求的提高农民进入市场的组织化能力的立法目标。[1] 也有不少著述主张社员应缴纳出资入社。社员在入社时必须要缴纳股金，这是取得合作社社员资格的前提条件，是成为合作社成员的义务，也是合作社的社员经济参与原则的要求。[2] 持有股份应成为合作社成员的重要标志。[3] 另外，从促进合作社发展角度而言，社员公平入股对于理顺合作社内部关系、稳定社员群、防止"搭便车"困扰都是十分重要的。[4] 而且，持有股份也是合作社成员行使民主权利的基础。[5] 还有学者从平衡债权人利益的角度，指出应约定社员的最低出资额，将约定社员的最低出资额作为合作社章程的强制记载事项。因为出资额是合作社章程约定的，出资门槛的设定不会脱离具体合作社发展的实际而过度增加社员负担。[6] 至于债权人的利益保护，可以通过其他方式进行一定的补救，例如，立法可以规定：合作社的章程可选择规定社员是否对合作社债务承担数额确定的保证责任。[7] 可以说，社员出资问题是开展农民专业合作社制度研究关涉最多也是最重要的问题。

---

〔1〕 参见任大鹏、张颖：《农民专业合作社责任制度的完善——合作社成员承诺责任的引入》，载《河北法学》2009 年第 7 期。

〔2〕 参见晋入勤：《论合作社的法律形态》，载《广西农学报》2007 年第 6 期。

〔3〕 张晓山：《农民专业合作社规范化发展及其路径》，载《湖南农业大学学报（社会科学版）》2013 年第 4 期。

〔4〕 吴启才：《农民专业合作社内部制度的法律研究——基于杭州市的调查》，载《法治研究》2009 年第 1 期。

〔5〕 马彦丽等：《从防止合作社异化视角看新修订法律的进步与改善空间》，载《中国农民合作社》2018 年第 7 期。

〔6〕 参见孙晓红：《"有限的"有限责任——合作社的债务责任形式》，载《兰州学刊》2012 年第 3 期。

〔7〕 蒋辉宇：《论合作社的法人地位与社员的责任形式——对当前学界有关合作社法人地位研究的反思》，载《安徽大学学报（哲学社会科学版）》2008 年第 3 期。

如前所述，我国《农民专业合作社法》旨在规范的是经登记取得法人资格的农民专业合作社，但法律同时认可未登记的不具有法人资格的农民专业合作社的存在，对于未登记的农民专业合作社在法律地位上则可以按合伙对待。因此，关于成员出资，应基于其不同法律地位进行相应的制度构造与规范设计。尤其是，修订后的法律加强了对农民专业合作社的组织和行为的规范目的，然而，关于成员出资规定，除了增加出资形式而完善了合作社出资结构外，其他内容仍主要由合作社章程规定。总体来说，我国《农民专业合作社法》关于成员出资的规定，未能充分与农民专业合作社的法律地位相适应。因此，我们可以通过强制性规范和任意性规范的搭配运用，完善我国农民专业合作社成员出资制度。[1]

（一）规范合作社法人的社员出资义务

《农民专业合作社法》第 5 条第 1 款明确规定，"农民专业合作社依照本法登记，取得法人资格"。法人人格独立为法人享有独立财产权提供了可能性。[2] 根据《民法总则》关于法人的分类，农民专业合作社属于特别法人中的城镇农村合作经济组织法人。而法人就应当有自己的财产或经费，因此，农民专业合作社法人应当享有法人财产权。为了使同一条规定的内容在立法理念上保持一致，可对其第 2 款增加规定为，"农民专业合作社对包括成员出资在内的财产享有法人财产权"。通过完善上述条款规定明确农民专业合作社的法人财产权，为基于农民专业合作社法人人格的一系列制度设计奠定基础。

---

〔1〕 参见许英：《农民专业合作社成员出资制度：规范分析与完善路径》，载《土地法制科学》（第 2 卷），耿卓主编，法律出版社 2018 年版，第 141 ~ 143 页。

〔2〕 张永兵：《农民专业合作社财产制度研究》，武汉大学出版社 2017 年版，第 71 页。

尽管《农民专业合作社法》的颁布实施,有力地促进了农民专业合作社快速发展,但目前我国农民专业合作社还处于发展的初级阶段,普遍规模不大,而且农民专业合作社仍存在发展资金不足、管理不民主、财务制度不健全等问题,影响和制约了合作社的健康发展。要解决这些问题,还需进一步完善农民专业合作社的成员出资规定,即法律应明确成员出资的法定义务,成员入社须缴纳出资,关于出资的方式和数额则可由章程规定。这是因为,对法人型合作社成员的出资义务作出法律强制性规定,不仅可以解决合作社经营活动的资金需求问题,还能保证交易安全。而且,无论是从保持成员同质性还是强调权利义务的一致性角度考虑,对于具有法人资格的农民专业合作社,成员取得社员权应以履行一定的出资义务为前提和基础。即加入合作社并向合作社履行出资义务后,方能获得社员地位和取得社员权。因为资本是任何生产经营活动都不可缺少的要素,合作社的运营和发展也离不开社员的出资。虽然合作社为人的结合,但社员出资正是人的结合之物的表现,合作社运营所需资本应由全体社员合力以出资的方式构成。[1] 加入合作社时缴纳"互助合作所必需"的出资,通常是个体取得社员身份的条件,如果没有此类出资,社员就无法正常互助合作。[2] 根据权利义务一致的基本法理,成员以出资为前提获得社员权,表明成员出资后丧失了对出资的支配权而获得社员权,符合合作社的社员权理论。而且,社员要公平地成为合作社的社员,社员加入合作社缴纳入社股金也要采取公平的方式。即使有的社员可以多缴纳入社股金,其数额也不能影响整个

---

〔1〕 参见李锡勋:《合作社法论》,台北,三民书局1982年版,第103页。

〔2〕 参见张德峰:《合作社资本报酬有限原则之立法探讨》,载《政法论坛》2017年第3期。

合作社的决策。[1]

为防止社员单个认购数额占绝对多数,导致合作社为资本所控制,社员出资应有一定的限度。各国家和地区合作社法大多都对此有明文规定,如美国马萨诸塞州《合作社法》第2条第1项规定,社员出资不得超过400美元;泰国《合作社法》规定,单个社员认购的社股不得超过五铢;日本《中小企业合作社法》第10条第3项规定社员认购社股最低为1股,最高不得超过社股总数的25%,其中信用合作社不得超过10%;我国台湾地区"合作社法"则规定,社员至少认购一股社股,至多不得超过股金总额的20%。[2] 实际上,在我国农民专业合作社的地方立法中,早有对社员出资下限以及上限的明确规定,如2005年1月1日实施的《浙江省农民专业合作社条例》第13条规定,每个社员应当认购股金,社员之间可以自愿联合认购股金,而且还对单个社员或者社员联合入股的股金上限做出了规定,即不得超过股金总额的20%。正如有著述所指出的,其所有社员入股与资本能力较弱的社员联合入股的设计有效地缓和了逻辑与现实的矛盾。对于鼓励社员多入股而可能出现的"一股独大"问题,则可以通过加强合作社分配制度和组织制度的民主途径去解决。[3] 可以说,在促进合作社发展方面,要求社员入股对于理顺合作社内部关系、防止"内部人控制"问题具有十分重要的意义。该地方立法经验着实值得为农民专业合作社法律吸收采纳。

既然《农民专业合作社法》选择了赋予农民专业合作社法人

---

〔1〕 参见刘丽萍:《合作社产权制度探析》,载王保树主编:《中国商法年刊(2006):合伙与合作社法律制度研究》,北京大学出版社2007年版,第278页。

〔2〕 参见李锡勋:《合作社法论》,台北,三民书局1982年版,第108页。

〔3〕 参见吴启才:《农民专业合作社内部制度的法律研究——基于杭州市的调查》,载《法治研究》2009年第1期。

地位，就应当在合作社的出资、责任形式等方面设计一系列有利于保障交易安全的法律制度，为经登记取得法人资格的农民专业合作社提供有效的制度安排。因此，对取得法人资格的农民专业合作社，应当设计与法人制度相适应的较为严格的出资制度，并对社员出资进行类型化规定：为“互助合作所必需”的出资即为资格股，是获得社员地位的前提条件，成员入社时必须予以缴纳；以合作社支付投资回报为对价的即为投资股或优先股，社员可以自愿认购。在此基础上，对于成员的最低出资额以及出资限额、具体的出资方式等规定，则可赋予合作社章程根据合作社实际需要做出相应的制度安排，即通过合作社章程对资格股与优先股分别做出详细规定。为此，可在《农民专业合作社法》第 13 条增加一款内容作为第 1 款规定，即农民专业合作社成员应当出资，其最低出资额以及出资限额等由章程规定。

总的来说，以公平出资为社员权取得的前提，其目的主要在于建立社员与合作社之间关系密切的利益联结机制，防止合作社为少数出资较多的成员所控制。要想改变实践中存在的合作社为资本控制的现状，让农民成员逐渐获取更多的合作社财产所有权、民主控制权和盈余分配权，唯一的途径就是农民社员通过入股和扩股逐渐掌控资本，真正成为合作社的所有者。出资不仅应成为合作社成员的标志，而且还应是合作社成员行使民主权利的基础，[1]从而激发成员关心和参与合作社事务的积极性，充分发挥监事会成员对理事会工作的监督作用。另外，关于成员出资义务的强制性要求，也有利于保障合作社财产的确定性和稳定性。即关于农民专业合作社法人成员出资的强制性规范设计，有利于

---

〔1〕 参见张晓山：《农民专业合作社规范化发展及其路径》，载《湖南农业大学学报（社会科学版）》2013 年第 4 期。

在保护农民专业合作社成员的合法权益的同时，兼顾合作社债权人的利益，以维护市场交易安全，从而促进农民专业合作社的进一步发展。因此，在修订后的《农民专业合作社法》对出资形式放宽的基础上，即使低收入农民也能以各种方式参与合作社，要求合作社全体成员出资，既有利于合作社的规范性发展，也有利于农民成员共享合作社以及现代农业的发展成果，并成为真正的合作社成员。[1]

（二）非法人合作社社员出资的自治规范

农民专业合作社的实践发展在形式上具有复杂多样性的特点，在实践中，由于不同类型的农民专业合作社在经营内容和规模上的不同，其对资金的需求也有所不同。因此，除了立法对具有法人资格的农民专业合作社应当做出保障交易安全的较为严格的出资制度安排外，对于不具有法人资格的农民专业合作社应当允许由章程对成员是否出资以及出资多少做出规定。我国农民专业合作社在各地发展并不均衡，在经济发达地区，规模较大，资金实力较强，在一些欠发达地区，农民专业合作社不仅规模较小，而且农民收入来源不多，在入社制度安排上一律要求成员必须缴纳最低限额的出资，必然大大挫伤农民加入合作社的积极性。如对主要从事农产品销售的农民专业合作社而言，合作社占有的成员的农产品本身就是交易安全的重要保障，此时交易安全的保障责任应由交易相对人来承担，而不是体现在农民专业合作社是否有成员出资以及出资总额的多少。因此，对于不具有法人资格的农民专业合作社，不必强制要求成员入社必须履行出资义务，而应当充分尊重合作社的章程自治，由合作社章程根据自身

---

〔1〕 参见平瑛、贾杰斐：《中国合作社社员资格制度界定与完善——基于博弈论和对新合作社法的思考》，载《农林经济管理学报》2019 年第 1 期。

经营规模以及对资金的需求做出具体规定。可以说,我国农民专业合作社的规范和可持续发展需要的是“因地制宜、与时俱进的社员资格制度”[1],从而带动小农户共享现代农业发展成果。

如前所述,未登记为法人的农民专业合作社,在法律地位上可将其视为合伙,因此应当遵循关于民商事合伙的一般规则,另外也应当遵循《农民专业合作社法》关于农民专业合作社的特点、原则等一般性规则,除此之外,农民专业合作社制度主要由章程自治加以体现,即在不违背法律和行政法规强制性规定的前提下,合作社章程可根据自身发展需求做出相适应的制度安排,在入社制度安排上也不必要以出资为社员权取得的前提,也就是说,是否要求成员入社必须缴纳出资以及出资额多少等均可由章程自主确定。另外,合作社章程也可约定成员之间对债务承担责任的形式,但在法律上由于其不具有法人地位而被视为合伙,因此,其在对外债务的承担上则依照合伙的责任形式由成员承担无限连带责任。

总体来说,由于在法律地位上存在法人型和非法人型农民专业合作社,因此应当提供与其法律地位相适应的社员权制度安排,在社员权的取得制度上,对于法人型的农民专业合作社,为保障合作社的交易安全,应明确成员的法定出资义务并提供土地经营权作价出资的配套制度安排,并建立“以有限责任为主,以保证责任为补充”的责任制度,为以土地经营权作价出资的形式提供保证责任制度安排;对于非法人型的农民专业合作社,不必强行要求出资为社员权取得的前提,其出资制度等相关制度在不违背现行法律行政法规的强制性规范的前提下可由章程自治加以解决。

---

〔1〕 平瑛、贾杰斐:《中国合作社社员资格制度界定与完善——基于博弈论和对新合作社法的思考》,载《农林经济管理学报》2019 年第 1 期。

二、以土地经营权为出资形式的法律规范完善

由于农民拥有的货币资产很有限，大部分农民拥有的主要资产是土地承包经营权、宅基地使用权、房屋，因此，农民专业合作社出资的关键问题在于农民的出资问题。[1] 现行《农民专业合作社法》在2006年出台时并未对成员出资作出专门规定，而是在其配套行政法规《农民专业合作社登记管理条例》第8条规定了成员出资形式，其中土地承包经营权并未作为出资形式予以规定。然而，在地方立法上，对此有明确规定。如《黑龙江省农民专业合作社条例》第6条第2款规定：农民在土地承包期内未改变土地用途的，可以用其土地承包经营权的预期收益作价出资加入农民专业合作社。《江苏省农民专业合作社条例》第12条规定，农民可以以承包地的经营权作为主要出资方式，设立相应的农民专业合作社。另外，《山东省农民专业合作社条例》第11条也规定了成员可以土地承包经营权作价出资。

尽管《农民专业合作社法》《农民专业合作社登记管理条例》均未直接明确能否以土地承包经营权作价出资农民专业合作社。但自法律于2007年实施后，部分省市就开始了土地承包经营权入股合作社的实践，如浙江省、重庆市、广东省、四川省等。[2] 尽管从理论上来看，土地承包经营权的股权化、农业生产组织的高度企业化是解决“三农”问题的最佳方法，但由于土地承包经营权兼具财产和社会保障双重属性，在并不能自由转让的法律环境下，如果以土地承包经营权作价出资农民专业合作社，在合作社破产时，则土地承包经营权不能成为破产财产，因此会导致以土

---

〔1〕 参见孟俊红：《农民专业合作社法人非货币出资问题研究——以农村土地承包经营权出资为视角》，载《广西社会科学》2011年第7期。

〔2〕 参见董景山：《“三权分置”背景下土地承包经营权入股合作社的地方立法介评与建议》，载《西部法学评论》2017年第4期。

地承包经营权出资的社员与债权人之间产生严重的利益冲突。如何协调土地承包经营权出资与合作社破产之间的冲突的问题受到了学界一定的关注，有著述指出，只有将“土地承包经营权出资额不计入合作社的成员出资总额，而作为分析利润和净资产、承担损失的依据”〔1〕立法，才能协调法律之间的冲突，平衡社员与债权人之间的利益。针对此观点，也有其他观点就其有违法律规定以及法人属性而提出了反驳，并指出了农民专业合作社清算时对土地承包经营权的处置办法，即由出资的原土地承包经营权人予以购回，原土地承包经营权人不愿意或无力购回的，则由农村集体经济组织或其他土地承包经营权人购回。以此既照顾原土地承包经营权人的利益，又不会导致非农村集体经济组织的成员承包农村耕地的情形发生。〔2〕为回应质疑，有学者又提出了“社员以其他财产出资承担有限责任，而以土地承包经营权入股承担保证责任，即对其应当分担的亏损在退回土地的出资额内承担保证责任”〔3〕。并对其之前提出的观点进一步论证，即“土地承包经营权出资额不计入合作社出资总额”表明的是土地承包经营权入股的性质是债权性流转而非物权性流转，而且也可以为社员退回入股土地并享受土地增值收益提供法理根据；“仅计作分享利润和净资产、承担损失的依据”主要是体现权利义务一致原则，由土地入股的社员以现金或其他财产在土地出资额内承担亏损，避免对合

〔1〕 参见刘红、高海：《土地承包经营权出资与合作社破产的法律冲突与协调》，载《常熟理工学院学报》2008 年第 7 期。

〔2〕 参见文杰、李显冬：《土地承包经营权作价出资农民专业合作社的法律思考》，载《法学杂志》2010 年第 4 期。

〔3〕 高海、刘红：《劳务出资对土地承包经营权入股合作社的启迪——基于重庆、浙江等地方性文件的样本分析》，载《农业经济问题》2010 年第 11 期。

作社债权人和以其他财产出资的社员都极为不公平的现象发生。[1]

除此之外，也有著述在对土地承包经营权作价出资农民专业合作社和“土地承包经营权入股型”农民专业合作社运行的法律障碍进行剖析后，从土地承包经营权流转法律制度的改革完善方面提出了相关建议。[2] 针对土地承包经营权入股农民专业合作社存在的诸多法律问题，还有著述提出从修改《农村土地承包法》对以家庭承包方式取得的土地承包经营权入股的限制性规定、健全农村社会保障体系、建立土地承包经营权的价值认定评估机制三方面推进土地承包经营权入股农民专业合作社。[3] 另外，还有学者提出构建合作社法人出资制度时，将土地承包经营权重塑为准自物权，并在此基础上设立用益物权，社员以该用益物权对合作社法人出资，并对出资手续、退社环节、破产程序进行完善的制度构建，是破解当前农民专业合作社出资困境的比较可行的出路。而且还提出，在合作社法人解散或破产清算时，就应当保护农村土地承包经营权人的利益，赋予农村土地承包经营权人对农村土地承包经营权的优先受让权，以便使农村土地承包经营权上的负担及早解除。[4] 在土地承包经营权作价出资合作社的制度设计上，明确土地承包经营权的出资方式是改善农民专业合作社法人的财产构成、重构农民专业合作社出资制度的重要一环；作

---

〔1〕 参见高海：《土地承包经营权入股的法律性质探析》，载《法学论坛》2011 年第 3 期。

〔2〕 参见丁关良、蒋莉：《土地承包经营权入股农民专业合作社有关法律问题研究——以浙江省为例》，载《山东农业大学学报（社会科学版）》2010 年第 3 期。

〔3〕 参见杨红朝：《土地承包经营权入股农民专业合作社法律问题探讨》，载《河北法学》2011 年第 6 期。

〔4〕 参见孟俊红：《农民专业合作社法人非货币出资问题研究——以农村土地承包经营权出资为视角》，载《广西社会科学》2011 年第 7 期。

为土地承包经营权作价出资农民专业合作社制度的配套，还需要完善相关的流转登记制度，土地承包经营权的过户登记与抵押融资才具可操作性。只有当合作社真正拥有土地承包经营权时，合作社才有独立的责任财产和融资抵押财产。[1] 也有观点称，合作社破产时，土地经营权应当列入破产财产；合作社清算时，以土地入股的成员可以主张退回土地经营权并在扣减现值后参与剩余财产的分配；成员退社时，合作社可以对入股的土地经营权做出替代性安排。[2] 还有论述对现行土地经营权入股合作社法律法规修改和完善提出了指导性建议，包括推进土地经营权入股登记制度、建立市场体制、构建入股保障机制等。[3]

自党的十八大以来中央关于农村土地“三权分置”的政策思路逐渐清晰明确，学界也转向讨论土地经营权入股合作社的相关问题。包括土地经营权入股合作社的基本属性、当前困境与发展出路，[4]土地经营权入股合作社诸如作价依据、利益分配、土地股份的责任方式、破产清算以及成员退出时关于入股土地经营权的处理等法律问题，[5]土地经营权入股合作社的基本内涵、功能

[1] 许英、吴越：《农民专业合作社成员出资制度反思与重构——以土地承包经营权作价出资为研究重心》，载《农村经济》2013 年第 10 期。

[2] 参见任大鹏：《土地经营权入股合作社的法律问题》，载《农业经济与管理》2015 年第 5 期。

[3] 参见赵攀奥、陈利根、龙开胜：《土地经营权入股合作社的基本内涵、功能价值与制度构建》，载《农业现代化研究》2017 年第 2 期。

[4] 参见杜志勇：《土地经营权入股合作社的困境与出路》，载《河南科技大学学报（社会科学版）》2015 年第 5 期。

[5] 参见任大鹏：《土地经营权入股合作社的法律问题》，载《农业经济与管理》2015 年第 5 期。

价值与制度构建,[1]土地经营权入股的合作社模式研究[2]等。

农村土地"三权分置"作为中央土地制度改革的一项重要举措已试点实施,随着农村家庭承包经营制度的不断完善,农民以土地经营权出资加入专业合作社的现象也越来越普遍。我们知道,我国各地农村经济发展不均衡,相当一部分农村地区农民收入水平较低,为避免影响农民加入合作社的积极性,在对法人型农民专业合作社做出法定出资义务要求的基础上,允许出资形式的多样化,尤其是明确规定农民可以以土地经营权作价出资,有利于为农民履行出资义务提供可能。修订后的《农民专业合作社法》增加了成员出资形式的专门规定,并明确指出成员可以以土地经营权作价出资。可以说,这是《农民专业合作社法》修订的一大亮点,充分考虑了农民财产多样化和农村土地"三权分置"的发展趋势。可以说,《农民专业合作社法》允许以土地经营权出资是法律修订中做出的重大突破,其意义在于适应农民财产多样化和农村承包土地"三权分置"的发展趋势,平衡农民财产权利的实现与农村社会稳定之间的关系,保护农村家庭承包经营户在农民专业合作社中的利益,完善农民专业合作社出资结构,体现农民专业合作社自治精神。然而,关于对"土地经营权"的法律性质的理解在学术界争议很大。在"土地经营权"的概念和性质还未得到明确的情况下,《农民专业合作社法》在修订时直接予以了立法使用,因此,该法律名词的模糊性和不确定性对法律的实施极为不利。

在学术界尚未对"土地经营权"概念形成统一认识时,2018

---

〔1〕 参见赵攀奥、陈利根、龙开胜:《土地经营权入股合作社的基本内涵、功能价值与制度构建》,载《农业现代化研究》2017 年第 2 期。

〔2〕 参见肖鹏:《土地经营权入股的合作社模式研究》,载《农业经济》2017 年第 11 期。

年12月29日，第十三届全国人民代表大会常务委员会第七次会议表决通过了关于修改《中华人民共和国农村土地承包法》（以下简称《农村土地承包法》）的决定。新修改的《农村土地承包法》直接用“土地经营权”一词替代了原法中“家庭承包”一章中的第五节标题即“土地承包经营权的流转”，内容也修改为土地经营权流转的规定。而且，新法从解决实践需要出发，只原则规定了土地经营权权利，淡化了土地经营权性质，其关于土地经营权制度的规定被称作“偏离了法制理性和乡村生活逻辑的轨道”〔1〕。本书认为，为了适应农村土地的经营主体多样化和规模经营的需要，应尊重农民意愿，允许农民在承包地流转时自主地“放活土地经营权”，合理合法地开展土地流转，可以向受让方转让土地经营权从而使受让方获得用益物权性质的土地经营权，也可以保留土地经营权的处分权，为受让方设定用益债权性质的土地租赁权。〔2〕 在权利主体上，土地经营权的主体有三：一是家庭承包方式的承包方；二是承包方流转土地经营权的受让方；三是其他方式承包的承包方。实际上，通过比较发现，新修改的《农村土地承包法》对无论是家庭承包方式的承包方还是其他方式承包的承包方的土地经营权规定，实际上在很多情况下就是用“土地经营权”概念代替了原有的“土地承包经营权”概念。由此可见，土地经营权的主体因不具有身份特征而不限于承包农户，农民专业合作社以及其他新型农业经营主体均能成为土地经营权的主体。

为贯彻落实新修改的《农村土地承包法》，农业农村部对《农村土地承包经营权流转管理办法》进行了修订，形成了于2019年

---

〔1〕 陈小君：《土地改革之“三权分置”入法及其实现障碍的解除——评〈农村土地承包法修正案〉》，载《学术月刊》2019年第1期。

〔2〕 参见许英：《民法典编纂中土地承包经营权流转权利体系研究》，载《中国不动产法研究》2019年第1期。

9月26日公布的《农村土地经营权流转管理办法》(修订草案征求意见稿),并明确规定承包方可以采取入股的方式流转土地经营权,受让方也可以采取入股的方式再流转土地经营权,如入股组成农民合作社从事农业生产经营。因此,规定以土地经营权为出资方式具有适应改革实践需要并利于农民成员实现出资入社的重要意义。然而,国家市场监督管理总局于2019年7月10日发布的《农民专业合作社登记管理条例》(修订草案征求意见稿)仅指出成员出资方式应当符合《农民专业合作社法》的相关规定。关于土地经营权出资中的期限衔接、估价、处置等问题,仍有待进一步立法完善。[1] 当然,这些内容不宜在《农民专业合作社法》中明确规定,可通过修订《农民专业合作社登记管理条例》的方式,明确土地经营权出资的估价、处置以及因土地承包经营权到期后的期限衔接等问题,为实践中土地经营权出资提供可操作性的具体方案。

三、建构与社员出资相适应的责任制度体系

(一)有限责任制度之于社员和债权人的利益与风险

合作社债务责任制度的主要任务就是平衡社员利益和债权人利益。如合作社独立法人地位、合作社及其成员对债务承担有限责任等,其制度设计都应在于如何将利益和风险公平地分配于合作社的社员和债权人或者其他利益相关人之间,实现一种利益平衡。合作社及其成员对合作社债务承担有限责任,这种制度安排的确有利于保护作为弱势群体的合作社社员,避免其承担过重的债务责任,因而树立社员对合作社的信心并使其积极入社。然

[1] 参见绍兴全:《关于农民专业合作社成员出资问题》,载《中国农民合作社》2018年第9期。

而,有限责任也是一把“双刃剑”,在保护合作社及其社员的同时,如果有限责任制度被滥用了,势必导致合作社法人制度原本平衡的利益体系失衡,就可能导致合作社债权人受到侵害。也就是说,有限责任制度对债权人可能保护不力,增加了债权人与合作社交易时的风险,从而可能促使其减少与合作社的交易,对合作社的长远发展也是不利的。正如有著述所指出,当一种制度过分保护交易一方当事人的利益而对另一方极为不利时,法的公平价值即被抑制,这种制度的正当性就值得怀疑。[1] 因此,为了平衡社员与债权人利益,应通过立法对有限责任的局限加以弥补。

(二)建立“有限责任为主、保证责任为补充”的责任制度

在我国《农民专业合作社法》出台之前,对于实践中发展起来的农民专业合作社应采取何种责任形式,学界存在各种不同看法。有的学者认为应以有限责任为其责任制度;[2] 也有的学者认为应包括有限责任、无限责任及保证责任;[3] 还有的学者则认为应借鉴德国、瑞士的经验,赋予合作社成员设立有限责任合作社或无限责任合作社,甚至保证责任合作社的选择权。[4] 立法颁布实施之后,针对有限责任制度对合作社债权人利益可能保护不利的情况,很多学者提出了以保证责任作为补充责任形式。其中,多数学者提出将保证责任制度作为现行法规定的责任制度基础上的可选择制度,由法律许可合作社通过成员大会决议或者章程

---

〔1〕 参见孙晓红:《“有限的”有限责任——合作社的债务责任形式》,载《兰州学刊》2012 年第 3 期。

〔2〕 参见刘振伟:《农民合作经济组织立法的几个问题》,载《农村经营管理》2004 年第 5 期。

〔3〕 参见谭启平:《论合作社的法律地位》,载《现代法学》2005 年第 4 期。

〔4〕 参见冯兴俊:《合作社基础法律问题探析》,载王保树主编:《中国商法年刊(2006):合伙与合作社法律制度研究》,北京大学出版社 2007 年版,第 294 页。

来选择有限责任或者保证责任等形式;[1]也有学者提出以保证责任作为有限责任的限制方式由合作社法作出强制性规定,以避免保证责任流于形式。[2]

关于合作社法人地位与成员责任形式的关系问题,不同国家由于立法传统、立法理念的不同,在立法政策选择以及具体法律制度上存在差异,法国系列商事组织法认为经济组织有无法人资格与该组织成员承担责任的形式并无必然联系,[3]而德国系列商事组织法认为,经济组织的法人资格与其成员承担有限责任是同一事物的不同侧面特征表述,即具有法人资格的经济组织,其成员必然承担有限责任。[4] 而在我国理论界对此也存在两种不同观点:一种是法人资格与成员的有限责任之间并不存在必然联系;[5]另一种是法人的重要特征就是成员的有限责任,[6]或者说成员对经济组织债务承担有限责任是经济组织取得法人资格的必要条件。[7]在目前商事组织立法的价值取向已由传统的安全价值转变为效益价值的立法环境下,仍然要求具备社会弱势群体身份的社员对合作社的债务承担无限责任,无异于给原本失衡

---

〔1〕 参见王玉梅:《农民专业合作社之法理探究与实践》,科学出版社2012年版,第165页。

〔2〕 参见孙晓红:《"有限的"有限责任——合作社的债务责任形式》,载《兰州学刊》2012年第3期。

〔3〕 参见李永军:《民法总论》,法律出版社2006年版,第292页;参见甘培忠:《企业与公司法学》,北京大学出版社2006年版,第214页。

〔4〕 参见李永军:《民法总论》,法律出版社2006年版,第292页。

〔5〕 参见董学立:《法人人格与有限责任》,载《现代法学》2001年第5期;参见虞政平:《法人独立责任质疑》,载《中国法学》2001年第1期。

〔6〕 参见尹田:《论非法人团体的法律地位》,载《现代法学》2003年第5期;参见梁慧星:《民法总论》,法律出版社1996年版,第141页;参见王利明:《民法总则研究》,中国人民大学出版社2003年版,第378页。

〔7〕 蒋辉宇:《论合作社的法人地位与社员的责任形式——对当前学界有关合作社法人地位研究的反思》,载《安徽大学学报(哲学社会科学版)》2008年第3期。

的天平增添了新的不公平。[1] 而且,从合作社的发展历史来看,采用无限责任形式的较少,更多的是采用有限责任的形式。即使是保证责任形式,在性质上仍属于有限责任。

因此,我国农民专业合作社责任制度的完善,在责任形式上也应符合历史发展的趋势,再结合目前责任制度的现实困境即从有效保障债权人利益的角度出发,在现行有限责任制度的基础上进行改良。根据权责相一致原则,成员履行出资义务后享有社员权,与此同时也便表明成员愿意以其出资对农民专业合作社债务承担责任。农民专业合作社经登记取得法人资格,意味着农民专业合作社具有独立的法人财产,农民专业合作社的财产与成员个人的财产相分离,成员以其出资额为限对合作社债务承担责任。在责任性质上,成员对农民专业合作社债务承担的是有限责任。由于考虑到允许农民以土地承包经营权作价出资,为保证该出资形式的可操作性以及与其他法律规定相衔接,还应当为该出资形式做出相适应的责任制度安排,应在现行有限责任的制度安排下增设保证责任形式。保证责任在性质上仍属有限责任。当然,基于合作社自治特征,“一刀切”的责任制度安排也不利于农民专业合作社通过自治选择相适应的制度,因此,从社员利益并兼顾合作社债权人利益保护的考量,农民专业合作社法的责任制度应以“有限责任为主、保证责任为补充”。由于农民专业合作社财产存在有限性与变动性的特点,因此应允许农民专业合作社选择保证责任形式弥补现行有限责任制度的缺陷。修订后的法律并未对成员责任条款作出修订,实际上《农民专业合作社法》第6条规定可修改为“农民专业合作社成员以其账户内记载的出资额和公积

---

〔1〕 参见蒋辉宇:《论合作社的法人地位与社员的责任形式——对当前学界有关合作社法人地位研究的反思》,载《安徽大学学报(哲学社会科学版)》2008年第3期。

金份额或章程规定的保证金额为限对农民专业合作社承担责任”。这样一来,对以土地经营权出资的情况明确为出资社员以土地经营权作价的出资额承担保证责任,在社员退出、合作社破产清算等发生社员权丧失的情形时,退社社员可以用其他财产对该出资保证的金额承担责任。

(三)以土地经营权出资的保证责任制度设计

根据《农民专业合作社法》第6条的规定,社员以其实际出资的财产对合作社债务承担责任。如果社员以土地承包经营权作为出资计入农民专业合作社的出资总额,当合作社破产时,土地承包经营权也就成为破产财产,用于清偿合作社债务。但我国《农村土地承包经营权流转管理办法》第19条又规定,股份合作解散时入股土地应当退回原承包农户。这样规定是基于土地承包经营权所承担的社会保障功能,因此维护了入股农户的利益。合作社作为具有独立法人地位的市场主体,以包括成员出资在内的合作社财产对外承担责任,社员以其出资额和量化的公积金份额为限对合作社债务承担责任。然而,具有身份属性并承载着社会保障功能的土地承包经营权,在现行法律制度环境下,又不能脱离承包农户而被转让。因此,在合作社破产时,以土地承包经营权出资的社员与债权人之间势必产生利益冲突。

为避免实践中产生这样的利益冲突,有著述提出应将“土地承包经营权出资额不计入合作社的成员出资总额,而作为分享利润和净资产、承担损失的依据”[1]予以立法规定,才能协调法律之间的冲突,平衡社员与债权人之间的利益。笔者认为,该观点存在明显的瑕疵。尽管该做法在形式上有利于解决法律之间的

---

〔1〕 参见刘红、高海:《土地承包经营权出资与合作社破产的法律冲突与协调》,载《常熟理工学院学报》2008年第7期。

冲突，但却没有考虑合作社成员的权责相统一的原则，即一方面土地承包经营权出资额不计入合作社成员出资总额，因此，社员无须以土地承包经营权的出资承担合作社债务；另一方面社员又可以土地承包经营权出资额作为分享利润的依据，显然是将社员的权利与责任相割离，有违社会公平。不过学者的观点总是在不断修正和补充中得到完善的，在后来的著述中，该学者又进一步论证了该观点的正当合理性，即"土地承包经营权出资额不计入合作社出资总额"表明的是土地承包经营权入股的性质是债权性流转而非物权性流转，而且也可以为社员退回入股土地并享受土地增值收益提供法理根据；"仅计作分享利润和净资产、承担损失的依据"主要是体现权利义务一致原则，由土地入股的社员以现金或其他财产在土地出资额内承担亏损，避免对合作社债权人和以其他财产出资的社员都极为不公平的现象发生。[1] 此外，针对此观点，也有其他观点就其有违法律规定以及法人属性而提出了反驳，并指出农民专业合作社清算时对土地承包经营权的处置办法，即由出资的原土地承包经营权人予以购回，原土地承包经营权人不愿意或无力购回的，则由农村集体经济组织或其他土地承包经营权人购回。以此既照顾原土地承包经营权人的利益，又不会导致非农村集体经济组织的成员承包农村耕地的情形发生。[2] 该观点为解决相关问题提供了一种具体的做法，但缺乏周延性，也无具体的制度构想，通过何种途径予以实现仍显不清晰，也就是说没有指出制度性的解决路径因而难具可操作性。

另外，还有学者指出，由于《农民专业合作社法》对社员出资

〔1〕 参见高海：《土地承包经营权入股的法律性质探析》，载《法学论坛》2011 年第 3 期。

〔2〕 参见文杰、李显冬：《土地承包经营权作价出资农民专业合作社的法律思考》，载《法学杂志》2010 年第 4 期。

问题的模糊处理,导致各地政策操作层面的混乱不一,极不利于合作社债权人和社员利益的保护。因此,提出在构建合作社法人出资制度时,将土地承包经营权重塑为准自物权,并在此基础上设立用益物权,社员以该用益物权对合作社法人出资,并对出资手续、退社环节、破产程序进行完善的制度构建,是破解当前农民专业合作社出资困境的比较可行的出路。而且还提出,在合作社法人解散或破产清算时,就应当保护农村土地承包经营权人的利益,应当赋予农村土地承包经营权人对农村土地承包经营权的优先受让权,以便使农村土地承包经营权上的负担及早解除。[1] 该建议似乎有给以土地承包经营权出资单独“开小灶”之嫌,涉及对土地承包经营权出资制度的特殊处理,不仅可操作性难以保证,而且这种只考虑一方利益的特殊保护制度显然存有缺陷,不符合制度设计的利益平衡理念,因而是不可行的。

从制度建设上,本书认为,可以通过农民专业合作社成员的保证责任制度加以规范,即成员以土地承包经营权出资不作为实际出资额记载在农民专业合作社的出资总额中,而是成员以土地承包经营权评估作价的金额对合作社债务清偿做出承诺,成员基于承诺的财产金额享有权利,并承担相应责任,即当合作社破产清算时,成员可以以货币或其他财产抵偿承诺的财产数额。当然,该制度的切实有效实施还有赖于其他配套制度的完善,如关于土地承包经营权作价评估机制的建立和完善。对此,也有著述提出了类似的观点,“社员以其他财产出资承担有限责任,而以土地承包经营权入股承担保证责任,即对其应当分担的亏损在退回

---

〔1〕 参见孟俊红:《农民专业合作社法人非货币出资问题研究——以农村土地承包经营权出资为视角》,载《广西社会科学》2011 年第 7 期。

土地的出资额内承担保证责任"[1]。

总体来说，完善《农民专业合作社法》的成员责任制度时，具体在制度设计上，赋予合作社章程规定合作社的责任形式，也就是说，赋予合作社成员设立有限责任合作社或者是有限责任与保证责任相结合的合作社的选择权。在可选择制度的安排下，农民专业合作社参与市场经济活动时，交易相对人可根据农民专业合作社承担责任的类型，判断合作社的经济实力和市场交易风险，并做出相应的选择。换言之，可选择的责任制度安排兼顾了交易相对人的利益，有利于保障交易安全。结合各地农民专业合作社发展的实际情况，对于经济发达地区的合作社可以选择加入成本较高并实行有限责任的合作社制度安排，而经济较为落后地区的合作社则可以选择加入成本较低但实行有限责任与保证责任相结合的合作社制度安排，以保障交易安全和合作社债权人的利益。

〔1〕 高海、刘红：《劳务出资对土地承包经营权入股合作社的启迪——基于重庆、浙江等地方性文件的样本分析》，载《农业经济问题》2010 年第 11 期。

第四章　合作社社员权丧失制度

如前所述，我国农民专业合作社实行的是较为开放的社员资格制度。[1]社员权与社员资格密切相关，因此，社员资格终止，导致不再具备社员地位，社员权便丧失。社员权的丧失，是指因社员资格终止，不再具备社员地位而丧失社员权利。社员地位的丧失，实际上就是社员出社。基于出社原因的不同，社员出社可以分为法定出社和自由出社两种。[2] 结合合作社法理论以及我国立法规定，以出社原因为依据，本书将社员出社概括为两种，即自由退社和法定出社。其中，自由退社是指基于社员个体意愿的出社，包括申请退社和转让退社，法定出社则是基于除名、死亡、合作社主体消灭等非社员个体意志的法定事由的出社。[3]

---

〔1〕 平瑛、贾杰斐：《中国合作社社员资格制度界定与完善——基于博弈论和对新合作社法的思考》，载《农林经济管理学报》2019 年第 1 期。

〔2〕 李锡勋：《合作社法论》，台北，三民书局 1982 年版，第 95 页。

〔3〕 参见屈茂辉等：《合作社法律制度研究》，中国工商出版社 2007 年版，第 179 页；参见欧阳仁根、陈岷等：《合作社主体法律制度研究》，人民出版社 2008 年版，第 167 页。

随着社员资格的丧失,社员地位也随着社员资格的丧失而丧失,意味着社员与合作社之间的权利义务关系归于消灭。对于社员而言,社员权的丧失表明社员与合作社之间的法律关系的解除以及出资的退还。在以出资为社员权享有前提的制度安排中,社员权的丧失也意味着基于出资在社员与合作社之间形成的财产关系的处理。就合作社而言,社员与合作社之间的关系反映的是合作社的内部法律关系,因此,社员权的丧失意味着合作社内部法律关系的变化,包括出资总额、成员结构,而且,这些变化又将对合作社主体的存续基础、合作社对外信用关系以及合作社内部其他法律关系产生直接的影响。综合起来讲,无论何种原因引起社员权丧失,这种法律关系的消灭都必然对其他相关利益主体产生影响。也就是说,社员权丧失制度安排同样也是社员与合作社、社员之间以及社员与债权人之间利益平衡的重要内容。

第一节　我国现行社员权丧失制度阐释

一、社员权丧失的原因及其制度安排

如前所述,基于社员出社原因的多元性,社员权丧失的原因也是多种多样的。根据国际合作社联盟所确立的“自愿与开放的社员资格”的合作社原则,社员可自由退出合作社。社员基于自身意愿的自由退社是导致社员权丧失的原因之一。另外,有的情况下,社员资格的丧失是不以社员的意愿为转移的,即法定事由的出现。基于法定事由的发生导致社员地位的丧失,即法定出社。如《意大利民法典》和《芬兰合作社法》都规定合作社社员退社的法定事由是社员除名与死亡。我国台湾地区“合作社法”规

定社员资格丧失的法定事实有三种，即社员资格的丧失（包括剥夺公权、破产、吸用鸦片或其他代用品等）、死亡或解散、除名。[1]除此之外，合作社依法或依章程规定解散、合作社破产等合作社主体资格的消灭也会产生社员权丧失的法律后果。我国2006年颁布的《农民专业合作社法》仅对自愿退社作出了规定，对于法定退社的情形则是交由农民专业合作社章程自主规定，而修订后的《农民专业合作社法》则增加了成员除名规定，我国农业农村部于2018年12月17日发布的修订后的《农民专业合作社示范章程》对自愿退社、死亡和除名均有相应规定。具体来说，根据我国现行立法规定，农民专业合作社的成员资格终止包括以下几种情况。

（一）社员要求退社的

从农民专业合作社应遵循的"入社自愿，退社自由"的原则可以看出，社员既可以自主确定是否加入合作社，也享有退社的自由，现行立法确认了社员的自由退社权。也就是说，在合作社存续期间，当社员认为不需要再利用合作社的服务，或者认为合作社的服务不能满足自己的需要时，就可以选择向合作社申请退出合作社，从而自愿终止成员身份。尽管退社是社员的权利，但根据《农民专业合作社法》第25条关于成员申请退社的规定，农民专业合作社成员要求退社的，应当按照法律或者章程规定的时间提出申请，并办理相关手续后，方可退社。法律规定自然人成员要求退社的，应当在会计年度终了的3个月前向理事长或者理事会提出书面申请。企业、事业单位或者社会组织成员退社，则应当在会计年度终了的6个月前提出。退社成员的成员资格则自

---

[1] 李锡勋：《合作社法论》，台北，三民书局1982年版，第96页。

会计年度终了时终止。与此同时,法律还赋予合作社章程可根据合作社自身发展情况和业务需要,另行自主确定成员提出退社申请的时间限制。在退社程序上,由于成员享有退社自由,因此成员退社不需要任何批准,只需按规定期限和要求提出申请即可。另外,基于合作社经营业务执行的需要以及财务管理制度的要求,退社成员的成员资格终止以会计年度终了为基准。因此,退社自由也非随时退社、任意退社。

(二)自然人丧失民事行为能力或死亡的

按照法律规定,自然人要取得社员资格必须具有民事行为能力,因此,当自然人丧失民事行为能力后,则应当自然退社。另外,自然人死亡(包括自然死亡和宣告死亡)后,其享有权利和承担义务的能力也丧失,也应自然退社。关于自然人死亡后,其社员资格能否继承的问题,我国《农民专业合作社法》并未规定。然而,修订后的《农民专业合作社示范章程》第20条规定,成员死亡的,其法定继承人符合法律和章程规定的入社条件的,可以在章程规定的期限内向理事长或者理事会提出书面入社申请,经成员(代表)大会表决通过后成为合作社成员,办理入社手续,依法继承被继承人与合作社的债权债务。如果成员大会或者成员代表大会不同意其法定继承人继承成员资格的,原成员资格因死亡而终止,按照规定办理退社手续。

(三)组织成员破产、解散的

组织成员破产或被解散意味着其主体资格的消灭,产生的法律效果如同自然人死亡,因此团体组织破产、解散后必然造成其成员资格终止。

(四)被合作社除名的

修订后的《农民专业合作社法》新增了关于成员除名的规定。

如果成员存在不遵守农民专业合作社的章程、成员大会或者成员代表大会的决议，或者严重危害其他成员及农民专业合作社利益等情形之一的，经成员大会或者成员代表大会表决通过，可以将该成员除名。为了保障被除名成员的合法权益不受侵犯，法律规定在做出除名决定前，应当允许被除名成员陈述意见，进行自我辩解，充分体现法律对程序正义的保障。此外，社员大会或者社员代表大会还可以决议成员除名的其他情形。

（五）合作社解散或破产的

合作社社员身份的存续，是社员权的基础。因此，如果社员身份的载体即合作社主体资格不复存在，也是导致社员权丧失的原因。合作社主体资格灭失的情形一般包括解散和破产，由此导致全部社员均失去社员身份。

农民专业合作社的解散，是指因发生章程规定的或法律规定的解散事由而停止业务活动，并进行清算，最终使法人资格消灭的行为。农民专业合作社的解散分为自愿解散和强制解散。其中，自愿解散的原因包括：章程规定的解散事由出现，成员大会决议解散，因合并或者分立需要解散。而强制解散，则是指农民专业合作社在成立后，在生产经营过程中，如违反国家法律、行政法规，实施了危害国家社会利益的行为，登记机关有权命令其解散，吊销其营业执照。

很多国家和地区如德国、日本、加拿大等的合作社法，几乎都将破产作为合作社终止的一种情形。合作社因破产程序的终结而丧失了主体资格，原合作社社员也因此丧失了社员身份和社员权。合作社可以通过破产的方式终止，而且合作社的破产也适用破产法，各国基本都没有涉及合作社破产的特别规定。我国《农民专业合作社法》也未对破产作出专门规定，只是作出了指引性规定,即农民专业合作社破产适用企业破产法的有关规定。另外还特别规定,破产财产在清偿破产费用和共益债务后,应当优先清偿破产前与农民成员已发生交易但尚未结清的款项。

二、出社社员的权利和义务

无论何种原因,社员出社后依法丧失社员的身份,但出社社员与合作社之间并非无任何权利义务关系。根据《农民专业合作社法》第 27 条和第 28 条的规定,社员资格终止前,出社社员还须履行相关义务,也享有相关权利,如请求退还社股等。

(一)出社社员对合作社享有的权利

社员出社后对合作社享有的首要权利也是主要权利是请求合作社退还社股和返还可分配盈余。《农民专业合作社法》明确规定,成员资格终止的,农民专业合作社应当按照章程规定的方式和期限,退还记载在该成员账户内的出资额和公积金份额,并依照盈余分配规则向其返还成员资格终止前的可分配盈余。

(二)出社社员对合作社承担的义务

根据权利义务相一致原则,出社社员还须对合作社承担相应的义务。一是体现在对成员资格终止前与农民专业合作社已订立的合同的处理上,二是体现在对合作社亏损及债务的承担上。具体来说,出社社员在出社之前与合作社订立了有关合同,出社后应继续履行其合同义务。另外,出社社员还应当按照章程规定分摊出社前合作社的亏损及债务。对因严重危害其他成员及合作社利益而被合作社除名的,章程还可以规定被除名成员须对合作社作出相应赔偿。

第二节　社员出社对相关利益主体的影响

社员权的丧失意味着原社员权主体不再享有社员权利,并与合作社不再具有法律上的关系。也就是说,随着一定法律事实的发生,社员与合作社之间的法律关系便随之消灭。尽管这种法律关系的消灭主要是围绕着社员与合作社形成的,但关于自由退社和法定出社的社员权丧失制度,对社员、合作社以及其他相关利益主体主要是合作社的债权人均会产生影响。[1] 社员权的丧失存在多种原因。现行立法关于社员身份的终止即成员资格终止的情形规定并不全面,主要是对社员申请退社作出了规定,包括成员提出退社申请的时间、成员资格终止的时间、成员资格终止后的权利义务问题等。关于社员身份丧失的其他情形则由合作社章程具体载明。“入社自愿,退社自由”作为传统合作社的基本原则之一也一直为现代农业合作社所遵守,其理论基础是什么;我国《农民专业合作社法》也继承了“入社自愿,退社自由”的合作社原则,但在退社自由环境下,社员与合作社之间的利益平衡也显得尤为重要,无论是将退出看作社员的一项权利,还是作为合作社的监督机制内容,对社员退社问题都应重点关注相关的理论基础以及由此引发的社员与合作社之间的利益平衡问题。因此,在社员退出制度上,现行立法做得还不周全,尤其是在平衡各利益主体的利益问题上还存在诸多缺陷或是制度空白。在涉及退社社员与现存社员利益的考量、退社社员与合作社利益的考量以

---

〔1〕 参见许英:《论农民专业合作社成员退社及相关主体的利益保护》,载麻昌华主编:《私法研究》(第23卷),法律出版社2018年版,第106~108页。

及社员退出与合作社债权人利益的考量等方面还缺乏有效的制度安排。因此，有必要对社员权丧失即社员出社时涉及的相关主体之间的利益关系进行分析，厘清其利益矛盾，为制度的完善奠定基础。

一、社员出社对合作社主体存续和可持续发展的影响

社员出社意味着社员与合作社之间的法律关系的解除。因此，社员资格的丧失对合作社而言，其最大的影响就是引起合作社内部关系的变化，包括对合作社主体的存续基础、合作社对外信用关系以及合作社内部相关法律关系会产生直接的影响。关于对农民专业合作社发展中农民退社现象的分析与研究，有调查研究指出，主动退社、盲从退社、隐形退社和被迫退社是农民退社的四种主要方式。[1] 而影响社员退社的因素包括农民自身因素、合作社内部因素和外部环境因素。[2] 也有学者通过对现阶段我国农民专业合作社的社员退出意愿的影响因素以及作用程度的研究，指出影响社员退出的最主要因素是合作社发挥的作用以及社员能获得的收益或实惠情况。[3] 有著述认为，社员退出权的关键不是能否退社的问题，而是社员退出合作社可以获得多大收益的问题。如果收益较高就可以起到对合作社管理者的威慑作用，但也有可能引发少数成员的机会主义行为，而影响合作社的稳定。[4]

---

〔1〕 参见王鹏、霍学喜：《合作社中农民退社的方式及诱因分析——基于渤海湾优势区苹果合作社354位退社果农的追踪调查》，载《中国农村观察》2012年第5期。

〔2〕 参见高菲：《农民专业合作社社员退社问题研究》，载《时代金融》2013年第5期。

〔3〕 参见孙亚范：《农民专业合作社社员退出意愿的影响因素分析——基于江苏省的调查数据》，载《南京农业大学学报（社会科学版）》2010年第4期。

〔4〕 参见黄胜忠：《转型时期农民专业合作社的组织行为研究：基于成员异质性的视角》，浙江大学出版社2008年版，第98页。

就我国农民专业合作社而言,对合作社主体存续基础的影响主要体现在当社员出社后导致农民成员低于法定比例又不能及时补足的,农民专业合作社组织的性质有可能被改变。根据《农民专业合作社登记管理条例》第22条和第27条的规定,农民专业合作社因成员发生变更,使农民成员低于法定比例的,应当自事由发生之日起6个月内采取吸收新的农民成员入社等方式使农民成员达到法定比例。如果满6个月没有吸收农民成员入社使农户比例没有达到法定比例的,由登记机关责令改正,情节严重的,吊销营业执照。现行立法之所以对农民成员的最低比例作出规定,主要基于农民专业合作社为农民服务的宗旨考虑,发挥农民专业合作社在解决小农户与大市场之间的矛盾并提高农民组织化程度的作用,始终保持农民在农民专业合作社的主体地位。而且,《农民专业合作社法》所专章规定的"扶持政策"以及出台的一系列配套政策措施也主要是基于农民专业合作社的大多数成员为农民,旨在通过扶持政策的实施帮助农民发展合作社事业。因此,当由于成员退社导致农民成员比例低于法定要求时,应当按照法律规定的期限吸收其他农户成员入社,以避免国家扶持政策实施对象的落空。如果在规定期限内未能将农户比例提高至法律规定的限额,则应当改变组织的性质或者导致被登记机关吊销营业执照的后果。也就是说,没有达到法律规定的农民成员最低比例限额要求的组织,就不应继续作为农民专业合作社而享有国家仅对于农民专业合作社实施的优惠政策。

另外,我国农民专业合作社秉承"入社自愿、退社自由"的合作社原则,社员享有自由退出权。在很大程度上,退出对社员而言也是一种控制权,社员可以通过行使退出权实现对合作社的监督。而且,社员行使退出权也是实施社员权救济的一种有效手段,对合作社治理和保持合作社效率都具有重要作用。从合作社的产生和发展来看，合作社作为具有共同需求的人联合而成的组织，社员之间的联合与合作是合作社有效运转的基础。社员既是合作社的所有者，又是合作社服务的惠顾者，只有社员愿意向合作社投资和持续惠顾合作社，合作社才能形成和发展。因此，我们必须注意到，当合作社现存社员大量地或频繁地行使"自由退出权"，不仅会给合作社事务的日常管理增添麻烦，而且也会对合作社的可持续发展造成一定的威胁。甚或如有著述所言，成员的"自由退出"对于经济组织的稳定和绩效会带来严重的负面影响。[1] 尤其是，目前我国有很多农民专业合作经济组织的凝聚力不强，成员间的互助合作精神没有形成，不少社员从自身短期利益出发，在合作社对其有利时，就与合作社交易；无利时，就离开合作社，造成合作社经营的不稳定性。[2]

二、社员出社对合作社现存社员利益的影响

社员退社对合作社内部关系的影响还包括对合作社现存社员的影响。根据现行《农民专业合作社法》的相关规定，成员资格终止的，农民专业合作社应当在不多于 3 个月的期限内，按照章程规定的方式和期限，退还记载在该成员账户内的出资额和公积金份额；对成员资格终止前的可分配盈余，依照农民专业合作社章程的规定向其返还。在合作社与其成员承担的责任上，农民专业合作社对由成员出资、公积金、国家财政直接补助、他人捐赠以及合法取得的其他资产形成的财产对债务承担责任，农民专业合作社的成员则以其账户内记载的出资额和公积金份额为限对农

---

〔1〕 曹阳、姚仁伦：《自由退出权、组织稳定、组织效率——兼论合作社为什么难以成为我国当前农村经济的主流组织形态》，载《华中师范大学学报》（人文社会科学版）2008 年第 4 期。

〔2〕 苑鹏：《农民专业合作经济组织发展的未来展望》，载《农村经营管理》2008 年第 11 期。

民专业合作社承担责任。社员退社后可依法获得出资额和公积金份额的返还,自身的经济利益得到了保障,然而,社员退社后一方面导致合作社财产的减少,另一方面也加大了未退社的其他社员的责任承担风险。尤其在合作社因财产不足以清偿全部债务而申请破产时,相比于已退社社员,未退社的社员很可能最终不能取回全部出资。在此情形下,自由退社制度的设置,如不能综合考量社员之间的利益关系,对其他社员而言也显失公平。

关于退社的财务处理问题,有学者提出,对于自愿退社,仅退还其出资额即可,而不必退还公共积累。对于法定退社,则需要根据退社事由区别对待。对于因社员死亡而退社,除退还其出资外,还需要分配一定份额的公共积累,由其继承人予以继承。对于因除名而退社,则不应该分得合作社的经营积累。并在此分析的基础上指出完善《农民专业合作社法》相关规定的建议,如合作社存续期间的社员自愿退社以及除名退社,除程序限制外,也应限制其对账户内公积金的分割。[1] 对基于不同原因退社作出不同的分割公共积累的规定,作者主要考虑了退社行为对合作社经营稳定的影响以及对债权人利益保护的不利,另外又基于退社是否由社员行为引起,如果是因社员的行为引起,退社社员不仅要承担丧失社员资格的代价,而且要付出不能分割公共积累的成本。该建议由于综合考虑了公平与效率、成本与收益的问题,具有一定的合理性。

三、社员出社对合作社债权人权益保护的影响

社员权的丧失源于社员身份的丧失。社员身份是自然人或者法人基于入社行为对合作社享有权利并承担义务的资格,社员基于合作社法或合作社确立的责任类型对合作社承担相应的责

〔1〕 参见米新丽:《论农民专业合作社的盈余分配制度——兼评我国〈农民专业合作社法〉相关规定》,载《法律科学(西北政法大学学报)》2008 年第 6 期。

任。而债权人与合作社之间是债权债务关系,合作社作为独立法人在其财产范围内对债权人承担独立清偿责任。社员权的丧失体现的是社员与合作社之间的权利义务关系的消灭,并不涉及合作社与债权人之间的债权债务关系。社员与合作社之间的关系以及合作社与债权人之间的关系是两种不同的法律关系。也就是说,在一般情况下,社员权的丧失对合作社的债权人并不产生影响。然而,从合作社作为独立法人参与市场经济活动来看,社员权的丧失在特定情况下,可能会对合作社的债权人产生一定的影响。对合作社的债权人来说,其最为关注的是其债权的实现。而债权人债权的实现又与合作社财产状况存在密切联系。正如"确定和维持公司一定数额的资本,对于奠定公司基本的债务清偿能力、保障债权人的利益和交易安全,具有一定的意义"〔1〕一样,合作社财产的稳定和确定性对于债权人了解合作社的信用度,保障合作社债权人的利益和交易安全具有重要意义。尤其是由于合作社制度的特殊性,社员退社还意味着社股的退还,也就是说,伴随着社员退社,合作社财产也随之减少,不可避免地会造成合作社债务清偿能力的削弱。合作社以人的结合为基础,自由退出是社员享有的一项重要的权利,是保障社员利益的一项不可或缺的制度安排。与此同时,社员退社随着退还社股,必将引起合作社责任财产的减少,合作社债权人的利益便将得不到最好的保障。自由退社制度,必将引起退社社员权益保护与合作社债权人权益保护的矛盾。基于法律的利益平衡理念,在保障社员退社自由的同时,得为保障合作社债权人的利益做出合理的制度安排。

而且我国农民专业合作社的入社制度并未确立成员出资的法定要求,各地农民经济收入也不均衡,农民成员入社不出资或

〔1〕 参见赵旭东主编:《公司法学》,高等教育出版社2006年版,第221页。

很少出资,大多数成立的合作社资金十分有限。再根据"退社自由"原则以及成员退社时合作社应退还记载在该成员账户内的出资额和公积金份额并返还可分配盈余的法律规定,不难看出,随着成员的加入和退出,本就十分有限的农民专业合作社的出资总额还经常处于变动状态。农民专业合作社财产的有限性和变动性极大地影响了合作社对外信用程度,显然不利于合作社债权人利益的保护。特别是在农民以土地承包经营权作价出资入股合作社的情形下,农民专业合作社破产清算必须确保入股土地退回农户。基于土地之于农户的特殊生存保障意义,确保入股土地退回农户的制度设计具有一定的正当性,然而法律制度的意义就是在各种法律关系中实现相关利益主体的利益平衡。因此,维护农户利益的制度还应同时兼顾受到该制度影响的合作社债权人的利益。又根据合作社制度的特殊性,所有者与惠顾者的一致性表明,合作社存在两层交易关系,合作社的交易相对人既包括其作为独立市场主体对外在参与市场经济活动中所面对的不特定的交易相对人,另外,合作社的交易关系还包括在内部与社员之间的交易,即自我交易。可以说,合作社的债权人既包括外部交易的债权人,也包括内部交易的债权人即社员。然而,在关于农民专业合作社破产导致社员权丧失时的制度设计中,《农民专业合作社法》特别规定"破产财产在清偿破产费用和共益债务后,应当优先清偿破产前与农民成员已发生交易但尚未结清的款项"。也就是说,农民成员的债权相比一般债权可以优先受偿。显而易见,此项特别规定旨在倾斜保护农民成员的利益。也就是说,在退社情形下,退社社员与合作社债权人之间存在多重利益矛盾。因此,如何坚持合作社原则保证成员退出权的行使又不影响合作社运转和其他相关主体利益,是合作社退社制度的进一步完善必须重点考虑的问题。

第三节　我国社员权丧失制度的路径选择与理念遵循

一、其他国家或地区的合作社社员出社制度阐释

（一）开放社员制的社员退出制度

在实行开放性社员制的国家或地区，社员股份转让或退社一般都受到限制。如在丹麦，合作社社员股份只能参与分红，而不能出售和转让。而法国合作社社员退社自由受到一定限制，如入社必须达到一定时间，否则退社要缴纳罚金等。[1] 根据我国台湾地区"合作社法"第31条的规定，在无限责任合作社和保证责任合作社，社员对于出社前合作社债权人的责任，自出社决定之日起，经过两年方可解除。这两种责任类型的合作社的社员在出社后6个月内合作社解散的，该社员视为未出社。[2] 由此可见，实行开放社员制的合作社一般从退社时间上对社员退出做出限制。而我国台湾地区"合作社法"则表现为对合作社债权人的保护而做出对社员退社效果的期限限制，实际上是通过追索社员的责任保障债权人利益。

（二）封闭社员制的社员退出制度

实行封闭社员制的美国新一代合作社由于投入资金多，风险大，其在成立之初，就要根据经济条件、生产能力以及个人信誉度等情况挑选提交申请并符合其要求的农民入社。因此，在合作社

---

〔1〕 参见王玉梅：《农民专业合作社之法理探究与实践》，科学出版社2012年版，第148页。

〔2〕 参见李锡勋：《合作社法论》，台北，三民书局1982年版，第97～98页。

成立后，除非有特殊情况，社员不能退出，也不再接纳新社员，但社员股份在得到理事会同意后可以转让，内部社员享有优先受让权。[1] 也就是说，实行封闭社员制的合作社为了保障合作社及其债权人的利益，一般对社员退出进行严格的限制。同时为了保障社员的变现利益，又允许社员通过转让股份后退出。

通过比较上述关于开放社员制与封闭社员制的社员退出制度，可以看出，两种不同类型社员制的合作社都不同程度地对社员退出做出了限制。而且，在社员退出限制的制度安排上都是出于对合作社债权人利益的考虑。也就是说，各国在遵循合作社基本原则的基础上又根据各国合作社发展的实际情况对合作社制度安排做出了灵活处理，具体来说，主要是基于对交易安全即合作社债权人利益的考虑而对"退社自由"进行了立法调整。尤其在我国特殊的农民专业合作社财产制度安排下，合作社财产的有限性和变动性都对合作社债权人和交易安全不利。而且，现行立法关于社员退出制度也主要限于自愿退社，对法定退社情形以及社员权益保障都缺乏制度回应。因为立法要决定众人之事，关系到每个公民的利害，因此制度选择必须建立在安全保障的基础之上。[2]

二、完善我国社员权丧失制度应遵循的基本理念

我国农民专业合作社的形成和发展状况有其自身特点，尽管现行立法也确立了"入社自愿，退社自由"的合作社基本原则。然而，对合作社原则的贯彻也并非机械化地严格遵守，相反，也应如大多数国家那样根据自身社会经济条件的实际情况做出相适应

---

〔1〕 参见王玉梅：《农民专业合作社之法理探究与实践》，科学出版社 2012 年版，第 148～149 页。

〔2〕 参见王爱声：《立法过程：制度选择的进路》，中国人民大学出版社 2009 年版，第 135 页。

的制度安排。《农民专业合作社法》的出台确立了合作社法人主体地位,意味着农民专业合作社作为农民自愿联合的经济组织可以作为独立的法人主体参与市场经济活动。因此,为了确保市场交易安全,对农民专业合作社的“退社自由”原则的贯彻也应做出综合考量各方主体利益的制度设计。

（一）坚持保障退社自由的原则

在合作社内部,自由退出是矫正合作社治理机制缺陷的重要手段。合作社的本质特征之一就是社员之间的合作。而且,“合作”也是合作社社员之间以及社员与合作社之间利益联结的关键,如果社员退出,也就是打破了基于合作的利益联结关系。从博弈论的观点来看,社员享有退社自由权利是有利于合作社存续发展的。社员不仅可以用退出来保护自己,还可以以此来作为制止其他成员可能偷懒的方式。

农民专业合作社是农民自己选择的合作组织,即使在成员异质性条件下,普通成员仍享有充分的退出权。可以说,退社自由是社员维护自身利益的重要方式。两类社员之间的利益制衡主要体现在,普通成员可以通过中断合作关系或降低合作程度来减少核心成员的未来利益,核心成员不得不在合作社利益分配时考虑普通成员的利益诉求,而且,这种自由的退出权也给了普通成员更多的参与合作的保障。如林毅夫先生所言,当一个合作社是以自愿原则为基础组织的时候,在每个生产周期结束时,一个合作社的成员可以决定他们在下一个周期是否还参加合作社。如果他发现成为合作社的成员境况会更好,他将保留他的成员资格;否则,他将会从合作社中退出。[1] 也就是说,合作社的成员根

〔1〕 林毅夫:《制度、技术与中国农业发展》,格致出版社、上海三联书店、上海人民出版社 2008 年版,第 15 页。

据“成本—收益”的权衡标准感知自己利益不多或利益受损，社员就可以以退出的方式扬弃它。而且，自由退出也是体现合作社由社员民主控制的主要特征，在农民专业合作社中，社员民主控制的方式有很多种，其中，最具战略意义的方式就是退出。[1] 因此，有关社员权丧失制度的完善，必须坚持保障社员退社自由的原则。

（二）体现公平与效率相结合的制度价值

1. 保障社员利益是完善社员权丧失制度的公平价值之必然要求

基于合作社的人合性和互助性特征，在合作社中社员的入社自由和退社自由是区别于其他经济组织的重要方面，也更能体现合作社为社员独立的经济活动提供协助的经济组织特性。可以说，确保合作社社员入社和退社的自由，是确保合作社性质不变的基本前提。只有当社员的加入和退出是社员根据自身的情况来决定的，合作社才能成为真正的合作经济组织，其合作本质才能得以保证。[2] 当一个社员加入合作社感知合作社服务并不能为其独立的经济活动提供便利时，允许其退出是对合作本质的尊重，否则有违合作经济组织的宗旨。另外，合作社由社员自愿联合而成，也应允许其自由退出。尤其是在我国合作法律文化较为缺失，甚至有些地方的农户还存在“谈合色变”的现实背景下，确保社员退社自由甚为关键。

遵从社员自愿原则，是对社员利益的保障。结合我国农民专业合作社形成和发展的实际情况来看，确保社员退出自由，还是

---

〔1〕 徐旭初：《新形势下我国农民专业合作社的制度安排》，载《农村经营管理》2008年第11期。

〔2〕 参见屈茂辉等：《合作社法律制度研究》，中国工商出版社2007年版，第6页。

维护农民成员或普通社员利益的重要内容。由于受资金需求的制约,我国农民专业合作社在形成之初就存在成员异质性现象,即普通成员与核心成员并存。而且,成员异质性已成为我国农民专业合作社发展过程中具有的成员结构特征。正如有学者所指出,在成员异质性条件下,为防止持股多、谈判能力强的社员利用其优势损害仅持资格股的社员,退出权的行使在某种程度上可以使持资格股成员的利益受损程度降低。[1] 也就是说,在成员异质性条件下,不同类型的成员对风险的承受能力、合作社的利用程度以及利益偏好都有不同,对社员之间的关系也有不同认识,社员基于自身的判断所做出的退出决定理应受到尊重和得到法律保障。如果社员认为已不需要合作社的服务或者合作社已不符合自身利益需求,允许其自由退出无疑是对其利益的最大保障。而且,社员权在性质上是一项独立的民事权利,保障社员的自由处分权也符合法律保护的意旨。

2. 社员权丧失制度的完善还须确保合作社组织效率

合作社是以人合性为主要特征的经济组织,其组织目的在于为社员利益服务。尤其是从合作社的产生角度来看,合作社是市场经济的必然产物,是市场经济中处于弱势地位的人们自愿联合起来为提升谈判能力和市场竞争力的经济组织,因此,合作社组织具有维护实质公平的制度价值。维护公平是合作社制度的永恒价值,然而,公平并不是合作社制度的唯一价值,在不影响公平的前提下,合作社制度安排也应能维护合作社的高效运转,通过合作社的不断发展以实现社员利益最大化。在传统合作社中,社员之间具有紧密的关系并享有信赖利益,只有社员之间、社员与

〔1〕 参见崔宝玉等:《资本控制型合作社合作演进中的均衡——基于农户合作程度与退出的研究视角》,载《中国农村经济》2008 年第 9 期。

合作社之间保持信赖与合作,合作社才能正常而有效地运行。因此,就传统合作社而言,合理的社员退出机制应当既保障社员的退出自由,又不能为保障个别社员的退出自由而破坏业已形成的合作和信任关系。

如果合作社业已存在的合作和信任关系可能因个别社员而遭到破坏或者受到破坏威胁,那么妨碍信任关系和破坏信赖利益的行为必须得到遏制。因此,为了保护合作社以及其他社员的利益,在特定情形下,个别社员必须退出合作社。随着合作社内外部经济环境的变化,合作社的成员异质性特征越来越明显,合作社的财产构成不再体现为均等出资,可能出现大多数普通社员占有较少出资,而少数核心成员却占有较多出资,在合作社很可能发生"内部人控制"问题。因此,合理的社员退出机制应当既能保证社员退出自由,又不至于导致合作社的低效而影响合作社及其他社员利益。即合作社的退社制度在保障实质公平的前提下还应体现效率价值。

(三)实现相关主体利益平衡的法律精神

在我国农民专业合作社遵循的"退社自由"的合作社原则中,"自由"并非绝无限制的自由。孟德斯鸠曾说过:"一切有权力的人都容易滥用权力,这是万古不易的一条经验。有权力的人们使用权力一直到有界限的地方才休止。"[1]换句话说,没有不受限制的权利。自由权利的行使必须以不侵害他人利益为前提,否则就应当受到限制。

而且,农民专业合作社是以人合性为主兼具资合性特征的经济组织,因此,完善其社员出社制度就应当综合考量其人合性与

---

〔1〕[法]孟德斯鸠:《论法的精神》(上),张雁深译,商务印书馆 1961 年版,第 154 页。

资合性特征。比如从人合性角度分析,社员退出是应当被允许的:合作社作为具有共同需要的人们的自愿联合,社员之间需要必要的信任,社员也需要通过分工合作惠顾合作社以及对合作社进行经营管理。基于此,一旦社员之间丧失了必要的人合基础,勉强维持合作对社员与合作社都是有害无利,因此应当允许社员选择退出合作社。而且,如果社员个人的行为严重损害了合作社整体的利益,致使其他社员对其丧失了基本的信任,也应当允许合作社将其开除出合作社。然而,从资合性角度分析,由于社员退出合作社应向社员退还其出资,必然导致合作社财产的减少,进而影响到合作社对外的信用基础,显然存在债权人保护的障碍。因此,应当对其退出加以适当限制,以平衡债权人利益的保护。

三、完善社员出社规则的制度基础

在经济学意义上,大多数文献认为社员退出权及其行使有利于合作社绩效的提高。从合作社的治理角度来看,我国学者徐旭初认为,退出机制是社员控制经营管理者的主要方式之一。[1] 而林毅夫先生则从农业生产存在监督困难的角度出发,基于博弈分析,指出社员的退社自由对于一个农业合作社的成功的意义所在,即如果社员拥有退社自由就意味着该合作社是一个能够促使社员间达成的"自我实施"协议得以维持的"重复博弈"的合作社,否则就变成"一次性博弈"的合作社。[2] 而蔡昉则从有利于集体行动的角度指出,退出权能使合作组织成员获益因而保障激励相

---

〔1〕 参见徐旭初:《中国农民专业合作经济组织的制度分析》,经济科学出版社 2005 年版,第 264 页。

〔2〕 参见林毅夫:《制度、技术与中国农业发展》,格致出版社、上海三联书店、上海人民出版社 2008 年版,第 16 页。

容以使集体行动成功。[1] 罗必良则从农民合作组织中的监督成本与收益的比较中，指出合作组织内部的监督不力是常态。因此，保留社员的退出权，可以通过退出威胁来促进合作。[2] 也有学者从约束机制的角度指出退出权有利于对成员利益的保护，即在成员异质性条件下，为防止持股多、谈判能力强的社员利用其优势损害仅持资格股的社员，行使退出权在某种程度上可以使持资格股成员的利益受损程度降低。[3] 近年来，也有学者立足我国合作社实践中的"任意退社"与"任意限制和禁止退社"导致的合作社低效率与伪合作，提出对社员退社进行限制和保护均有必要。[4] 可以说，主动退社行为对较高发展水平合作组织的组织声誉和成员积极性均具有显著的正向影响，由此，合作组织要想可持续发展，需要在其发展到一定程度后，采取有效措施制定相应的制度安排，保障合作组织主动退出成员的合理退社机制。[5] 这些已有研究成果对我们研究合作社内部关系的处理和相关制度设计具有重要的意义。即社员自由退社制度应建立在保障社员退社权的基础上给予合理限制，以平衡合作社及其社员与债权人等主体的利益。

农民专业合作社在组织形式上以人合性为主，兼具资合性特征。其人合性体现在合作社是社员自愿联合而成的，社员之间具

[1] 参见蔡昉：《合作与不合作的政治经济学——发展阶段与农民社区组织》，载《中国农村观察》1999 年第 5 期。

[2] 参见罗必良：《农民合作组织：偷懒、监督及其保障机制》，载《中国农村观察》2007 年第 2 期。

[3] 参见崔宝玉等：《资本控制型合作社合作演进中的均衡——基于农户合作程度与退出的研究视角》，载《中国农村经济》2008 年第 9 期。

[4] 参见张德峰：《论合作社社员退社的法律限制与保护》，载《法商研究》2016 年第 3 期。

[5] 王鹏、于宏、霍学喜：《退社行为对农民合作组织可持续发展的影响分析——基于三个果农合作社典型案例》，载《农业经济问题》2015 年第 7 期。

有共同的利益需求，因此社员之间必须建立和维持和谐、信任的关系，包括其制度设计都应保持和维护这种信赖关系；也因此，合作社可以将不再符合特定要求的、妨碍合作社或其他社员利益的或者破坏合作关系的社员开除出合作社。但是，农民专业合作社也兼具资合性的特征，因为其也是具有独立法人地位的市场主体，并以包括成员出资在内的财产对外承担责任，成员以其出资承担有限责任。也就是说，成员之间并不存在必须保持信任关系的责任牵连，这也就意味着社员之间不能相互决定社员资格的保有或丧失。阐释农民专业合作社所具有的以人合为主兼具资合性的特征，其意义在于以此作为具体制度构建的基础，从具体制度对合作社信用、社员关系的影响确定其人合性或资合性偏好，并由此决定具体的制度内容。也就是说，基于农民专业合作社的组织制度特性，除允许社员自愿申请退社外，还可允许社员转让出资后退出合作社，在退社效果规则设定上充分考虑退出社员与合作社及其社员、债权人等主体的利益。

第四节　社员出社情形下合作社及社员权益的保障

关于成员资格终止，我国《农民专业合作社法》在修订前仅对成员申请退社作出了规定，并要求农民专业合作社章程应当载明“成员资格及入社、退社和除名”，也明确规定了成员资格终止时的权利和义务。修订后的《农民专业合作社法》则对申请退社增加了书面的形式要求，另增加了关于除名退社的专门规定，包括除名的事由、程序以及成员资格终止规定，该修订内容体现了程序正义，有利于保障成员非自愿退社情形下的相关权益。此外，修订后的《农民专业合作社法》还增加了“成员出资的转让、继承、担保”为农民专业合作社章程必要记载事项。因此，为了体现立法的逻辑性和系统性，还应明确规定成员资格终止的情形与程序为章程必要记载事项，即合作社章程应明确规定成员资格终止的各种情形及其相关程序，以保障社员出社时相关主体的合法权益。如前所述，构建正当合理的社员退出机制完善现行退社制度，既要保障“退社自由”原则，体现公平与效率相结合的制度价值，同时相关制度设计又必须综合考量社员的利益、合作社的利益以及债权人利益的保护问题，从法定出社与自由退社两方面涉及的社员权益保障与其他相关主体利益平衡问题进行具体制度安排。

一、法定出社情形下合作社及社员权益保障

法定出社与社员的主观意愿无关，是基于法定事由的出现而导致的社员资格的丧失。能够引起社员地位丧失的法定事由在各国家和地区合作社立法中一般是指除名、死亡或解散，如《意大利民法典》和《芬兰合作社法》。另外，我国台湾地区“合作社法”还规定因剥夺公权、破产与吸用鸦片或其代用品导致社员资格的丧失，社员也因此丧失社员身份。总体来说，能够引起社员地位丧失的法定事由一般包括社员资格条件的丧失、自然人社员死亡或团体成员破产、解散以及除名。另外，合作社主体资格的消灭，也是导致社员权丧失的原因。由于引起合作社主体资格消灭的解散或破产，也是不以社员个体意志为转移的，因此也属于法定事由。基于上述事由导致社员权的丧失，应加强对社员权益的法律保障。

（一）社员丧失民事行为能力时的权益保障

社员入社时一般要符合一定的资格条件，抽象的资格条件往

往通过国家立法的形式展现，具体的资格条件则往往是通过合作社章程实现的。因此，如果社员入社时所具备的某些条件发生了变化，如社员业务性质的变化、个人身份、行为能力等方面的变化，变化后已不符合法律和章程所规定的社员资格条件的，是否当然导致社员资格的丧失，这是社员退社制度的一个重要问题。如现有社员丧失民事行为能力后其社员资格能否延续的问题。尽管我国立法对"具有民事行为能力的公民"在表达上存在一定的模糊性，如是要求具备完全民事行为能力，还是包括了完全民事行为能力与限制民事行为能力两种情形，在现有立法规定下不甚清晰。但是，对加入合作社的社员行为能力加以限制是具有一定合理性的。合作社乃为社员生产经营提供服务的组织，如果不具有生产经营的行为能力而加入合作社，因不能独立进行民事活动而无法真正参与合作社的运营，不仅容易造成对合作社运营的不利影响，也容易为其他社员所利用甚至难以保障不具有民事行为能力的社员的利益。在此意义上，对加入合作社的自然人行为能力的限制应当是指排除了无民事行为能力人和限制民事行为能力人。尽管有意见指出，发展农民专业合作社对农村贫困人口的脱贫致富具有重要作用，而且农村有许多不具有完全民事行为能力的村民享有土地承包经营权，如果排除非完全民事行为能力的农民成为社员，不仅不利于弱势农民的脱贫致富，也将享有土地承包经营权的非完全民事行为能力的农民排除在合作社之外。[1] 但是，对加入合作社的自然人做出完全民事行为能力的要求，有利于实现社员真正入社，发挥合作社为社员服务、社员能真正利用合作社服务的作用，也有利于避免非完全民事行为能力人

---

〔1〕 参见王瑞贺主编：《中华人民共和国农民专业合作社法释义》，法律出版社 2018 年版，第 57 页。

存在“被加入”合作社的现象。然而,对于具有民事行为能力的公民入社后丧失了行为能力的情况,则在立法上应当给予特别考虑。基于合作社的互助合作性特征,具有民事行为能力的公民入社后丧失了民事行为能力不当然导致社员资格的丧失,如果其法定代理人要求退社的,在对其办理了退社手续后,其社员资格终止。

(二)社员死亡后的权益继承

《农民专业合作社法》并未就社员死亡后其权利义务的处置作出直接规定,不过该法第 15 条赋予合作社章程对社员身份终止的事项作出具体规定。《农民专业合作社示范章程》第 20 条对关于成员死亡后继承人的入社等问题作出了示范性规定,但较为简略。实际上,关于农民专业合作社的成员死亡后主要涉及两个法律问题:一是死亡成员的社员身份能否继承的问题;二是死亡成员的权利义务如何处理的问题。关于第一个问题,成员死亡后其社员身份并不能当然为继承人所继承。现行立法规定了入社的成员资格条件,因此,在自然人成员死亡后,其继承人如果符合现行法律和章程所规定的成员资格条件,可由其继承人向理事会或成员大会提出入社申请,经审核通过后可办理入社手续,并继承死亡社员在合作社的权利义务。如果继承人有多个并都经审核通过办理了入社手续,则由继承人根据继承份额继承被继承人在合作社的债权债务。如果继承人不符合成员资格条件,或者是继承人不愿意入社,或者是超过了章程规定的时间提出入社申请,则对死亡社员按退社处理,并按照现行立法包括继承法规定进行其退社后的财务处理以及责任承担的确定等社员资格终止事宜。

(三)被除名社员的权益救济

除名作为导致社员丧失社员身份的法定情形之一,是合作社对社员做出的剥夺其社员资格的一种处罚性措施。社员如果不遵守合作社法律、章程及社员大会的决议，可构成被合作社除名的法定事由。[1] 合作社对社员做出除名的处罚直接导致社员权的丧失，为保护社员的合法权益，对合作社的除名处罚应规定相应的程序，并为被除名社员提供救济途径。

关于除名的具体情形，各个国家和地区的合作社立法一般都规定由合作社章程具体规定，如《德国合作社法》、《芬兰合作社法》和我国台湾地区“合作社法”。合作社法只是规定除名的程序及其救济，如《意大利民法典》第2533条规定：除名应当由董事会作出决议；对除名决议，社员可以在接到通知后的60天内向法院提起诉讼。[2] 我国台湾地区“合作社法”第28条规定：社员除名应经社务会出席理事、监事3/4以上之决议，以书面通知被除名之社员，并报告社员大会。[3] 由于除名乃关涉社员切身利益之大事，为慎重起见，我国台湾地区“合作社法”便将除名作为特别决议对待，因此将决议人数由1/2修改为3/4。

我国修订后的《农民专业合作社法》增加了关于成员除名的规定，主要涉及成员除名的事由、除名程序以及被除名成员的相关权益保障规范。修订后的法律规定，主要是赋予成员大会或成员代表大会对不遵守合作社互助合作精神的成员做出除名决定的权利。然而，现行立法对成员除名的程序规定显然不足，须经成员大会或成员代表大会表决通过的合作社事项有一般事项和特殊事项之分，因此对决议通过的程序要求也不一致。对关涉社员切身利益的除名事项应归于特殊事项范围，因此应采取严格的决议程序，即2/3多数通过。尽管法律同时规定，如果章程对决

---

〔1〕 屈茂辉等：《合作社法律制度研究》，中国工商出版社2007年版，第187页。

〔2〕 费安玲等译：《意大利民法典》，中国政法大学出版社2004年版，第666页。

〔3〕 李锡勋：《合作社法论》，台北，三民书局1982年版，第97页。

议程序要求有更高规定的,从其规定。也就是说,法律将决议程序要求赋予了章程具体规定。然而,鉴于实践中大多数章程均是直接以示范章程格式定之,在对合作社事项的特殊性与一般性的判断上,难免考虑不周全。因此,为充分考虑被除名成员的合法权益保障需要,法律应对除名决议程序作出明确规定。另外,从维护被除名社员的合法权益角度出发,合作社法除应规定除名应遵循的具体程序外,包括在决议前允许被除名社员陈述自己意见,还应赋予被除名社员对除名决定行使救济的权利,毕竟被除名关系到社员的切身利益、影响其权利和义务,因此有必要按照程序正义的要求对除名决定作出事后救济规定,如被除名社员可就除名决定提出异议或寻求司法救济等。

(四)合作社解散或破产时社员权益保障

如前所述,合作社主体因解散或破产的情形而消灭,也是导致社员权丧失的原因之一。经考察国外合作社立法,合作社解散包括三种主要形式。一是自愿解散,即社员大会按照法律规定的议事规则以决议的形式解散合作社。自愿解散取决于社员大会的意愿,各国合作社法一般没有特别限制,只是各国规定的议事规则有所差异。如《德国工商业与经济合作社法》第78条规定,社员自愿解散合作社的,解散决议应当由3/4以上的多数表决通过;而根据《日本农业协同组合法》的规定,社员代表会议决议解散的,如果有1/2以上的社员代表出席会议并且有2/3以上的多数表决支持,那么合作社也应解散。可以说,关于合作社解散的决议涉及合作社重大事项的决策,而且关乎合作社的命运和每个社员的利益,因此,各国规定的议事规则都是多数决原则。二是行政机关责令解散,即合作社的行政管理机关或注册登记机关强制其解散。各国一般规定,当合作社持续一定期限没有开展业务，社员人数少于法定最低人数，或者合作社有严重的违法行为，行政机关可以解散合作社。在赋予行政机关解散权力的同时，对合作社而言可以采取相关救济措施，如行政机关责令解散合作社，尤其是利害关系人申请行政机关强制解散合作社，应当通知合作社在合理期限内做出答辩，陈述不应当被解散的理由，或者可以在一定期限内进行改正，或者在责令解散后，有权向法院等有关部门起诉或申诉。三是法院强制解散，即基于社员、债权人或其他利害关系人的申请，由法院根据法律规定的事由，裁定解散合作社。相对于行政机关解散关注的是合作社的存在形式是否合法的问题，法院强制解散则既关注合作社的存在形式是否合法，更强调对合作社经营活动的实质审查。如合作社成员少于法定人数，或合作社及其董事会的行为侵害到社员等相关主体的利益等。在合作社的救济措施上，法院裁定强制解散合作社之前，应当让合作社知悉利害关系人申请的理由，并提出答辩；法院裁定解散后，应当赋予合作社诉讼权。[1] 当然，各国立法也并非对上述三种解散形式均有规定，有些国家只规定了自愿解散和行政机关解散，如越南；有些国家而是规定自愿解散与法院强制解散，如蒙古。但各国在对合作社解散规定上都较为注重相关救济措施的规定，毕竟合作社解散关乎全体社员的利益以及其他利害关系人如合作社债权人的利益。

根据我国《农民专业合作社法》关于解散原因的规定，在解散形式上，农民专业合作社的解散包括自愿解散和行政机关强制解散，无法院强制解散情形。在解散理由上，自愿解散主要包括章程规定的解散事由出现或成员大会决议解散。解散事由是合作

[1] 参见欧阳仁根、陈岷等：《合作社主体法律制度研究》，人民出版社 2008 年版，第 198～201 页。

社章程的必要记载事项,因此合作社在设立时可以在合作社章程中约定合作社解散具体事由,在章程规定的解散事由出现时,成员大会或者成员代表大会可以决议解散合作社。另外,在章程规定的解散事由出现之前或依据其他事由的出现,合作社成员大会也可以以2/3多数表决通过合作社解散决议。关于强制解散,根据《农民专业合作社法》"法律责任"章的规定,在农民专业合作社以欺诈手段取得登记或农民专业合作社连续两年未从事经营活动的,行政机关可撤销其登记或吊销其营业执照。其中,关于对连续两年未从事经营活动的农民专业合作社给予吊销营业执照的规定也是法律修订时新增的条款,其立法背景主要针对实践中大量存在的"空壳社""挂牌社"等现象,旨在促进农民专业合作社依法开展经营活动,防止休眠状态的出现和减少资源浪费。实际上,为促进合作社的优胜劣汰、兼并和联合等现象的发生,并促进合作社的健康快速发展,有著述提出,应当在合作社未来的发展道路上适时建立强制性退出机制。即如果合作社不能给普通农民社员带来经济利益,不能维护普通农民社员的权益,就可被强制性解散。如德国,2008年有0.1%的合作社由于不能继续保障其社员的经济利益而被解散。[1] 因此,基于规范农民专业合作社发展、提升合作社发展质量的价值理念,我国通过法律的修改建立起农民专业合作社的强制退出制度。

由此可见,我国法律关于农民专业合作社的解散,无论是自愿解散还是强制解散,均未对社员或其他主体可采取的救济措施加以规定。其中,在自愿解散情形中,解散决议的产生本身就是合作社社员意志的体现,因此可以通过规范内部治理制度保障全

---

〔1〕 参见李敬锁、李树超:《保障普通农民社员权益 促进农民专业合作社健康发展》,载《农业经济》2010年第10期。

体社员利益，如允许社员对合作社成员大会或成员代表大会决议提出异议或采取司法救济权等。如前所述，在合作社被强制性解散的情况下，原合作社社员也因此丧失社员权。尽管针对合作社的强制性退出机制最终导致社员权的丧失，但这种丧失情形是旨在保障社员权益所构建的消极制度。在我国立法中，行政机关对合作社的强制解散则体现的是行政机关对合作社违法行为的惩处，然而如果不对行政机关行使解散合作社的权力加以限制，也恐难避免实践中“寻租”行为的产生。因此，为了维护合作社的合法权益以及社员的利益，应赋予合作社针对行政机关的解散权力的行使采取相应的救济措施，否则，合作社及其社员的合法权益难以得到有效保护。具体来说，应从以下方面加强对《农民专业合作社法》中法律责任制度的完善：一是对行政机关工作人员在履行职责时存在不法行为，应追究相关工作人员的法律责任；二是明确规定合作社社员及其他相关利益主体可对行政机关的撤销登记或吊销营业执照行为行使诉权；三是加强合作社解散的民事责任制度构建，如强化合作社在解散时对债权人的社会责任、[1]规定合作社解散后债权人债权实现的保障措施如责令社员按比例在其分得的财产范围内满足债权人的要求[2]等。

二、自由退社限制制度的完善

（一）申请退社规则的完善

根据合作社原则，社员享有退社自由。自愿退社完全是基于社员的意思自治，当社员不再需要使用合作社的服务，或者社员之间丧失了合作的共同意愿和信用，又或者社员不满合作社的治

---

〔1〕 杨仕兵：《论农村合作经济组织的社会责任》，载《经济问题》2005年第4期。

〔2〕 欧阳仁根、陈岷等：《合作社主体法律制度研究》，人民出版社2008年版，第209页。

理等情况发生时，社员可退出合作社。社员自愿退出合作社，不再具有社员身份，自然导致社员权的丧失。为维护合作社稳定和保护债权人利益，社员自愿退社应受到适当限制，为此大多数国家和地区对自愿退社实行预告退社制度。

预告退社，是指合作社社员在退社前的法定期间内向合作社提出退社请求，并于合作社年度业务终了时发生退社的效力。如我国台湾地区“合作社法”规定社员应当3个月前提出退社的请求书，此期间可由合作社章程延迟为6个月，社员为法人时可延长至一年。[1]《日本农业协同组合法》规定，组合成员应在60日以前提出预告，此期间可由章程加以延长，但不能超过1年。《瑞士债法典》规定，社员退社只能在营业年度末，并提前一年通知退出合作社。[2] 各国家和地区合作社法关于预告退社的规定，即要求退社社员在法定期间进行退社预告，其基本的考虑是，合作社乃社员自愿联合而成的组织，对内对外要从事一定的业务活动，如果允许社员随时通知退社，必然会对合作社的业务执行和事务处理造成麻烦，从而扰乱合作社正常的运行秩序。因此，对社员申请退社进行预告制度安排，规定在合作社经营年度终了时发生退社的效果，有利于合作社业务的正常运行和事务处理的有序安排。

除了法定期间的限制外，有的地区为了推动合作社在乡镇的发展壮大，对预告退社加以了否定，如我国台湾地区“县各级合作社组织大纲”第14条第2项规定“区乡（镇）合作社社员，非因合作社的解散不得自请退社”。另外，也有些国家限制社员在特殊期间行使退社的权利。如根据《瑞士债法典》第843条的规定，合

---

[1] 参见李锡勋：《合作社法论》，台北，三民书局1982年版，第95页。

[2] 参见屈茂辉等：《合作社法律制度研究》，中国工商出版社2007年版，第179～180页。

作社章程或者协议可以在一定的年限内取消社员退社的权利，如果社员在禁止退社的期限内，社员有重大事由需要退社的，应当向合作社支付一定数额的赔偿金。[1]《法国农产品收购和销售农业合作社示范章程》中也规定了合作社社员履行义务的期限：如没有充分的理由，未经理事会批准，在承担义务期限届满以前，不得中途退社。在不影响合作社正常运转的情况下才可以退社，也可以规定几年后或出现盈利后才能退社。[2] 可以看出，上述对社员自愿退社的否定或者限制一般是出于对合作社整体利益的考虑。

我国《农民专业合作社法》关于社员自由退社，也是实行预告退社制度。如前所述，我国《农民专业合作社法》第 25 条对成员申请退社作出了关于退社申请时间、退社程序、资格终止时间的具体规定。在退社申请时间上，我国法律对自然人成员与组织成员分别做出了不同的申请期限要求，其立法考虑主要在于给合作社调整业务和财务处理足够的准备时间。在此意义上，社员自由退社的限制主要体现在社员提出退社申请时应受提前通知合作社的限制。在退社程序上，为了保障社员的退社自由权，社员预告退社的申请不需经过社员大会的通过，即不需要任何批准，只需要向理事长或者理事会提出书面申请即可。在资格终止时间上，并非提出退社申请即发生退社效力，为了合作社财务结算的方便，法律规定社员的实际退社时间为会计年度终了时。这是因为，发生社员退社，合作社须对整体盈余状况和亏损情况进行总结和清算，以完成对退社成员的盈余分配和亏损承担的处理。

---

〔1〕 参见屈茂辉等：《合作社法律制度研究》，中国工商出版社 2007 年版，第 180 ~ 181 页。

〔2〕 参见李秀丽、李东海：《〈农民专业合作社法〉实施中的相关法律问题探析》，载《山东社会科学》2009 年第 9 期。

此外,在特殊情形下,为了保障合作社债权人的利益,我国立法还作出了特殊情形下禁止办理成员退社手续的规定。根据我国《农民专业合作社法》第 51 条的规定,农民专业合作社因章程规定的解散事由出现等情形而解散,或者人民法院受理破产申请时,不能办理成员退社手续。此处关于不能办理成员退社手续的情形的规定,实际上是为衡平社员与债权人利益所做的制度安排。如前所述,成员退社时,要按照章程规定的时间和方式,退还记载在该成员账户内的出资额和公积金份额。在农民专业合作社因章程规定的解散事由等情形解散的过程中,合作社的财产还未得到清理时便不能确定该财产是否能足额满足债权人债权的实现,而且清算过程中清偿的顺序是清偿完工人工资、税款、债务后有剩余的按照成员当时出资的比例进行返还。也就是说,成员最终不一定能取回全部出资。此时如果允许某成员退社,让其取回全部出资,则对其他成员和合作社债权人都将有失公平。另外,在向人民法院申请破产的情形下,表明合作社财产已不足以清偿全部债务,此时如果允许某成员退社并退还其出资,债权人的债权实现程度更将受到不利影响,而且也会侵害其他成员的利益。该退社限制制度安排因综合考量了其他社员与合作社债权人利益的保护而应予以坚持。

总体来说,"退社自由"并非完全无限制的自由退社,在对社员的退社权加以法律保护的同时,也有必要从利益平衡的角度对社员退社加以限制,并以此作为自由退社的原则。如合作社立法可以对社员退社作出原则性规定,即社员退社不得影响其他社员的互助合作,不得损害合作社债权人利益或社会利益。[1] 在作出

---

〔1〕 参见张德峰:《论合作社社员退社的法律限制与保护》,载《法商研究》2016 年第 3 期。

其原则性限制规定外，可以由合作社章程对社员退社的具体条件作出规定。也就是说，在退社机制的设置上，既要防止合作社任意限制或禁止社员退社的行为，又要防止社员任意退社行为的发生。

（二）设立转让退社规则

转让退社是基于转让事实的发生，社员将自己所有的社股转让与他人，受让人在办理入社手续后，继受了原社员的权利和义务，原社员因而丧失社员资格。关于转让退社的效果，即允许社员转让出资后自由退社，有学者认为只有在受让人受让了社股并且办理了入社手续，原社员才发生让与出社的效果。[1] 也有学者认为自合作社同意社员转让社股后，转让人实际转让社股于他人之后，就依法发生出社的效果。受让人是否办理入社的手续取得社员资格并不影响原社员资格的丧失，两者无必然的联系。[2] 基于合作社原则之"开放的社员资格"，应当允许社员转让出社。所谓转让，即为在某一时刻一方丧失社员身份另一方却拥有了社员身份，一方不丧失社员身份，另一方就不会拥有社员身份，否则就不是转让。具体的社员身份转让时间是依法律和社章规定而定的，如《瑞士债法典》就规定了两种社员身份转让时间，一是在合作社依照法律规定的或者社章规定的方式做出接纳决议后，受让人始取得社员身份；二是以合同形式转让社员资格的，合作社章程可以规定有合同证明时即可完成社员身份的让与。[3] 然而，又基于合作社的人合特征，转让出社并不是所有国家都认可的，即

---

〔1〕 参见李锡勋：《合作社法论》，台北，三民书局 1982 年版，第 96 页。

〔2〕 参见屈茂辉等：《合作社法律制度研究》，中国工商出版社 2007 年版，第 180 页。

〔3〕 参见欧阳仁根、陈岷等：《合作社主体法律制度研究》，人民出版社 2008 年版，第 168 ~ 169 页。

使允许转让出社也受到严格的限制。我国《农民专业合作社法》没有关于社员身份是否可转让退社的规定,使得实践中出现转让退社无法可依的情况。“退社自由”作为合作社的本质特征理应得到保障,同时考虑到社员行使自由退出权不应以损害其他成员和债权人利益为前提,可允许成员转让出资作为自由退社的可供选择的制度。

如前所述,根据“退社自由”原则以及成员退社时合作社应退还记载在该成员账户内的出资额和公积金份额并返还可分配盈余的法律规定,不难看出,随着成员的加入和退出,农民专业合作社的出资总额经常处于变动状态。然而,农民专业合作社作为具有法人地位的经济组织,其财产的多少以及财产的变动情况都必然会影响到合作社生产经营拓展、市场竞争能力大小以及责任承担状况。因此,为了避免社员退社给合作社造成不利影响,在提供允许成员转让出资的选择制度时可以借鉴美国新一代农业合作社的做法,即在合作社内部规定社员的出资额与社员交售农产品的数量成正比。如果一个社员不能全部完成农产品的交售义务的,在获得理事会批准后,可以将一定数量的出资股份转让给他人,从而也将同样比例的交售农产品义务转让给他人,当然本社社员享有优先受让权。这种在合作社内部将出资量化为股份,并可以在合作社内外部交易的机制,不仅可以保证合作社资金的相对稳定性,而且也可以使合作社的业绩通过市场体现出来,可以有效地促使合作社改善经营管理、提高经营效益。可以说,这种做法实际上是将社员的权利和义务很好地统一起来了,在合作社内部构筑了促使社员积极参与合作社的激励机制。而且,这种做法既可以帮助社员退出权的实现,又维护了合作社成员和财产的稳定,在一定程度上也能缓解由于成员退社导致农民成员低于法定比例而改变组织形式的风险。

第五节　社员权丧失制度中财务处理规则的完善

在合作社存续期间，无论因法定事由还是社员意愿导致社员资格终止，自应发生社员权利义务的消灭。然而，社员出社的效果，并非社员权利义务的立即消灭。出社社员与合作社的关系还表现在社股的退还以及退社后责任的承担。农民专业合作社作为自愿联合而成，主要为成员提供服务的互助性经济组织，成员资格终止的，成员有权要求合作社退还记载在该成员账户内的出资额和公积金份额，如果有可分配盈余的，成员还可主张合作社予以返还。根据权利义务一致性原理，资格终止的成员还应当按照章程规定分摊资格终止前合作社的亏损及债务。社员出社时享有社股返还请求权，充分体现了合作社为社员所有的特征。然而，为保障合作社运营发展以及债权人利益，社员出社的效果应以履行合作社债务及亏损分担为前提。根据我国《民法总则》关于法人的分类，农民专业合作社作为特别法人类型，其法人制度设计在遵循一般法人规则的基础上还应充分考虑农民专业合作社的经济组织特性。社员尤其是以土地经营权出资的社员出社时与合作社财务关系的处理规则应能平衡退社社员与现存社员、合作社债权人等主体的利益。

一、以土地经营权出资的社员出社的财务处理规则[1]

（一）赋予章程载明土地经营权出资的退社返还事项

农民成员以土地经营权为出资形式入股农民专业合作社，实

〔1〕 参见许英：《土地经营权入股农民专业合作社的退出问题研究》，载《中国农民合作社》2019 年第 5 期。

质上就是让渡其土地经营权而取得股权,土地经营权转移到农民专业合作社名下,合作社可以进行处分,如再次流转或抵押贷款等。即农户以其承包土地的经营权向合作社出资,应当视为其已经承诺将该土地经营权的处分权能转移于合作社。[1] 然而,当以土地经营权出资入股的农民成员申请退社时,如果直接返还其土地经营权,会使合作社的经营计划被打乱,整体利益受到损害;如果不允许,又违反了"退社自由"原则。[2] 因此,为了确保退社过程中合作社与成员双方利益均得到有效保护,应以农民专业合作社的人合性特征为基础,通过尊重农民意愿,允许农民成员入社时做出退社时退还土地经营权的声明并在合作社登记时注明土地经营权出资及退出处理情况。另外,农民成员以土地经营权出资入股农民专业合作社,对其申请退社时的土地经营权的处理也可由农民专业合作社章程加以规定。根据我国《物权法》的规定,土地承包经营权作为一项用益物权,权利人具有相应的支配权,在流转时所分离出来的土地经营权,权利人也有占有、使用及部分收益、处置的权能,理应属于私权范畴。因此,由章程确定入股成员退社时的土地经营权处置也是尊重私权自治的表现。[3] 也就是说,当农民成员以土地经营权入股后请求退社的,对入股的土地经营权的处置,应遵循农民成员入股声明以及农民专业合作社章程的规定。

---

〔1〕 任大鹏:《土地经营权入股合作社的法律问题》,载《农业经济与管理》2015 年第 5 期。

〔2〕 参见赵攀奥、陈利根、龙开胜:《土地经营权入股合作社的基本内涵、功能价值与制度构建》,载《农业现代化研究》2017 年第 2 期。

〔3〕 参见董景山:《"三权分置"背景下土地承包经营权入股合作社的地方立法介评与建议》,载《西部法学评论》2017 年第 4 期。

（二）完善土地经营权的评估作价机制

如果农民成员入社时并未做出退社时退还土地经营权的声明以及农民专业合作社章程也未规定或规定不明，农民成员申请退社的，应按照《农民专业合作社法》的成员退社规定，即退还记载在该成员账户内的以土地经营权入股作价的出资额，而不退还土地经营权，除非退社成员能够证明合作社的经营活动损害了合作社成员的合法权益，退社成员请求退还其土地经营权才应当允许。否则，从维护合作社经营预期及其整体利益考虑，不予退还入股的土地经营权。总而言之，关于农民成员退社时的入股土地经营权的处理，应以平衡农民成员利益与合作社债权人利益为原则，充分考虑合作社内部关系与外部关系的处理，并分别进行制度设计。可以说，入股土地的退出问题实质上就是解决在坚持合作社原则保证成员退出权行使的同时又不影响合作社运转与其他相关主体利益的问题。

由此可见，农民专业合作社成员退出制度的关键不在于限制退出行为，而是完善成员退社的财务处理制度。可以说，完善土地经营权的评估作价机制是解决社员出社时财务处理问题的关键。关于评估作价的机构与程序问题，目前主要有两种方式即由合作社成员按照一定的程序自行决定或委托专业评估机构评估作价。为了保障土地经营权评估作价的公平性和科学性，从长远来看应该设立农村土地产权评估机构，专门承担农村土地产权交易过程中的评估作价工作，从而完善农村土地产权交易市场。从目前情形来看，由合作社成员通过民主决策的程序决定土地经营权入股的评估作价事项也不失为一种权宜之计，与农民专业合作社互助合作的组织特征相契合。这种民主决策的过程可以增加成员之间的了解和信任。[1] 关于土地经营权的价值标准问题，一种意见认为其取决于向合作社出资后对合作社利润形成的贡献，入股土地的作价依据应当是出资时正常年景的收益（可以以前3年平均纯收益值作为依据），而不是入股合作社后的收益。[2] 另一种意见认为农村土地经营权的价值为经营土地的未来预期经济价值，价值大小取决于土地的经营收益、农业经营风险大小和经营权流转期限等因素。[3] 实际上，农民成员以土地经营权出资入股后，合作社对土地的统一经营、土地经营权的剩余期限等都会导致土地经营权的评估作价发生变化，农民成员申请退社时的财务处理应以退出时对土地经营权的评估作价为依据。即要么退回土地经营权给农民成员，退社成员向合作社支付土地经营权的评估作价在退社时与入社时的差额；要么退回农民成员与退出时土地经营权的评估作价等值的货币。土地经营权的评估作价因土地经营造成地力的不同而呈动态变化，一成不变地以出资时的评估作价为依据进行财务处理对退社成员和合作社均是不公平的。再加上，土地经营的效益其根基在于承包地的流转，遵循“谁受益，谁补偿”的基本法理，农民成员申请退社时的财务处理应以退出时对土地经营权的评估作价为依据。

二、完善出社社员的责任承担财务规则

（一）社员有限责任制度的不足

如前所述，现行的合作社财产制度以及有限责任制度并未在

---

〔1〕 参见董景山：《“三权分置”背景下土地承包经营权入股合作社的地方立法介评与建议》，载《西部法学评论》2017年第4期。

〔2〕 参见任大鹏：《土地经营权入股合作社的法律问题》，载《农业经济与管理》2015年第5期。

〔3〕 参见张晓平、崔燕娟、周日泉：《农村土地“三权分置”下承包经营权价值评估研究》，载《价格理论与实践》2017年第7期。

社员与合作社的债权人之间建立起最起码的利益平衡机制,也就是说,在合作社债权人与社员之间的利益关系出现失衡时,尤其是在合作社债权人的风险加大的特定情形下,现行制度安排并未能均衡地保护合作社及其社员与债权人之间的利益。当然,在目前我国合作社法律文化尚未完全建立的现实背景下,对成员出资入社做出法定要求以保障合作社财产的偿债能力,难免造成广大农民对合作社组织性质的误解,以为又回到了"归大堆"的时代,而且成员出资的担保功能也并非绝对有效。可以说,以关于合作社动态的偿债能力的制度规则来代替对合作社偿债能力静态的出资要求可能对债权人利益的保护更为有效,同时也能为社员退出扫除制度障碍。因此,应当完善社员出社时的责任承担规则,以平衡有限责任制度对社员有利但对债权人难免保护不周的缺憾,以实现社员与合作社债权人之间的利益平衡。

(二)可借鉴的公司法规则

在公司法领域,"资本三原则"作为股东与公司债权人之间的法益平衡机制,曾一度被奉为大陆法系公司立法的圭臬,但后来很多国家的公司立法对该制度做出了很大调整,如以授权资本制代替法定资本制,降低甚至取消最低资本限额,允许股东出资形式的多样化等。与此同时,公司法对债权人的保护措施也日益多样化,由过去对抽象资本的过度依赖和对形式公正的追求转向对出资人行为后果的约束和实质公正的追求。[1] 实际上,在公司立法中,在人合与资合产生的矛盾冲突中,大多数国家或地区的立法都倾向于对资合性的维护。原因在于,公司作为一个独立法人,在市场经济活动中与其他不特定的第三人打交道时,其财产

〔1〕 参见冯果:《论公司资本三原则理论的时代局限》,载《中国法学》2001年第3期。

信用基础关乎社会公共利益,因此对交易相对人利益的保护应优先于股东利益的考量,就第三人而言,可以认为股东是不存在的,这时公司的外部性优先于内部性。[1]

英美公司法上,在进行股东分配和股份回购时往往适用"破产准则"和"财务利率准则",其立法思想主要表现为公司进行股东分配和股份回购时确保公司具有债务偿付能力的财务判断准则。在适用这两项准则时,公司资产与资本的平衡关系不是判断是否可以向股东进行分配或公司回购股份的财务标准。公司在股份回购上享有充分的自由,股东退出公司也仅受最低财务底线的限制。同时,这两项准则不仅能使公司和股东获益,而且债权人的利益也能得到相应的考虑和保护。"破产准则"和"财务利率准则"都强调公司当前和以后一段时间内的现实偿债能力,并要求公司经营者对公司具有现实偿债能力作出声明和保证。也就是说,这种现实偿债能力要求和经营者对现实偿债能力的保障对公司债权人构成了有效的保护。[2]

(三)设立出社社员责任承担的财务底线规则

实际上,社员通过出资加入合作社的行为,实际上是让渡了对其出资的占有、使用和处分功能而获得社员权的行为,但同时也是以其出资承诺对基于社员之间以及社员与合作社之间的合作行为而产生的债务承担责任,因此,在社员出社时应已履行该出资承诺责任始得以退出。借鉴上述关于美英公司法上的两项财务判断准则,在农民专业合作社的成员向理事长或者理事会提出退社申请的会计年度终了时做出当期财务结算,成员退出以不

---

〔1〕 参见王东光:《股东退出法律制度研究》,北京大学出版社 2010 年版,第 20 页。

〔2〕 参见王东光:《股东退出法律制度研究》,北京大学出版社 2010 年版,第 30 ~ 32 页。

影响合作社清偿到期债务即合作社具有现实偿债能力为限。如果合作社不具备现实偿债能力,则成员不仅无法获得出资等利益返还,还应履行其相应的债务清偿责任后才能得以退出,即成员退出合作社须受最低财务底线的限制。借鉴《德国工商业与经济合作社法》的规定,这个最低财务底线可以通过在章程中规定一个"最低资本"来加以实现。这种制度安排既能保证社员自由退出,也能公平地处理社员退出行为对现存社员的责任承担风险的影响,同时也未降低对合作社债权人的保护,反而为债权人提供了经营者的责任担保,有利于实现社员与债权人之间的利益协调与平衡。

在成员退社限制制度的完善上,《农民专业合作社法》(修订草案)增加了对成员退社效果的期限限制规定,即成员退社后,农民专业合作社在6个月内被解散的,则视为该成员未退社。也就是说,这种情形下的成员仍应承担其退社后至合作社解散时6个月内的亏损及债务。这样的规定显然是借鉴了我国台湾地区"合作社法"的做法。在我国台湾地区,无限责任或保证责任合作社社员对于出社前合作社债权人的责任,自出社决定之日起经过两年,方得以解除。而且,根据我国台湾地区"合作社法"的规定,无限责任或保证责任合作社在社员出社后6个月内解散的,该社员视为未出社。[1] 该规定实际上是通过追索出社社员的责任保障债权人利益。然而,《农民专业合作社法》修订出台时却删除了该款规定,无疑是个遗憾。其中原因,主要是因为我国法律并未规定无限责任或保证责任合作社。因此,为了弥补这个立法遗憾并克服现行农民专业合作社成员有限责任制度的缺陷,本书在前文主张建立保证责任为有限责任补充形式的同时,设立社员出社责

〔1〕 参见李锡勋:《合作社法论》,台北,三民书局1982年版,第97~98页。

任承担的财务底线规则，明确规定成员退出时财务结算的最低资本限制，以平衡保护合作社及其社员与债权人之间的利益。

在具体规则设计上，在农民专业合作社的成员向理事长或者理事会提出退社申请的会计年度终了时做出当期财务结算，成员退出以不影响合作社清偿到期债务即合作社具有现实偿债能力为限。如果合作社不具备现实偿债能力，则成员不仅无法获得出资等利益返还，还应履行其相应的债务清偿责任后才能得以退出。在立法上，可以借鉴其他国家的做法，如《德国工商业与经济合作社法》第 8a 条规定，“在社章中可以规定合作社的最低资本，该最低资本不可因向退出合作社的社员或终止个别股份的社员支付分割结存款而遭受消减。如果社章规定了最低资本，在分割结存款的支付影响到最低资本的维持时，停止支付。社章作具体规定”[1]。也就是说，我国《农民专业合作社法》也可以赋予章程根据自身经营规模规定一个“最低资本”，作为成员资格终止时财务结算的底线。在法律规定完善上，即在《农民专业合作社法》第 28 条关于成员资格终止的退还出资和返还盈余条款中，增加一款作为第 3 款规定，即“关于出资额和公积金份额的退还以及可分配盈余的返还以章程规定的最低资本为限”。

---

〔1〕 王东光译：《德国工商业与经济合作社法》，载王保树主编：《商事法论集》（第 12 卷），法律出版社 2007 年版，第 321 页。

第五章　合作社社员权行使制度

《农民专业合作社法》作为一部市场主体法，又是一部促进法，通过规范农民专业合作社组织及其行为，保护农民专业合作社及其成员的合法权益，提高农民的自组织能力以及带动农民进入市场的能力。然而，《农民专业合作社法》能否从“纸面上的法”转化为“行动中的法”，实现保护农民专业合作社及其成员的合法权益的法律目标，不仅需要科学地、明确地赋予其成员合法的权利，而且还应为成员权利的行使提供有效的保障。否则，这部法律就难具可操作性，其保护成员合法权益的法律目标就会只是一个宣示性的口号，而没有任何实际意义。因此，关于社员权的行使保障制度是农民专业合作社法律制度的重要内容，社员权利能否得到有效行使和保障，也是我们判断法律能否发挥实效的重要依据。基于此，本章重点探讨现行立法关于社员权行使与保障的制度设计，通过对其制度缺陷的拷问，以期为农民专业合作社法律制度的完善提供理论分析和实际建议。[1]

---

〔1〕 参见许英：《农民专业合作社成员权利的行使及其保障制度研究》，载原农业部产业政策与法规司等编：《农业法律研究论丛(2015)》，法律出版社2015年版，第47～74页。

第一节 我国现行社员权行使制度阐释

一、社员权行使的依据、原则与内容

关于社员权的行使，我国《农民专业合作社法》明确规定了基本原则，列举了成员权利和义务内容，对合作社机关的设置和职能等作出了规定，此外，对合作社法律仅作出原则性规定或未明确规定的则由合作社章程予以具体规定。所以说，我国现行社员权行使保护规定直接反映在合作社法律规范与合作社章程规定相结合的制度内容中。

（一）社员权行使的依据

我国农民专业合作社的社员权保护的依据包括农民专业合作社法律规范和农民专业合作社章程。其中，《农民专业合作社法》既规定了成员享有的权利也规定了成员承担的义务，既强调了合作社机关之间的相互制衡，又强调了理事、监事对合作社所负的义务和责任。除了社员权的固有权利义务由合作社法强行规定之外，更多的社员权利和义务内容则是由合作社章程加以具体规定。

如前所述，国际合作社联盟在《关于合作社界定的声明》中概括的合作社七项原则中包含"自治与独立原则"，即合作社是由社员控制的自治的组织。而合作社的自治主要通过合作社章程加以实现。章程是合作社制度的核心内容，是对合作社及其社员与管理人员具有约束力的调整合作社内部组织关系和经营行为的自治性规范。合作社章程一般由合作社的设立人合意制定，合作社的全体成员都应遵守。所以说，合作社章程在本质上就是社员

之间的契约,是合作社实现自治的工具,也是对社员权进行界定、限制和规范的主要工具。基于此,为了体现合作社章程的自治功能,合作社法中存在很多诸如"合作社章程另有规定的除外""由合作社章程规定"等表述。当然,正如有著述所指出的,"当事人的意思自由只是在国家设定的高低不同的栅栏中流动,私法自治的领域,事实上自始充满了各种国家强制力"[1]。也就是说,只有在不违反公序良俗、强制性法律规范以及合作社本质的前提下,合作社章程可对社员权的内容予以适当的限制或扩张。[2] 然而,我国《农民专业合作社法》作为一部市场主体法,相较于《公司法》《合伙企业法》等,条文较少,其中很多属于原则性甚至模糊性的规定。作为处理合作社社员之间的关系以及社员与合作社之间的关系的重要制度安排,合作社章程可以对社员享有哪些权利、怎样行使权利以及如何使权利得到保障等内容加以详细规定。

(二)社员权行使的原则

社员权行使的原则即为《农民专业合作社法》第 4 条所规定的农民专业合作社应当遵循的五项原则,包括:成员以农民为主体;以服务成员为宗旨,谋求全体成员的共同利益;入社自愿、退社自由;成员地位平等,实行民主管理;盈余主要按照成员与农民专业合作社的交易量(额)比例返还。这五项原则表现在社员权行使保护方面,主要是确保农民的主体地位,表明合作社为成员服务的宗旨,维护成员出入社自由,确立成员平等地位和公平受

---

[1] 苏永钦:《走入新世纪的私法自治》,中国政法大学出版社 2002 年版,第 3～4 页。

[2] 参见欧阳仁根、陈岷等:《合作社主体法律制度研究》,人民出版社 2008 年版,第 153 页。

益的权利等。

(三)社员权的基本框架

如前所述,社员权作为一类独立的民事权利,既包括实体性权利也包括程序性权利,在权利性质上既具有经济性权利也具有非经济性权利。而且,社员权是社员权利与社员义务的统一。

1. 共益权与自益权

合作社主要为人的联合,与其他经济组织如公司相对比而言,合作社社员的权利与公司股东的权利有较大的不同。合作社社员的权利既包含了公司股东享有权利的绝大部分内容,又包含公司股东权所不能涵盖的权利类型。一般来说,社员权包括社员会议参加权、决议权、选举权与被选举权、社员大会决议撤销诉权、社员大会决议无效诉权、理事会决议无效或撤销的诉权、社员大会召集请求权、股息分配请求权、剩余财产分配请求权等。对社员权的这种复杂组合,可以称其为"整合构造"。[1] 然而,根据权利行使的目的不同,社员的这些权利又可分为共益权与自益权两大类。

合作社社员的共益权通常表现为社员的参与权,是社员基于合作社的整体利益而享有的权利。不过,社员共益权的行使客观上也有利于社员个人的利益实现。一般而言,社员的共益权包括:参加成员大会的权利,享有表决权,享有选举权和被选举权,知情权,成员大会召集请求权,决议取消请求权和诉权等。在这些共益权类型中,我国《农民专业合作社法》明确规定的主要是参加成员大会的权利、表决权、选举权和被选举权、查阅权和临时成员大会召集请求权。除此之外,赋予合作社章程可规定其他类型

---

〔1〕 参见郑景元:《农村信用社社员权的整合构造及其分离行使——兼论权利的二元救济》,载《中国政法大学学报》2011 年第 3 期。

的社员共益权。

合作社社员的自益权是社员为自身利益而享有的权利，即社员基于社员地位而享有的个人利益的权利。一般而言，社员自益权主要包括享受服务权、分享盈余权以及自由退社权。我国《农民专业合作社法》不仅在第3条明确表明农民专业合作社的宗旨在于以其成员为主要服务对象以及其主要业务范围。另外，该法还在第21条关于成员权利的规定中，明确规定农民专业合作社成员享有利用本社提供的服务和生产经营设施的权利。我国《农民专业合作社法》确立的盈余分配原则是：盈余主要按照成员与农民专业合作社的交易量（额）比例返还。合作社的当年盈余在弥补亏损、提取公积金后的余额为可分配盈余，成员享有盈余分配权。依据"入社自愿、退社自由"的合作社原则，当社员因业务的变化而无须从合作社中获取服务时，参与合作社对其没有任何益处，允许其退出合作社为社会之常理。[1] 因此，在自愿入社的前提下，社员也享有自由退社权。

2. 法定义务与约定义务

根据权利义务相一致原则，加入合作社后，社员不仅享有一定的权利，同时也应承担一定的义务。实际上，要正确理解合作社的社员应承担的义务，应将社员的义务进行法定义务和约定义务的区分。法定义务由合作社法的强制性规范加以明确，约定义务则由章程具体规定。这样做，一方面是为通过合作社法对社员基本义务的规定保证合作社的有效运转，另一方面是尊重合作社的自治原则，赋予合作社根据实际情况作出适合本合作社稳定发展的规定。根据我国农民专业合作社在形成和发展过程中所遵循的"先发展后规范、边发展边规范"的立法轨迹，对社员承担的

---

〔1〕 参见屈茂辉等：《合作社法律制度研究》，中国工商出版社2007年版，第179页。

法定义务不宜规定太多,而应更多地赋予章程根据实际情况确定社员的具体义务。我国《农民专业合作社法》第23条规定,农民专业合作社成员承担下列义务:执行成员大会、成员代表大会和理事会的决议;按照章程规定向合作社出资;按照章程规定与合作社进行交易;按照章程规定承担亏损;章程规定的其他义务。由此可见,我国《农民专业合作社法》是采取列举的方式对社员义务加以了规定,但是否所有成员都须平等地承担所有这些义务却未得以明确。不过,可以看出,我国《农民专业合作社法》赋予了章程很大自主权以对成员义务进行具体规定。"执行决议的义务"实际上是与成员拥有参加成员(代表)大会的权利和享有表决权相对应的。而关于出资、交易、承担亏损的义务则由章程具体规定。

二、基本表决权与附加表决权相结合的民主管理制度

我国《农民专业合作社法》确立了对合作社的经营管理实行民主管理机制。具体来说,民主管理主要体现在成员表决权的行使上。召开成员大会选举内部管理机构和表决合作社生产经营事项,合作社实行的是基本表决权与附加表决权相结合的管理制度。基本表决权实行"一人一票"制,每个成员享有一票的基本表决权。"一人一票"制强调成员地位平等,成员对合作社内部机构实行民主控制。然而,在我国农民合作社的实践中,资金问题无疑是制约合作社发展的关键因素。因此,为鼓励成员出资以及与合作社交易的积极性,在基本表决权基础上,合作社法还允许合作社设置体现出资差异的附加表决权制度。出资额或者与本社交易量(额)较大的成员可以按照章程规定享有附加表决权,但总票数不得超过基本表决权总票数的20%。附加表决权的设置对鼓励成员提高出资额以发展合作社事业有一定的促进作用。不过,体现出资差异的附加表决权制度并非法律的强制性安排,而

是属于章程自治的范畴。因此，实行表决权“一人一票”制才是农民专业合作社民主管理机制的核心，也是保证农民成员平等参与合作社事务决策的重要制度安排。这也是农民专业合作社与其他经济组织如公司的重要区别之一。

三、按惠顾额返还与按股分红相结合的盈余分配制度

在盈余分配方面，《农民专业合作社法》确立的原则是盈余主要按照成员与农民专业合作社的交易量（额）比例返还。合作社的当年盈余在弥补亏损、提取公积金后的余额为可分配盈余，成员享有盈余分配权。可分配盈余分为两部分进行分配：可分配盈余中不少于60%的部分按成员与本社的交易量（额）比例返还；剩余部分以“成员账户中记载的出资额和公积金份额以及本社其他财产（本社接受国家财政直接补助和他人捐赠形成的财产）平均量化到成员的份额”为标准，按比例分配给本社成员。很显然，合作社盈余分配规则的设置目标在于鼓励成员与合作社进行交易，分配原则也体现了合作社“互助益贫”的旨趣。

总体来说，现行《农民专业合作社法》既明确列举了成员享有的权利和承担的义务内容，同时又对成员权利的保护原则作出了一般规定，另外还考虑到我国农民专业合作社发展实践对资金的需求以及农民资源禀赋的差异，并保持合作社与其他企业类型的本质区别，《农民专业合作社法》在允许非农民成员入社、允许出资差异、允许按出资额差异分配盈余的前提下，对非农民成员的比例、出资较多成员的表决权以及合作社盈余按交易额返还的比例进行了限定，以防止内部少数成员控制合作社的现象发生。可以说，《农民专业合作社法》在成员构成、内部治理结构以及盈余分配规则方面对成员权利的保护做出了较为合理的制度安排，较为符合我国农民专业合作社发展的实际情况。

第二节 社员异质性构成下社员权行使的制度困局

本书在社员权主体制度一章已对农民专业合作社参与主体以及社员类型进行了分析，社员异质性构成在我国农民专业合作社的发展中将长期存在。由于弱势农业下农户的分化，再加上政府对创办农民专业合作社的政策引导，导致合作社成员之间异质性的产生；成员之间的异质性在农民专业合作社的进一步发展中必然造成合作社异化现象以及合作社的功能弱化问题。[1] 对社员异质性问题的提出主要是基于合作社内部社员之间利益冲突的思考。对农民专业合作社内部利益冲突的认识又是社员权制度研究的重要内容。在成员异质性条件下，由于不同成员参与合作社的目的不同，不同成员期望从合作社获得的利益存在很大差异，成员之间的利益冲突导致农民专业合作社存在治理困局。[2] 尤其是社员异质性构成下存在的社员权分配不均衡、社员权保护机制失效和社员权救济制度缺失等问题，实际上就是社员异质性构成下合作社社员权行使困局的具体表现。

一、社员异质性构成下社员权分配不均衡

根据已有研究所做的调查统计分析可知，我国农民专业合作社成员的异质性比较显著，近一半的合作社对成员资格进行了划分，如核心成员与普通成员、出资成员与非出资成员，并根据成员

---

〔1〕 参见周艳华、彭玉旺：《农民专业合作社成员的异质性：问题与对策》，载《人民论坛》2013 年第 11 期。

〔2〕 参见黄胜忠：《转型时期农民专业合作社的组织行为研究：基于成员异质性的视角》，浙江大学出版社 2008 年版，第 94 页。

资格赋予了不同的权利和义务。而且成员异质性还具有区域性差异，缘于经济越发达地区成员在资源禀赋上的差异越小，从而成员要素投入、对合作社的贡献以及所承担的风险差异也越小。结果是，经济越不发达地区的成员异质性越强，而越发达地区成员异质性越弱。[1] 在成员异质性条件下，大农领办的合作社容易促成小集团行动，产生少数盘剥多数的倾向，进而产生严重的成员利益冲突问题。[2]

如前所述，我国农民专业合作社内部存在核心成员与普通成员两类不同质的社员类型。具体而言，核心成员往往拥有资本资源、社会资源等对合作社发展至关重要的要素，作为这些要素的所有者，一旦核心成员将其投入到合作社，就很难排除其他成员对这些资源的使用并从中受益。因此，在对这些资源对合作社的发展所做的贡献难以直接量化的情形下，核心成员为了获得对投入要素的控制权和收益权，在合作社的产权结构上就必然倾向于股份化。而普通成员与合作社的联系主要在于与合作社进行交易，因此，从普通成员的利益角度考虑，他们又应该是期望合作社能够按照交易量（额）来安排产权结构的。值得我们注意的是，在我国农民专业合作社发展比较好的浙江省，股份合作制实行最为普遍。核心成员希望通过占有合作社相对多数股份，获得合作社的实际控制权，并进而通过有利的剩余分配方式实现对投入要素的控制权和收益权。在普通成员面临农产品严重过剩，存在比较严重的“卖难”问题的情况下，普通成员对合作社的最大期待在于获得服务以及确保农产品的销路，因此，普通成员对股份化的产

〔1〕 参见孔祥智等：《中国农民专业合作社运行机制与社会效应研究：百社千户调查》，中国农业出版社2012年版，第83页。

〔2〕 参见崔宝玉等：《内部人控制下的农民专业合作社治理——现实图景、政府规制与制度选择》，载《经济学家》2012年第6期。

权结构也是能接受的。可以说，普通成员与核心成员能相安无事地接受合作社产权结构安排并从事生产经营管理与外部的市场经济环境不无关联。实际上，在外部环境恶劣的情况下，普通成员对股份化产权结构的接受是缘于在公平与效率的测度上，考量更多的是效率上的改进而非其他。然而，这并不意味着普通成员没有民主管理和行使民主权利的诉求，只是在现阶段这种诉求让步于普通成员物质利益的提升。[1] 从长远来看，这种大股集中的现象不仅容易导致普通农民社员利益受损，而且这种向少数成员倾斜的产权结构也是不利于农民专业合作社健康发展的，必然伤害合作社的组织绩效。正如有学者所指出，牵头人的持股比例与合作社的绩效呈反向关系，加强民主监督对合作社的绩效具有正向影响。[2] 我国农民专业合作社在运行过程中往往表现出制度设计与实际运作的冲突问题，诸如合作社法人治理结构的法律直接配置与社员协议配置的冲突，社员民主决策和少数人控制的冲突，社员民主监督与监督形式主义的冲突等。[3] 当前我国合作社实践中普遍存在的社员附加表决权导致了社员对合作社民主控制的虚化，从而对法律规制社员附加表决权提出了要求。[4]

二、"内部人控制"与成员权益保护机制失效

我国农民专业合作社在发展实践中存在严重的内部治理问题，即内部人控制。农民专业合作社作为具有法人地位的互助性

---

〔1〕 参见崔宝玉：《农民专业合作社治理结构与资本控制》，载《改革》2010 年第 10 期。

〔2〕 参见徐旭初、吴彬：《治理机制对农民专业合作社绩效的影响——基于浙江省 526 家农民专业合作社的实证分析》，载《中国农村经济》2010 年第 5 期。

〔3〕 参见梁剑峰、李静：《农民专业合作社法人治理结构的冲突与优化》，载《经济问题》2015 年第 1 期。

〔4〕 张德峰：《论我国合作社社员附加表决权的法律规制》，载《现代法学》2016 年第 2 期。

经济组织，尽管在组织机构的设置上借鉴了公司法人治理结构的做法，采用了对应于公司治理结构中股东大会、董事会、监事会的组织结构称谓，即成员大会、理事会、监事会。但是，农民专业合作社是以服务成员为宗旨的，成员地位平等、实行民主管理。因此，即使在引入专业的经营管理人员对合作社进行管理的同时，合作社的所有权与经营权也不能完全分离，成员必须掌握合作社的最高决策权。在这一点上，合作社与公司存在本质区别。公司的所有者与经营者完全分离，因此公司实行的是所有权与经营权完全分离的治理模式。据此可以说，现代公司的治理模式是"董事会中心主义"，而合作社的治理结构应当是一种"成员大会中心主义"的治理结构。[1] 然而，理事会民主管理失范、监事会监督缺位、经营者激励机制缺失等却是导致"内部人控制"问题的重要因素。

1. 理事会作为农民专业合作社的经营决策机构，其职能是代表社员大会对日常的经营活动进行决策和管理。根据合作社民主管理原则，由社员民主选举理事会成员不仅是防止合作社被少数人控制的重要制度安排，也是社员民主控制合作社的重要体现。而实践中合作社理事会成员由股东或理事长决定的不在少数，理事会成员缺乏应有的代表性。在对重大问题的决策上，也有相当数量的合作社完全是由资本控制的。因此，大部分合作社的盈余分配决定也同样存在"内部人控制"问题，甚至还有些合作社完全由理事长个人控制盈余分配情况。

2. 在理事会民主管理失范的同时，监事会对理事会的监督状况也令人担忧。一方面社员对合作社管理人员的监督流于形式，

---

〔1〕 参见蒋颖：《中国农村合作社法律制度发展研究》，中国农业科学技术出版社 2009 年版，第 95 页。

这是因为现实中不少社员往往放弃了与自身利益关联度不高的监督权力;另一方面则是监事会在我国不是法定必设机构,监事会的监督职能未能得到充分发挥。[1] 尽管大多数的合作社都设立了监事会,但监事会真正发挥监督作用的并不多,大部分合作社都缺乏对于经营管理层的有效监督和制约,同样可能导致"内部人控制"问题。在农民专业合作社与社员的利益联结方式上,大多数体现为提供信息、技术服务和实行盈余分配及保护价收购产品。农民专业合作社与社员的关系并不紧密,社员参与合作社事务的积极性也不高,也为合作社产生"内部人控制"问题提供了机会。

3. 容易产生"内部人控制"问题还有一个重要原因就是,大多数合作社没有建立管理者薪酬制度,缺乏对以理事长为代表的管理者的利益激励。理事长从合作社中获得的利益主要为其投资回报。具有企业家才能的管理型人才是农民专业合作社健康发展的关键要素,与此相对应,也必然要求合作社建立起与管理者工作业绩相联系的管理者薪酬制度,使管理者能够获得与其企业家价值和贡献相对应的经济回报。因此,目前大多数合作社在管理者薪酬制度方面的缺失,也是导致产生"内部人控制"问题的重要因素。

总体来说,尽管在《农民专业合作社法》颁布实施以后,大多数农民专业合作社都按照要求到工商部门进行了注册登记,也制定有章程,设置了理事会、监事会、财务管理等制度,但这些制度往往形同虚设,在实际上并未得到执行。从合作社的组建上来看,大多数农民专业合作社是在农村能人或者村负责人的带动下

---

〔1〕 参见梁剑峰、李静:《农民专业合作社法人治理结构的冲突与优化》,载《经济问题》2015 年第 1 期。

建立起来的，再加上广大农民成员的文化素质和合作社意识较差，合作社对“单个人”的依赖性较强；合作社内部的组织机构、民主管理、财务管理、盈余分配等制度以及监督机制都不完善，不能有效地联结各种利益关系，也不能有效协调成员之间的利益冲突。因此，农民专业合作社在实践中的运作情况普遍不理想。由于普通农民成员不能有效参与合作社治理，农民成员在合作社中往往处于依附地位，成员之间的地位实际上呈现不平等现象。合作社内部规章制度包括民主管理制度和监督机制等往往得不到切实执行甚至形同虚设，如有的合作社就从未召开过社员大会或社员代表大会，因此出现“选举不过是确认，讨论不过是告知，监督不过是附议”的现象。[1] 也就是说，合作社内部保护成员权益的监督机制往往失效。

三、社员权救济制度的缺失与社员权益保护乏力

为了研究合作社在内部运行机制上存在的各种问题，有课题组历时三年通过对150多家农民专业合作社和1039个农户进行详细调研，指出合作社形式规范但“内部人控制”问题严重、合作社盈余分配水平较低而且具有亲资本倾向如二次返利仅返给核心社员或出资社员的问题。[2] 也就是说，由于股权多集中于合作社的关键成员，因而造成关键成员与普通农户之间的剩余索取权和剩余控制权分配不均衡，普通农户缺乏参与和监督合作社的动力，成员之间权利的悬殊进一步导致成员地位不平等而削弱了合

---

〔1〕 参见徐旭初：《中国农民专业合作经济组织的制度分析》，经济科学出版社2005年版，第65页。

〔2〕 参见孔祥智等：《中国农民专业合作社运行机制与社会效应研究：百社千户调查》，中国农业出版社2012年版，第2页。

作社的凝聚力并影响合作社的稳定等各种合作社内部利益矛盾。[1] 实证研究表明,运作不规范是农民专业合作社发展过程中存在的一个重要问题。主要表现在管理不民主、不按法律要求进行分配等。比如管理不民主的问题,通过调查显示,社员大会和监事会几乎不召开或很少召开,在很多情况下,农民专业合作社的事务由理事会说了算,理事会权力过大,难以形成民主机制。另外,在利润分配的问题上,实践中大多数农民专业合作社只对社员进行一次分配即按照股金分配,而不进行二次分配即按照交易量分配,导致双方难以形成利益共同体,也严重影响了农民加入合作社的积极性。[2]

然而,我国《农民专业合作社法》尽管赋予了社员各种权利,但却忽视了社员权利的救济问题:一方面缺乏对成员的程序性权利规定,未对合作社及农民成员合法权益的保障作出程序性规定;另一方面关于侵害成员权利行为的法律责任的规定也较为简单。现行《农民专业合作社法》采取的是典型的"重赋权、轻救济"的立法模式。这样的立法模式使社员权利仅限于原则性的规定,社员权缺乏有力的保障,极易虚化。可以说,农民专业合作社的成员权利"只是处于宣示或法有状态而不能转化为实有权利",《农民专业合作社法》对成员权利的规定从"'纸面上的法律'不能转化为'行动上的法律'"。[3]

具体来说,我国《农民专业合作社法》关于成员权利救济制度

---

〔1〕 参见孙亚范、余海鹏:《立法后农民专业合作社的发展状况和运行机制分析——基于江苏省的调研数据》,载《农业经济问题》2012 年第 2 期。

〔2〕 参见董红、王有强:《农民专业合作社发展的现状、困难及对策探析》,载《云南民族大学学报(哲学社会科学版)》2018 年第 2 期。

〔3〕 参见汤正旗:《论农民专业合作社的成员权利救济制度》,载《襄樊学院学报》2010 年第 4 期。

的缺失，必然造成实践中产生如下权利救济问题难以寻找到法律依据：第一，当成员或成员代表未被通知参加成员（代表）大会，而成员（代表）大会召开并通过了决议，未被通知参加成员（代表）大会的成员或代表应如何救济？未被通知参加成员（代表）大会的成员或代表是否可以对成员（代表）大会决议提起撤销之诉？第二，成员提出查阅成员（代表）大会记录、财务会计报告等要求被拒绝了该如何处理？成员是否可以诉请法院要求合作社提供查阅？第三，合作社社员行使退社权时要求退还记载在社员账户中的出资额和公积金份额时遭到拒绝，社员是否享有诉权并通过行使诉权加以救济？如果这些问题不能得到解决，农民专业合作社成员的权利也就难以得到有效保护。

因此，社员异质性构成下，社员权分配是否均衡问题是社员权行使制度的重要内容。合作社内部治理机制的完善，是有效协调普通成员与核心成员利益冲突的关键。而且，基于普通成员与核心成员在合作社中的不均衡地位，防止核心成员利用控制权侵害普通成员利益，应加强对普通成员权益维护和救济的社员权配置制度的完善。

第三节　其他合作社立法社员权行使制度概要

一、以出资为基础对社员权进行适当配置

在现代农业合作社的发展过程中，为了满足合作社融资的需要，各国农业合作社中出现了不同类别的社员，如日本农业协同组合中有“准组合社员”，意大利合作社中有“融资社员”，美国新一代农业合作社中有“优先股股东”等。而且，各国合作社立法对

于不同类型的社员加以了社员权内容的区分。如仅基于出资而成为合作社的社员,他们享有的社员权也有所差异,他们通常只享有有限的资本报酬收益权,一般不参与合作社事务的管理,也不享有表决权。如美国新一代农业合作社的优先股股东、日本农业协同组合的准组合社员就没有表决权,只能享受有限的资本报酬收益权。有些国家虽然没有剥夺这类社员的表决权,但予以了严格限制,如《意大利民法典》规定,对融资社员不得授予超过社员大会的社员或代表总数的1/3的表决权。[1] 可以说,这是各国为了引入投资发展壮大农业合作社,同时又为了防止合作社被外来资本所控制、偏离合作社为全体社员谋求利益的意旨,所设立的"准社员"制度。

二、保障社员对合作社的民主控制权

在合作社的治理方面,德国实行民主管理,董事会、监事会和社员大会实行分权制。每位社员拥有一票表决权,社章可以为对合作社事务有特别贡献的社员提供复数表决权,但最高不能超过3票。而且,对于需要3/4以上多数决的决议以及关于撤销或限制复数表决权的决议,每位社员只能行使一票表决权。由此可见,德国合作社法在赋予社员享有复数表决权的同时又对复数表决权的行使进行了严格限制,较好地坚持了"一人一票"的民主管理制度,防止在新的融资方式进入合作社后出现资本控制劳动的现象。

日本农协采取与普通公司一样的经营管理机构,包括社员大会(社员超过500人的,则为代表大会)、理事会和监事会。在日本农协中,社员对合作社的治理形成了有力的制约。如果农协的

---

〔1〕 参见徐小平:《中国现代农业合作社法律制度研究》,西南政法大学2007年博士学位论文,第123页。

经营管理人员违反了农协章程，给农协造成了经济损失和不良影响，有 1/5 的社员要求改选，理事会必须召开临时社员代表大会，另行改选；当农协经营管理人员有不良行为时，社员有权要求停止当事人工作的权力，当农协工作方法、财务投资等违反法律或农协章程时，社员有权向当地政府部门或农协中央会提出检查农协工作的要求。

美国《卡帕－沃尔斯坦德法》规定，农业生产者协会的成员不论股份或资本多少，每人只能拥有一张选票。后来的新一代合作社在治理机制上也仍然遵循传统合作社的"一人一票"的民主管理原则，即不论社员所持股票为多少，合作社仍遵循在选举理事会和决定重大事务时一人一票的原则。另外，为了从社区或其他利益集团中筹集资金，新一代合作社也销售优先股。但优先股的持有人没有选举权，只能获得有限的利息。这使合作社既能获得其他社团的资金支持，同时又保证了合作社置于社员的控制之中。可以说，优先股是合作社通过负债的方式筹集所需的资本。而且，在合作社的治理中，理事会和经理共同向社员负责并进行汇报。任何合作社的成功直接取决于社员对他们的理事会和经理所具有的信心和这三者之间所保持的持续交流意见的能力。[1]尽管美国新一代合作社对传统农业合作社做出了许多制度创新，但仍然保持了传统合作社的民主控制原则，坚持以服务农民为宗旨，以维护农民利益为目标，保障农民对合作社的民主控制权。

三、社员权的代理或代表行使制度

世界各主要国家或地区的合作社立法一般都明文规定了社员表决权委托代理行使制度。如《德国工商业与经济合作社法》

---

〔1〕 管爱国、符纯华译著：《现代世界合作社经济》，中国农业出版社 2000 年版，第 213 页。

第43条规定：除本法另有规定外，社员有参加社员大会就合作社事务行使表决的权利；社员可以通过代理人行使表决权，但应当通过书面形式委托其代理人，而且，同一代理人不能同时代理两个以上社员。代理人的条件可由合作社章程予以规定。我国台湾地区"合作社法"第50条规定：社员不能出席社员大会时，得以书面委托其他社员代理之，同一代理人不得代理两人以上之社员。《瑞士合作社法》规定，合作社社员可由其他社员代理其在大会上进行投票，但代理人不能代替两名或两名以上的社员投票。《意大利合作社法》则规定，每个代理人代理的社员表决权数不得超过5人。〔1〕上述各国家或地区合作社法关于社员表决权代理行使问题主要涉及两方面内容，即以书面形式为委托代理以及对同一代理人代理的社员人数进行限制。

在合作社的社员人数众多的情况下，社员表决权的代表行使更能便利地表达社员意思，提高社员权行使效率，因此，世界主要国家和地区的合作社立法也大多对社员权的代表行使问题作出了相关规定。如根据《德国工商业与经济合作社法》第43a条的规定，如果合作社社员超过1500人时，合作社章程可以规定由社员代表组成社员大会，即社员代表大会；除理事会与监事会成员之外，任何自然人社员均可以被选举为代表；社员代表大会最低人数不得少于50人；1名代表可以代表多少社员，应有合作社章程予以规定。〔2〕《意大利民法典》第2540条规定，合作社有3000名以上社员并且在若干省内开展自己的业务的，或者有500名以上的社员并且实现多种互助管理的，应当召开社员大会分会；由

---

〔1〕 欧阳仁根、陈岷等：《合作社主体法律制度研究》，人民出版社2008年版，第174页。

〔2〕 王东光译：《德国工商业与经济合作社法》，载王保树主编：《商事法论集》（第12卷），法律出版社2007年版，第335页。

分会代表参加社员大会总会，参加分会的社员也可以参加社员大会总会；社员代表应当是社员。[1] 我国台湾地区"合作社法施行细则"第30条规定：合作社社员人数超过200人以上，不易召集社员大会时，得就地域之便利，分组举行会议，并依各组社员人数，推选代表出席全体代表大会，其代表之产生方式，应于各社章程内明定之。[2] 由此可见，各国家或地区的合作社法主要是就何种情形下召开社员代表大会或社员大会分会作出了明确规定，并原则性地限制理事会与监事会成员当选代表，其他事项则赋予合作社章程具体规定。

四、社员权的诉讼救济制度

在各种权利救济途径中，诉讼救济最为重要。[3] 一些国家和地区的合作社立法中明确规定了社员权的诉讼救济制度。根据《德国工商业和经济合作社法》第51条的规定，[4]提出诉讼救济的事由包括"社员大会的决议违反法律或章程""社员以不适当之事由被拒绝参加社员大会""社员大会的召集或决议事项的通知不符合规定"；提起诉讼救济的主体包括出席社员大会之社员、未出席之社员、理事及监事，诉讼对象为合作社。《芬兰合作社法》第92条指出：若合作社的社员或者理事会对社员大会的决议没有按正常程序实施，或违背了本法，或对合作社章程有异议，须在

---

〔1〕 费安玲等译：《意大利民法典》，中国政法大学出版社2004年版，第668页。

〔2〕 郑景元：《农村信用社社员权的整合构造及其分离行使——兼论权利的二元救济》，载《中国政法大学学报》2011年第3期。

〔3〕 曾文革、王热：《〈农民专业合作社法〉关于社员权相关规定的缺失及其完善》，载《法治研究》2010年第6期。

〔4〕 参见王东光译：《德国工商业与经济合作社法》，载王保树主编：《商事法论集》（第12卷），法律出版社2007年版，第339页。

决议通过之日起3个月内提出对合作社的诉讼。[1]《意大利民法典》第2409条和第2545条则规定，当合作社管理人员在管理中有严重违规行为时，可以由占合作社资本1/10或占社员总数1/10的社员向法院起诉。社员超过30,000人的合作社，可以由占其总数1/20的社员起诉。[2] 上述各国关于社员诉讼救济的规定，要么是为社员自己的利益提起对合作社的诉讼，要么是为合作社的利益而提起对相关人员的诉讼。可以说，诉讼救济是社员权救济体系中的最后屏障。社员权的公力救济除诉讼救济外，还包括行政救济。如我国台湾地区"合作社法施行细则"第32条规定：社员大会及社员代表大会之开会及决议，如有违反本法第48条、第49条及本细则前2条之规定时，社员得申请主管机关宣告其决议案为无效。[3] 关于决议的取消权除向法院申请撤销外，还可以向行政主管机关申请宣告无效的救济。

五、比较与启示

上述所提到的德、日、美等国以及我国台湾地区，农业合作社的发展都较为成功。即使在面临各种复杂社会经济环境，竞争日益激烈和挑战更为严峻的情形下，合作社始终是这些农业发达国家或地区的农业生产经营组织化的重要形式。他们在合作社内部制度安排上，都为保障农民作为农业合作社的主体提供了有效的制度设计。具体来说，为吸引外来投资设立"准社员"制度，同时为了防止合作社为资本所控制，对纯出资社员做出了不同社员权内容安排；通过民主控制制度建设，保障社员对合作社的控制

---

[1] 管爱国、符纯华译著：《现代世界合作社经济》，中国农业出版社2000年版，第174页。

[2] 费安玲等译：《意大利民法典》，中国政法大学出版社2004年版，第670页。

[3] 郑景元：《农村信用社社员权的整合构造及其分离行使——兼论权利的二元救济》，载《中国政法大学学报》2011年第3期。

即社员的合作社主体地位;加强社员对合作社经营管理的监督,以促进社员在农业合作社发展过程中的主体意识的提高。另外,在社员权的行使与救济上也做出了有效的制度安排,为社员权的行使提供了充分保障。我国也可以借鉴这种做法,"允许非涉农的个人和组织利用自身拥有的资金或专利技术等向农民专业合作社出资,并获得盈余分配权,但不能获得正式的社员资格,对合作社的决策事项不享有表决权,也不参与合作社的经营管理工作,只是享有一种准社员资格。"[1]这种对纯出资社员做出不同的社员权安排,不失为解决合作社融资难题又防止被资本控制的一个有效办法。而且,无救济便无权利。建立完善的社员权救济制度,是社员权制度建设的重要内容。

第四节 社员异质性条件下我国社员权行使制度的完善

由于合作社社员异质性构成特点,合作社内部利益冲突明显。而社员之间的有效合作以及与合作社的利益联结,是农民专业合作社可持续发展的制度保证。因此,完善社员权行使制度,规范农民专业合作社内部运行机制,是保护农民专业合作社及其成员合法权益的核心内容。关于合作社异质性成员之间的合作问题,如果以博弈论方法研究异质性成员合作关系,可适度增强成员之间的信息不对称,提高成员合作意愿和彼此之间的信任,提高预期的合作效应系数,促进合作关系的平等性等方面来保持

---

〔1〕 王玉梅:《农民专业合作社之法理探究与实践》,科学出版社 2012 年版,第 132 页。

合作社异质性成员之间合作的长期性和稳定性。[1] 也就是说，异质成员之间可以自行解决他们之间的利益冲突，并自发地提升效率和保障公平，只有在能人社员与普通社员不能以合作方式解决他们之间利益冲突的时候才需要法律的介入。[2] 在具体解决对策上，如针对治理问题产生的利益冲突可以主要通过完善的内部治理机制加以解决；[3]建构成员权救济制度实现内部成员权益的保障以促进农民专业合作社的良性发展。[4] 甚至可以通过合作社正式制度和非正式制度的“双制度”机制来规范合作社的内部治理，以克服合作社内部人控制下产生的少数盘剥多数、大农吃小农等农民利益被侵占问题。[5] 尽管我国农民专业合作社的发展面临着如此复杂的现实环境，但有一点必须注意的是，合作社的发展和决策制度的改革，必须坚持主体社员对合作社决策的民主控制。[6]因此，针对实践中出现的龙头企业积极入社目的在于控制农民的原料或产品市场，或为了套取政府的各种优惠政策等各种钻法律空子的行为，应当严加限制大型龙头企业加入合作社，比如加强注册时的审核工作，并规定龙头企业不得作为合作社的法人代表，以保证农户在合作社中有充分的决策权，实现有

---

〔1〕 参见袁久和、祁春节：《异质性农民专业合作社成员合作关系及其稳定性研究》，载《财贸研究》2013 年第 3 期。

〔2〕 参见张德峰：《农村合作金融组织异质社员间利益冲突的法律平衡》，载《法商研究》2014 年第 4 期。

〔3〕 参见黄胜忠：《转型时期农民专业合作社的组织行为研究：基于成员异质性的视角》，浙江大学出版社 2008 年版，第 96 页。

〔4〕 参见胡燕：《试论农民专业合作社成员权救济制度之构建——基于四川省成都市 S 县农民专业合作社的实证调查研究》，载《农村经济》2011 年第 12 期。

〔5〕 参见崔宝玉等：《内部人控制下的农民专业合作社治理——现实图景、政府规制与制度选择》，载《经济学家》2012 年第 6 期。

〔6〕 参观牛若峰：《关于农民合作经济组织立法若干问题的认识和建议》，载《农村经营管理》2005 年第 1 期。

效的民主治理。[1] 针对运作不规范的问题，应通过完善其运行机制加以解决：如修改完善《农民专业合作社示范章程》，为农民专业合作社规范化运作提供制度上的保障；明确内部机构的职权范围并完善民主决策机制；严格落实农民专业合作社的利益分配机制，不仅要对社员进行一次利润分配，而且要进行二次利润分配。[2] 可以说，现有研究关于合作社内部利益冲突的解决建议主要还是立足于完善合作社内部治理机制。在现有研究的基础上，借鉴其他合作社法立法经验，结合我国农民专业合作社发展实践需求，本节从以下方面探讨我国农民专业合作社社员权行使保护机制的系统构建。

一、系统构建社员权公平分配制度

如前所述，社员权是社员权利义务的总称。因此，社员权的分配也就意味着对社员权利义务的划分。传统合作社中由于社员权具有平等性，无论社员向合作社投资多少，社员之间享有的权利和承担的风险都是相同的，实际上这种不考虑差异的绝对平等的制度安排在一定程度上却侵犯了社员"大户"的利益，因而也是不公平的。因此，现代合作社在社员权制度安排上逐渐推行公平原则，社员权的平等是相对平等而非绝对平等，也就是说是法律地位上的平等。基于社员享有的权利与承担的风险相一致的公平原则，在社员异质性普遍不可避免的世界合作社发展的实践中，合作社在运作过程中存在社员与管理者之间、普通社员与核心社员之间的利益冲突，而解决各种利益冲突的主要也是最为有效的方式就是在合作社的各种参与主体之间进行权利义务的合

[1] 参见苑鹏：《〈农民专业合作社法〉颁布后的新动向及相关建议》，载《中国经贸导刊》2008 年第 1 期。

[2] 参见董红、王有强：《农民专业合作社发展的现状、困难及对策探析》，载《云南民族大学学报（哲学社会科学版）》2018 年第 2 期。

理分配,体现社员权利与义务相平衡的思想。

(一)以出资为基础合理配置民主控制权与盈余分配权

在我国农民专业合作社的形成和发展中,成员异质性问题也一直较为突出。根据前述对普通成员与核心成员两类成员划分的分析,在成员异质性条件下,农民专业合作社的资金主要是由少数核心成员所提供的,因此合作社的控制权也主要由拥有较多股份的少数核心成员组成的理事会所掌握。也就是说,现有法律规范关于成员大会选举和表决的民主决策机制的设置并不足以制衡异质成员之间的利益诉求。因此,为保证合作社的良性运转,可以对社员与合作社之间的关系加以社员权分配。具体来说,可以充分发挥合作社章程自治的功能,通过合作社章程对成员权利义务进行合理分配,完善合作社的民主决策机制。例如,在股份合作社中,为了防止大股持有者控制合作社,可以在合作社章程中对大股持有者的股份投票权比例及其行使范围加以限制,防止附加表决权的滥用,以控制在土地、劳动、资本多要素结合的合作社组织中资本独大的消极效应。另外,针对纯社会资金参股,可以通过章程规定投资者参与股份分红,但不干预合作社的经营业务、也不参加投票表决等事项,防止农民专业合作社异化为"资本控制劳动型"的组织。在现行立法对社员权较为原则性的制度安排下,章程对社员权细致并合理分配的规定对合作社的规范发展以及农民成员利益的保护都发挥着至关重要的作用。另外,农民专业合作社的现实发展状况是:很多合作社的章程并不规范,要么流于形式,要么缺乏实质性的规定。在农民专业合作社发展初级阶段,完全依赖于章程对社员权利义务进行合理分配只是"一厢情愿",因而是不够现实的。基于此,我们可以借鉴其他国家的做法,在立法中对附加表决权的行使加以原则性的限制,如对只出资而无交易的成员即非使用者社员行使附加表决权进行严格限制，包括附加表决权的比例和行使范围等。我国社员附加表决权法律规制应以确保社员民主控制合作社为目标，我国立法应当对社员附加表决权从其授予到影响力再到行使进行全方位的规制，将事实型附加表决权、合作社联合社的附加表决权纳入法律规制的对象范畴。[1]

在合作社少数核心成员与多数普通成员并存的情形下，成员之间在利益分配上的冲突也甚为明显。具体来说，对合作社出资较多的成员就希望实现出资的价值增值，向合作社提供产品数量或交易频数较多的成员则希望从产品惠顾中获得更多的盈余返还。即使是同样的服务，生产规模较大的成员希望自己能获得相对于规模较小的成员更大的价格优惠。从整体上来说，普通成员比较关心的是产品销售价格的最大化，而核心成员则更为注重合作社的规模扩张和盈利增加等，即获取更多的资本价值增值。针对普通成员与核心成员在利益诉求上的差异而容易导致的利益冲突，对普通成员与核心成员的利益分享权可基于其出资贡献做出不同安排。为了吸引外来资本，在利润分配原则上，有著述指出：还可考虑实行“一社两制”，即对外来资本实行按出资额分红，对农民社员则实行资本报酬有限，按交易额分配的利润的原则。[2] 实际上，社员享有的盈余分配权与其对合作社做出的贡献应相一致，即社员对合作社的贡献越大，合作社对该社员的重要性也就越大，社员获得的剩余分配也就应当越多。因此，尽管对于纯出资社员或者是持大股社员从防止一股独大的角度应对其表决权加以限制，但在盈余分配上应当体现差异。尽管我国现行

---

〔1〕 参见张德峰：《论我国合作社社员附加表决权的法律规制》，载《现代法学》2016年第2期。

〔2〕 参见彭真明、文杰：《农业合作社的法律分析》，载王保树主编：《中国商法年刊(2006)：合伙与合作社法律制度研究》，北京大学出版社2007年版，第374页。

制度实行的是按交易额返还与按股分红相结合的盈余分配制度，但仍未能很好地体现出资贡献所应获得的盈余分配，恐不利于吸引外来投资以及增强社员投资的积极性。根据我国农民专业合作社发展的实际情况，可以将其业务分为对内的非营利业务和对外的营利业务，对非营利业务作出的贡献的出资则实行按交易额返还与按股分红相结合的盈余分配原则，对于营利业务作出贡献的则实行按出资即按股分红。与此同时，针对我国合作社资本报酬有限原则立法的完善，一是要限制资本报酬，包括界定“互助合作所必需”资本、确立“资本报酬有限原则”以及设定资本报酬限额，如将资本报酬额规定为：合作社资本报酬（为合作社利用资本的成本）从合作社向社员返还前的盈余中支付，资本报酬额由合作社章程规定，但最高不得超过年利率36%（依据当前关于民间借贷利率水平保护的司法解释）；二是要保障限制资本报酬的效果，包括强调合作社按惠顾返还盈余，以及对违反资本报酬有限原则的行为规定不利后果。[1]

总体来说，社员权配置关涉到合作社的产权结构、治理结构以及利益分配机制，基于产权结构与治理结构所产生的普通成员与核心成员在利益分配上的差异以及存在的各种利益冲突，可以以出资为基础对成员之间的民主控制权和盈余分配权进行合理分配以达至克服利益冲突、各种利益主体的利益平衡等目标。

（二）通过社员权的合理分配建立合作社经营管理层激励机制

根据我国《农民专业合作社法》的相关规定，成员大会有权决定聘用经营管理人员和专业技术人员的数量、资格和任期。农民专业合作社的理事长或者理事会可以按照成员大会的决定聘任

[1] 参见张德峰：《合作社资本报酬有限原则之立法探讨》，载《政法论坛》2017年第3期。

经理和财务会计人员,理事长或者理事可以兼任经理。经理按照章程规定或者理事会决定,可以聘任其他人员。经理按照章程规定和理事长或者理事会授权,负责具体生产经营活动。由此可见,理事长、理事和经理等管理人员构成了合作社的经营管理层。除了理事长、理事是由成员大会从合作社成员中选举产生的,其他经营管理人员可以是合作社成员,也可以是合作社成员之外的其他人员。理事长或者理事会作为合作社的执行机构,主要负责合作社的经营管理,享有对经营管理事项的决策权和经理层的任免权。尽管对理事会决议也规定了"一人一票"的表决机制,但实际上理事会成员几乎全由核心成员所组成,普通成员很难进入合作社的经营管理层。因此,所谓的理事会决议表决实行的是"一人一票"的民主决策机制,只不过是为核心成员掌控合作社提供了冠冕堂皇的形式而已。而且,这些核心成员要么为龙头企业的负责人,要么为专业大户,他们大都有独立于合作社的实体,甚至为与合作社业务紧密相关的企业。在这种情况下,很难保证理事长或者理事会在经营决策时不会以权谋私。正如有学者所言,当人们手中握有的权利能够为自己的私利带来更多的收益的时候,仅靠信任和道德上的约束或许不能完全解决问题。[1] 因此,如何保证理事长或者理事会和经理人员能够按照合作社法和章程规定尽职尽责为合作社全体成员利益服务,建立合作社经营管理层激励机制至关重要。同时,合作社经营管理层激励机制的构建,又是建立在社员权合理分配的基础之上的。

根据英美信托法理论,合作社经营管理人员作为合作社的受托人,负责合作社事务的经营管理,因而应对合作社和广大社员

---

〔1〕 参见蒋颖:《中国农村合作社法律制度发展研究》,中国农业科学技术出版社2009年版,第97页。

负有忠实义务和注意义务。忠实义务,是指合作社的经营管理人员在处理合作社相关事务时不得为个人利益而损害合作社和广大社员的利益,如不得侵犯合作社商业机会或擅自披露合作社的商业秘密;注意义务,是指合作社的经营管理人员要以普通谨慎之人应有的注意从事经营管理活动,不得怠于职守。除此之外,合作社的经营管理人员还应当承担竞业禁止的义务,即合作社的经营管理人员不得兼任业务性质相同的其他农民专业合作社的理事长、理事、监事、经理;与本社有竞争关系的其他非合作社市场主体不得兼任合作社的高级管理人员。为了督促经营管理人员履行职责,如果其违反上述义务还应承担相应的法律责任,如将经营者违反义务获得的收入归属合作社所有,给合作社造成损失的,还应当承担相应的民事赔偿责任;当经营者不依法履行或者不及时履行自己的信息披露义务时,有关主管部门可强制其履行等。[1] 关于合作社的经营管理人员应当承担的忠实义务、注意义务、竞业禁止义务以及违反义务所应承担的法律责任的规定,在我国《农民专业合作社法》第 35 条至第 37 条都有所体现。然而,在保证合作社的经营管理人员履行职责的激励机制构建上,现行立法明显考虑不足。

如上所述,理事长或者理事会掌握着合作社的经营管理决策权,如果缺乏有效的管理层激励机制,难免其利用手中的权力为自身谋取私利,进而损害合作社及其成员尤其是普通成员的利益。而且,经理层人员一般非为合作社的成员,其与合作社以及合作社成员之间不存在紧密的利益联结关系,也难免其为追求个人利益而损害合作社及其成员的利益。因此,无论是作为合作社

---

〔1〕 参见张继:《农民专业合作社社员权益之法律保护探析》,载《吉首大学学报(社会科学版)》2011 年第 2 期。

成员的理事长或者理事，还是非为合作社成员的经理层人员，建立有效的管理层激励机制是预防其谋私行为的重要手段。具体来说，一方面是建立管理者报酬制度，支付管理人员合理的工资。无论是理事长或者理事，还是经理层人员，将其薪酬与合作社的经营管理好坏和对外盈利状况直接挂钩。实践中，有些合作社对由成员担任理事长、理事或者其他经营管理人员的情况，未设置薪酬制度。这样的做法不仅不利于激发经营管理者的工作潜能，致使他们缺乏为合作社全体成员利益工作的积极性，也对合作社的长远发展漠不关心，相反还容易激发他们利用手中的经营管理权力实施为一己私利的短期投机行为。因此，“确保合作社管理人员能够以组织和成员利益最大化为目标的机制之一是支付管理人员合理的报酬。”[1]在经济学意义上，管理者的报酬应该与合作社的绩效之间存在正相关关系，也就越容易接近合作社组织和成员利益最大化的目标。另一方面是面向经营管理者建立股份奖励制度，尤其是针对非成员的经营管理人员而言，对其有效的经营管理行为实行合作社股份奖励，无非是为了在经营管理者与合作社之间建立利益联结关系。经营管理者因持有股份而获得股份分红，尽管在合作社是有限的资本报酬，但毫无疑问是将经营管理者的行为与收益紧密联结在一起。在此意义上，经营管理者的收益与合作社的绩效之间也存在正相关关系。

因此，为防止合作社经营管理层滥用权力，可以利用社员权的配置机制，在合作社章程中明确对体现管理人员报酬的工资加以规范，设置根据管理绩效进行股份奖励的薪酬制度，通过双重激励的制度安排克服经营管理人员的投机行为，并激励其尽职尽

---

〔1〕 黄胜忠：《转型时期农民专业合作社的组织行为研究：基于成员异质性的视角》，浙江大学出版社 2008 年版，第 97 页。

责从事经营管理行为。

（三）建立合作社监督机制保障社员权配置制度的有效运行

如上所述，合作社的经营管理人员滥用权力谋取私利，损害合作社及其成员的共同利益，与合作社缺乏有效的薪酬激励机制有关。然而，合作社监督约束机制的欠缺和不能有效运行，也为经营管理人员利用自己掌握的控制权和信息资源优势谋取自身私利提供了可乘之机。

1. 监事会作为合作社的非法定必设机构，容易导致监事会权利虚化。对于监事会是否为合作社的法定必设机构，各国做法有所不同。德国、日本、芬兰等大多数国家都将监事会设定为合作社的法定必设机构。而我国《农民专业合作社法》只是规定，农民专业合作社可以设执行监事或者监事会。这就意味着，监事机构并非我国农民专业合作社的法定必设机构。在此基础上，由章程决定是否设立执行监事或者监事会。而这样的规定很有可能不利于普通社员权益的维护。因为，如果监事会并非合作社的法定必设机构，合作社的经营管理者很可能利用其优势地位，操纵合作社章程而不设立专门的监事机构。在缺乏监事机构的监督制约的情形下，合作社的经营管理者也极易考虑自身利益的扩大而忽略甚至损害广大农民社员的利益。尽管广大普通成员可以通过积极参加成员大会对合作社事务的经营决策行使监督权，但受知识、能力、信息等各方面的限制，普通成员自己实施监督往往是心有余而力不足。而且，实践中，有些合作社的核心成员往往操控理事会，很少召开成员大会，合作社的重大决策通常就是理事会的几个理事说了算。再加上，很多合作社要么不设立监事会，要么设立了监事会但运行很不规范。因此，要建立有效的监督约束机制，首要是在合作社法中将监事会确立为合作社的法定必设机构，[1]以最大限度地维护农民成员的合法权益。在成员异质化条件下，合作社所有者和利用者控制权的让渡，尤其需要建立有效的合作社监督机制加以弥补，否则，合作社极易异化为资本控制型组织。

2. 在建立合作社监督机构的基础之上，为防止监督机构为执行机构所控制，确保监督机构独立行使监督职责，对监事的任职资格应作出适当限制。具体来说：首先，监事必须为合作社社员；其次，理事长、理事、经理和财务人员不得兼任监事；最后，与合作社经营管理者存在利害关系的人员不得担任监事。另外，对曾经故意实施经济犯罪行为、个人道德和信用存在问题的人员当选监事时要进行严格的考核，综合评定其是否可当选为监事。而且，先前担任过监事并在担任监事期间不称职或与其他管理人员合谋损害合作社利益的人员也应限制其再次当选为监事。

3. 为保证监事会或执行监事对合作社事务进行有效监督，发挥监事机构应有的功能，还应赋予监事机构相应职权。具体包括：监事有权对本社财务进行内部审计，监事有在社员大会上提出议案的权利，监事可以列席理事会并对会议事项提出质询和建议的权利，对合作社业务执行的监督权利，特定情形下代表合作社的权利，对可疑事项进行调查的权利。

上述关于合作社监督机构的任职资格限制以及职权规定都与社员权的配置存在紧密联系，旨在建立有效的监督制约机制。在合作社法规定农民专业合作社必须设立监督机构的基础之上，进一步通过合作社章程，在社员权利义务配置时加强合作社内部财务监督制度和风险防范机制方面的规范。如建立财务、社

---

〔1〕 参见梁剑峰、李静：《农民专业合作社法人治理结构的冲突与优化》，载《经济问题》2015 年第 1 期。

务信息公开制度，使普通农民社员能够及时准确地了解合作社实际运作情况，以便于社员行使监督权和维护社员自身的合法权益。同时，在社员进行内部监督失效的情形下，关于社员享有诉权的社员权安排又为社员有效行使监督权发挥着至关重要的作用。

(四)完善社员权利体系

关于民主管理的社员权利内容，我国《农民专业合作社法》明确规定的主要是参加成员大会的权利、表决权、选举权和被选举权、查阅权和临时成员大会召集请求权，因此从完善社员的民主控制权以及完善合作社民主监督机制的角度出发，有必要通过立法完善社员的民主管理方面的权利。另外，在成员异质性条件下，社员对合作社的贡献形式和大小都存在差异，为了激励社员对合作社的投资以及吸引外来投资并防止资本对合作社的控制，对纯出资社员的表决权与盈余分配权应加以合理分配。具体而言，可从以下方面构建规范的社员权利体系。

1. 完善社员的知情权内容。合作社主要为人的联合，社员有权了解合作社的内部组织关系、生产经营情况等合作社的一切事务的情况，即社员享有知情权。知情权还是社员行使表决权等一系列权利的前提和手段，只有社员的知情权得到了满足，才能有利于社员行使表决权等其他社员权利。尤其是在我国农民专业合作社的实践中，广大农民社员要么文化水平较低因而参与合作社事务的管理意识较弱，要么由于社员人数众多，大多数社员无法直接参与合作社的经营管理。因此，普通社员在合作社的运营过程中常常处于信息不对称的弱势地位，社员权益实现时常面临着极大的风险。因此，确保社员的知情权对社员权益的保障尤为重要。社员通过行使知情权及时掌握合作社的经营信息，当社员知晓其他主体行为侵害自身利益时,可以及时采取必要的救济措施维护自己的合法权益。具体来说,社员的知情权主要包括查阅权、调查请求权和质询权。社员的知情权在各国立法中通常表现为查阅权。如《瑞士债法典》规定,合作社的账目和资产负债表及监事会报告,在会员大会进行决议或者投票10日前,应存放于合作社的营业地,供合作社社员查阅。[1] 我国《农民专业合作社法》第21条第4项规定了合作社的成员有权查阅本社的章程、成员名册、成员大会或者成员代表大会记录、理事会和监事会会议决议、财务会计报告、会计账簿和财务审计报告。其中,“财务审计报告”为修订后的《农民专业合作社法》新增加的一项查阅内容。然而,我国法律仍未规定成员可以查阅待表决的成员大会决议。从社员的知情权得到充分满足以及方便成员行使表决权的角度考虑,我国《农民专业合作社法》宜借鉴瑞士的做法,规定成员可查阅待表决的成员大会决议,以完善社员的知情权内容。

2. 赋予社员提案权。社员大会作为合作社的最高权力机构,是社员行使意思自治对合作社重大事务进行决策的机构。召开社员大会是合作社开展民主管理的主要方式,也是社员维护自身合法权益的主要途径之一。社员大会召开后,社员对自己关心的事项可以行使提案权,发表社员意思以具体参与合作社事务的经营管理。根据我国《农民专业合作社法》第31条的规定,30%以上的成员提议,应当在20日内召开临时成员大会。但我国《农民专业合作社法》仍未提及社员的提案权。为了激励社员积极参与合作社事务、关心合作社的成长,并防止合作社治理机构滥用权力侵害社员利益,应规定社员行使提案权的具体程序。可以借鉴

---

〔1〕 欧阳仁根、陈岷等:《合作社主体法律制度研究》,人民出版社2008年版,第175页。

《公司法》的规定,赋予占社员总数10%的社员提案权。[1]

3. 赋予成员决议取消请求权和诉讼权。社员大会作为合作社的最高权力机构,社员大会的召集和形成决议的方式都应遵循合作社法律法规以及合作社章程的规定。另外,理事会作为合作社的执行机构,由社员大会民主选举产生,对社员大会负责,理事会的召开和决议形成同样也应遵循相关的程序和方式。如果社员大会决议或理事会决议未按照相关程序和表决方式形成,合作社社员可以请求合作社主管机关宣告决议无效。如果社员大会或理事会决议侵害社员的利益时,社员还有权提起诉讼以保护社员自身的合法权益。除此之外,在合作社实践中,社员可能因合作社经营管理者的行为而受到直接侵害,也可能因经营管理者的行为损害合作社的利益而受到间接的损害。因此,从维护社员权的角度考虑,赋予社员诉权是维护社员自身权益的重要途径,也是最后一道屏障。

在我国农民专业合作社的形成和发展实践中,很多农民专业合作社属于松散型结构,资本成分的进入,大多数普通成员与合作社联系并不紧密,对合作社事务的参与和监督非常有限。又或者因为大多数普通成员知识文化水平较低,要求其行使有关社员权维护合作社的共同利益实有勉为其难之嫌,而且,对大多数普通成员而言,加入合作社的主要目的是利用合作社服务以及提高自身的经济收入,对合作社事务的经营决策和管理,他们并不十分关心。经济收益常常是影响普通成员对合作社满意度的重要因素。因此,在普通成员极少真正参与合作社重大事项决策和经营管理的情形下,笔者认为,为维护普通成员的合法权益不受侵

---

[1] 张继:《农民专业合作社社员权益之法律保护探析》,载《吉首大学学报(社会科学版)》2011年第2期。

害，赋予成员决议取消请求权和诉讼权极为重要。普通成员可不关心合作社的日常事务，期望用控制权换取经济收益的增长，但从有效解决合作社“内部人控制”问题的角度出发，赋予成员决议取消请求权和诉讼权甚为关键。而且，针对目前我国农民专业合作社发展的现状，很有必要在我国《农民专业合作社法》中明确规定这两项权利并加以强调。我们在对《农民专业合作社法》进行进一步修订完善时，应对社员权提供诉权保护，增设社员直接诉讼与社员代表诉讼制度。[1]

4. 明确纯出资社员的表决权限制与盈余分配权规定。在股份合作社中，为了防止大股持有者控制合作社，可以在合作社章程中对大股持有者的股份投票权比例及其行使范围加以限制，防止附加表决权的滥用，以控制在土地、劳动、资本多要素结合的合作社组织中资本独大的消极效应。另外，针对纯社会资金参股，可以通过章程规定投资者参与股份分红，但不干预合作社的经营业务、也不参加投票表决等事项，防止农民专业合作社异化为“资本控制劳动型”的组织。我们可以借鉴其他国家做法，在立法中对附加表决权的行使加以原则性的限制，而赋予章程对附加表决权的限制内容作出具体规定。修订后的《农民专业合作社法》增加了“附加表决权的设立、行使方式和行使范围”为农民专业合作社章程必要记载事项。如可通过章程对只出资而无交易的成员即非使用者社员行使附加表决权进行严格限制，包括附加表决权的比例和行使范围等。基于利益与风险相一致原则，尽管对于纯出资社员或者是持大股社员从防止一股独大的角度应对其表决权加以限制，但在盈余分配上应当体现其贡献差异。尽管我国现

---

〔1〕 参见刘观来：《我国农民专业合作社社员权的诉权保护——以社员代表诉讼的制度构建为中心》，载《农业经济问题》2016 年第 12 期。

行制度实行的是按交易额返还与按股分红相结合的盈余分配制度，但仍未能很好地体现出资贡献所应获得的盈余分配，恐不利于吸引外来投资以及增强社员投资的积极性。因此，在现行盈余分配制度的基础上，应进一步区分合作社的对内非营利业务和对外的营利业务，对于纯出资社员可根据章程确定的固定利率（一般不高于同期银行贷款利率）享受营利性业务的利润返还，体现社员出资对合作社业务发展所做的贡献，同时也通过这种盈余分配方式对社员形成有效的激励机制。

二、完善社员权分离行使制度

（一）建立规范的社员权委托代理行使制度

实际上，根据我国《民法通则》和《民法总则》的相关规定，公民可以委托他人代理其行使民事权利，而且，社员将自己的表决权委托给他人行使也是社员意思的表示。也就是说，即使我国《农民专业合作社法》并未明确规定社员表决权的委托代理，在现行法律框架下，农民专业合作社的社员也可委托他人代理其行使社员表决权。

然而，在我国农民专业合作社发展中不可避免地存在成员异质性问题的情况下，由于核心成员的影响力必然导致其在合作社章程的制定和修改以及管理决策中都占据着较大的控制权，上述实践中存在的成员权“委托—代理”方式必然存在一定的风险，需要合作社管理制度的规范化，尤其是要建立成员权益的保障机制，既要能充分激励核心成员的经营管理实现合作社整体效益的最大化，又要能监督到位防止核心成员基于自身利益违反经营规则甚至侵害其他成员利益和合作社整体利益。因此，从维护社员权益以及保障合作社民主管理的角度出发，我国《农民专业合作社法》也应借鉴其他国家的立法例，对社员表决权的委托代理行使问题作出相应规定，以规范实践中的委托代理行为，防止侵害社员权益或危及合作社治理结构的现象发生。

建立规范的农民专业合作社社员权委托代理行使制度，包括以下三方面的内容：第一，社员表决权的委托代理人应当是合作社的社员。社员表决权通常是在对合作社的重大事项进行决策时行使，表决权的委托代理不仅关涉被代理人的切身利益，也关系到整个合作社的利益以及其他社员的利益。因此，同为社员的代理人，无论是从被代理人的角度出发，还是基于自身利益的考虑，都会更加谨慎地进行社员表决权的代理行使。而且，社员能够较为便利地了解合作社的运营情况，也便于其做出合理的决策。第二，社员应当以书面形式委托他人代为行使表决权。书面委托书可以明确载明代理事项，较能反映被代理人的真实意愿，也是代理的对外证明，因而有利于代理人行使代理表决权。第三，同一代理人不得代理两人以上的社员。对同一代理人可代理的人数进行限制是各国对表决权的代理行使进行规范的通行做法。这种规范的考虑主要在于防止少数社员控制合作社的情况发生。如果对可代理的人数不加限制，难免少数核心成员强迫普通成员签订授权委托书，将表决权都集中于少数核心成员手中，进一步达到控制合作社经营决策权的目的。因此，为防止表决权集中于少数社员手中，保证代理人的行为能真正反映被代理人的意愿，应对社员表决权的代理行使加以适当控制。

（二）完善社员权代表行使制度

我国《农民专业合作社法》第 32 条规定了成员代表大会制度，即：农民专业合作社成员超过 150 人的，可以按照章程规定设立成员代表大会。成员代表大会按照章程规定可以行使成员大会的部分或者全部职权。成员代表大会的成员代表人数一般为成员总人数的10%，最低人数为51人。该条款规定了我国农民专业合作社成员代表大会的设立、职权和人数，其中，关于成员代表大会人数的规定为法律修订时新增加的规定。其目的是规范成员代表大会机制，充分发挥成员代表大会的作用。法律采取“双限”办法规定成员代表人数，既考虑到一些规模较大的农民专业合作社提高成员代表大会效率的需要，因此人数不宜太多，又考虑到一些规模较小的农民专业合作社出现少数人控制合作社的现象，因而人数不能太少，不可谓不是一种立法进步。然而，关于成员代表的选举，我国法律却缺乏相应规定，如理事会与监事会成员能否被选举为代表，法律未作强制性规定。选举代表行使控制决策权是社员表决权的重要内容，如果不对理事会与监事会成员当选代表加以限制，社员大会就有可能演变为主要由核心成员组成的代表大会，社员代表大会的功能不仅无法得以实现，甚至再度成为少数核心成员控制合作社的工具。因此，为了保障普通社员的控制表决权得以体现、维护合作社民主控制原则，避免可能发生的“内部人控制”现象以侵害普通社员权益，更加充分有效地发挥成员代表机制的作用，我国《农民专业合作社法》关于成员代表大会制度还应确立“理事会与监事会成员不得被选举为代表”的原则。当然，关于代表大会的其他事项，皆可赋予合作社章程加以规定。

另外，由于成员大会并非合作社的常设机构，尤其在规模特别大的合作社，召开成员大会不仅耗费成本较高，而且也实际不可能使所有成员都能参加。再加上合作社的普通成员人数众多，集体行动的逻辑使合作社成员难以采取一致的行动监督代理人的行为，需要寻找某种制度安排来打破集体行动的“囚徒”困境。基于此，有效的社员代表制度可以降低在每一个层次需要协调行动者的人数，有利于集体行动的实现。[1] 可以说，社员权的代表行使制度在一定程度上能够打破集体行动的“囚徒”困境，防止普通成员“搭便车”的行为。因此，对规模比较大、社员数量比较多和跨地域的合作社应当建立社员表决权代表行使制度。为此，我国《农民专业合作社法》关于设立成员代表大会的授权性规范应当修改为有条件的强制性规范，即强制要求达到一定规模、成员数量较多和跨地域的农民专业合作社建立成员代表制度。实践中，我国农民专业合作社采取社员代表行使制在实现民主管理、民主决策方面发挥了积极作用。如我国农业农村部遴选确定的24个农民合作社典型案例中，位于河北省南和县的金沙河农作物种植专业合作社是多元主体跨地域合作的大规模农民专业合作社，为了充分践行民主管理、民主决策保护众多农民成员合法权益，该合作社实行了职业农民代表制，即由参与了合作社日常管理全过程并非常了解合作社生产经营和收益情况，又与农户成员是同股同权的利益共同体的职业农民，代表农户成员参与合作社民主管理、充分表达农户成员权益，行使民主决策权。[2]

综上所述，相对于社员权的自主行使，无论是社员权代理行使还是代表行使，都体现为社员权的分离行使。可以说，社员权的分离行使，一方面以倾斜保护为手段，能够有效提升社员参与的法律地位，另一方面又以专业服务为归宿，可以最大限度地破解社员权自主行使之障碍。[3]

---

〔1〕 参见马彦丽、孟彩英：《我国农民专业合作社的双重委托—代理关系——兼论存在的问题及改进思路》，载《农业经济问题》2008年第5期。

〔2〕 参见农业农村部农村合作经济指导司、农业农村部管理干部学院编：《全国农民合作社典型案例(一)》，中国农业出版社2019年版，第14～17页。

〔3〕 参见郑景元：《农村信用社社员权的整合构造及其分离行使——兼论权利的二元救济》，载《中国政法大学学报》2011年第3期。

三、建立系统的社员权救济制度

如前所述,社员权是一项独立的民事权利。因此,社员在既有权利受到侵害时能否得到相应的权利救济,也是判断"纸面上的法律"能否转化为"行动中的法律"的一个关键要素。对社员权利进行详细而具体的规定固然重要,然而,如果缺乏完善的权利救济制度,权利安排便形同虚设,最终导致社员权利无法实现。因此,社员权救济制度是社员权制度体系中不可或缺的重要内容。

(一)赋予农民专业合作社的成员行使诉权

在社员权利框架中,社员行使诉权以寻求司法介入,是保护社员权益的最后屏障,对社员权的保护具有重要作用。当社员大会、理事会的决议侵害社员的利益时,社员可以提起诉讼以保护自己的合法权益。当合作社的经营管理人员的行为或怠于履行职责的行为侵害到社员利益或合作社整体利益时,社员也可以行使诉权,追究相关人员的法律责任。因此,社员行使诉权包括提起社员大会决议无效(或撤销)之诉、直接诉讼或派生诉讼等。

1. 社员可提起社员大会决议无效(或撤销)之诉。社员大会是合作社的最高决策机构,社员大会决议内容关涉合作社运作的重大事项。因此,社员大会决议的内容不仅要符合法律法规和章程的规定,而且要符合社员的利益和合作社的整体利益。同时,社员大会决议做出的程序也应当符合法律法规和章程的规定。如果社员大会决议的内容或程序违反了法律法规和章程的规定,就必然会损害社员的利益,使社员权平等原则无法得以真正地体现。而且,也会破坏合作社的持续稳定发展,致使合作社有"内部人控制"之虞。基于此,应允许社员行使诉权,申请撤销决议或确认决议无效。

关于其他社团如公司和集体经济组织，我国相关法律规定已赋予其社员可行使撤销之诉权。如《公司法》第 22 条规定，公司股东会或者股东大会、董事会的决议内容违反法律、行政法规的无效。股东会或者股东大会、董事会的会议召集程序、表决方式违反法律、行政法规或者公司章程，或者决议内容违反公司章程的，股东可以自决议作出之日起 60 日内，请求人民法院撤销。另外，《物权法》第 63 条第 2 款规定，集体经济组织、村民委员会或者其负责人作出的决定侵害集体成员合法权益的，受侵害的集体成员可以请求人民法院予以撤销。这些规定为引入撤销权制度完善我国《农民专业合作社法》提供了立法基础。例如，当农民专业合作社成员或成员代表未被通知参加成员（代表）大会，而成员（代表）大会召开并通过了决议，未被通知参加成员（代表）大会的成员或代表可以对成员（代表）大会决议提起撤销之诉。而且，提起社员大会决议撤销或无效之诉，不应以直接侵害社员利益为前提条件，也不以社员表决权多少为限。因此，我国《农民专业合作社法》应赋予社员行使社员大会决议无效或撤销之诉权，“即如果社员大会决议在内容或程序上违反法律或章程的规定，任何社员均有权请求法院宣告该决议无效或予以撤销。”〔1〕

2. 社员可提起直接诉讼。社员直接诉讼，是指社员的合法权益受到合作社理事、经营管理人员的侵害，为保护社员自身的合法权益，社员直接向人民法院提起的诉讼。也就是说，当合作社的经营管理者违反法律、法规或者合作社章程的规定，损害合作社社员的利益的，社员可以向人民法院提起诉讼。

3. 社员可提起派生诉讼。相对于社员直接诉讼而言，社员派生诉讼是为非直接侵害社员自身利益而提起的诉讼。借鉴《公司

---

〔1〕 屈茂辉等：《合作社法律制度研究》，中国工商出版社 2007 年版，第 199 页。

法》对股东派生诉讼的规定,合作社社员派生诉讼制度可以设计为:合作社的理事、经理等经营管理人员履行职权时违反法律、法规或者合作社章程的规定,给合作社造成损失,进而损害到社员自身的利益时,社员可以书面请求监事会或者执行监事向人民法院提起诉讼,监事会或者执行监事拒绝提起诉讼,或者在收到请求后30日内未提起诉讼的,或者情况紧急、不立即提起诉讼将会使合作社整体利益受到难以弥补的损害的,合作社社员有权为了合作社的利益以自己的名义直接向人民法院提起诉讼。当合作社的监事会成员或者执行监事履行监督职能时违反法律、法规或者合作社章程的规定,给合作社造成损失的,合作社社员可以书面请求理事会或者理事长向人民法院提起诉讼。理事会、理事长收到请求后拒绝提起诉讼,或者是自收到请求之日起30日内未提起诉讼的,或者情况紧急、不立即提起诉讼将会使合作社利益受到难以弥补的损害的,社员有权为了合作社的整体利益以自己的名义直接向人民法院提起诉讼。他人侵犯合作社合法权益,给合作社造成损失的,合作社理事会、监事会或者执行监事怠于保护合作社权益,社员也可提起派生诉讼。

由此可见,社员派生诉讼主要是源于合作社的执行机构、监事机构未履行职责并侵害到合作社整体利益,或者是他人侵害合作社整体利益,而合作社内部救济机制不起作用的情况下,或者是基于紧急情况,为维护合作社整体利益,社员以自己的名义直接向人民法院提起的诉讼。也就是说,在合作社利益受到损害时,社员必须经过一系列前置程序才能提起诉讼,而且诉讼利益归于合作社整体。如果社员都想“搭便车”,都不愿提起诉讼,就必然致使社员在合作社利益受损时进行诉讼的积极性不高。因此,社员派生诉讼制度的本质是通过保护合作社利益不受减损的方式间接保护社员在合作社的利益,但如何提高社员在合作社利益受损时以自己的名义提起诉讼的积极性是该制度设计的重点。尤其是对我国农民专业合作社的广大普通成员而言,他们的法律意识并不是很强,集体行动的困境致使他们更愿意实施短期的机会主义行为,如选择退出,而不愿诉诸漫长的诉讼等待。因此,社员行使诉权的激励安排是社员诉权行使制度有效运行的重要保障。从合作社的本质来看,社员诉权行使的激励又取决于社员与合作社之间的利益联结关系。即社员与合作社之间的利益关系越紧密,社员在合作社利益受损时提起诉讼的积极性就越高。由此看来,社员权行使制度并不是孤立的制度安排,其功能的有效发挥需要一系列社员权制度的完善。

（二）完善社员权救济法律规范

如前所述,现行立法尽管赋予了社员各种权利,但却忽视了社员权利的救济问题,是典型的"重赋权、轻救济"的立法模式。这样的立法模式终究导致社员权利无法实现,社员权规定形同虚设。因此,为了避免农民专业合作社的成员权利因得不到有效保障而形同虚设,应构建农民专业合作社的成员权利救济制度,加大对合作社成员权利的保障,维护合作社成员尤其是农民成员的利益并促进合作社共同发展。也就是说,农民专业合作社内部成员权益的有效保障和实现,是农民专业合作社得以良性发展的前提和基础。对农民专业合作社成员权益的保障,不仅是要通过法律对成员的权利加以确认,更重要的是要建立农民专业合作社的社员权救济制度,做实农民专业合作社的社员权利。

我国《农民专业合作社法》关于社员权救济规定的缺失,使完善我国现有立法、为社员权利救济提供法律依据成为必要。如前所述,在成员权利或者合作社整体利益受到侵害时,社员有权向人民法院提起诉讼。在社员享有的实体权利中应当包括诉权,同时社员诉权的实现又需要加强对诉权行使的程序性规定。因此，完善我国《农民专业合作社法》中关于社员权救济的制度规范主要应着重于程序保障。

我国《农民专业合作社法》没有对社员权的救济问题作出专门规定，社员权救济的缺失不利于社员权保护。因此，为了全面保障社员权益，应在《农民专业合作社法》中增设社员权救济规定。具体来说，在救济模式上，可借鉴《公司法》中关于股东诉讼和股东派生诉讼的规定设计农民专业合作社的社员权诉讼救济制度，另外，还可规定在某些特定情形下农业部门可以行使监管职责，通过行政执法对社员权进行救济。在救济范围上，针对以下情形均可行使社员权救济：社员大会决议内容或程序违背法律或章程，理事、监事及其他管理人员不执行社员大会决议或者没有按照正当程序实施决议，理事、监事及其他管理人员故意提供虚假或不完全信息等侵犯社员权。在救济保障上，明确行使申请权、诉讼救济权的相关条件、程序和法律责任。[1] 救济规定的缺失，立法关于社员权利的规定就是"一纸空文"。因此，可以综合上述三个方面设计具有可操作性的社员权公力救济制度，以弥补我国《农民专业合作社法》关于社员权救济规定的缺失，有效发挥社员权事后救济制度的功能。

（三）规范合作社内部社员权自助救济机制

当社员权利在合作社内部由于利益冲突而无法实现或者受到侵害时，社员可以通过合作社内部社员之间的自助救济，使社员权利得以实现。而且，社员权的内部救济也是社员权利受到侵害后进行救济的最直接和最便捷的途径。因此，农民专业合作社

---

〔1〕 参见郑景元：《农村信用社社员权的整合构造及其分离行使——兼论权利的二元救济》，载《中国政法大学学报》2011 年第 3 期。

的成员能否进行社员权利的自助救济，关键就在于规范合作社内部运行机制，使成员得以畅通地实施权利的自助救济。保障农民专业合作社成员权利得以实现的最基础、也是付出成本最低的方式，就是健全农民专业合作社的内部运行机制。通过健全的内部运行机制，合作社成员可以在没有第三方介入的情况下依靠自身的力量寻求权利的保障。[1]

通过合作社内部运行机制进行社员权利的自我救济主要包括两方面：一是通过监事会的监督机制发挥其对理事会履行职责的监督，因此应由法律强制规定监事会的设立，明确划分社员大会、理事会、监事会的权力边界；二是通过社员行使社员大会召集请求权，针对理事会和监事会成员滥用权力的行为，召开社员大会行使罢免权，以维护社员自身的权利。

(四)加强社员权的社会力量保障的配套制度建设

社员权的社会力量保障，实际上就是通过社会监督的方式，以民间社会力量为合作社成员提供权利保障和救济。具体来说，可以通过以下两方面的合作社外部配套制度建设促进社员权救济制度的完善。

1. 建立健全针对各类专业合作社的社会评估机制，着重加强对社会评估中介机构的培育。社会评估中介机构应具有较强的中立性，独立于政府和合作社。而且，应当设置权责明确的第三方评估的规章制度，规范评估主体的参与方式、参与环境、参与途径和程序。通过社会评估中介机构对各类合作社的信用、市场竞争力以及组织内部运作的规范程度进行第三方评定，为政府实施监督管理、为农民加入合作社提供参考依据和相应服务。

---

[1] 参见胡燕：《试论农民专业合作社成员权救济制度之构建——基于四川省成都市S县农民专业合作社的实证调查研究》，载《农村经济》2011年第12期。

2. 建立统一的行业协会组织体系。针对各类专业合作社，可以以一定的行政区域为范围，建立起统一的行业协会组织体系。针对各类合作社的行业协会，不仅可以为各类合作社提供市场营销拓展、市场风险规避以及农产品的品牌创立等方面的服务，还可以在合作社之间发生争议或者是合作社内部出现利益冲突时充当纠纷解决机构，为事关合作社事务的各类纠纷提供非诉讼的民间调解方式的纠纷解决渠道，以方便快捷地解决合作社内部纠纷，促进合作社事业发展。

综上所述，在我国农民专业合作社成员异质性条件下，农民成员与非农民成员、普通成员与核心成员之间由于产权和治理结构的失衡导致权利得不到充分行使，如普通农民成员不能有效参与合作社治理，农民成员在合作社中的地位往往处于依附地位，成员之间的地位实际上呈现不平等现象。合作社内部规章制度包括民主管理制度和监督机制等往往得不到切实执行甚至形同虚设，合作社内部监督机制往往失效。另外，社员权救济制度的缺失导致成员权益保护乏力。然而，我国修订后的《农民专业合作社法》对“组织机构”一章虽做出了部分修订完善，但在成员权利行使的保障方面仍显不足。因此，针对现行社员权行使的保障制度的缺陷以及对于合作社不同类型成员之间利益保护的制度困局，可以借鉴其他国家或地区关于社员权行使和救济制度的有益经验，应当从完善社员权的配置制度、社员权的分离行使制度、社员权的救济制度三方面构建成员异质性条件下有效的成员权益保护机制，与此同时，完善我国《农民专业合作社法》中有关社员权利行使的具体规定。即从保护农民专业合作社及其成员的合法权益、促进农民专业合作社发展的角度考虑，我国农民专业合作社法律应结合章程合理构造社员权利框架，增设社员权利行使和救济制度。

第六章　合作社社员权支持制度

如前所述，从合作社的形成来看，合作社是经济上处于弱势地位的人们自愿联合起来的互助组织。与此同时，随着西方发达国家合作运动的发展，政府对于合作社的态度也经历了有限支持、直接促进、提供服务等历史演变过程。[1] 而一些亚洲发展中国家的政府与合作社的关系则更多地表现为一种相互利用、相互依赖的关系。[2] 总体来说，世界范围内的政府与合作社的关系可以概括为社员自主型、政府控制型、政府指导型三类。[3] 但从世界发展趋势来看，政府与合作社关系发展的主流是政府支持但不控制合作社。[4] 可以说，合作社作为弱者的联合，民办公助是各

---

〔1〕 参见苑鹏：《部分西方发达国家政府与合作社关系的历史演变及其对中国的启示》，载《中国农村经济》2009年第8期。

〔2〕 参见毕美家、管爱国编著：《亚洲农村合作社经济》，中国商业出版社1991年版，第78页。

〔3〕 参见李生、王乐君主编：《农业基本法律问题研究》，工商出版社2000年版，第244～246页。

〔4〕 朱晓娟：《论合作社的法律主体性》，中国民主法制出版社2009年版，第202页。

国合作社发展的普遍经验。[1] 在我国,农民专业合作社作为新型农业经营主体在带领农民进行适度规模经营,引领小农户与现代农业发展有机衔接方面发挥着重要作用。因此,国家在促进农民专业合作社发展方面出台了大量政策,各地方政府也相应地采取了具体扶持举措推动农民专业合作社的发展。我国《农民专业合作社法》不仅对国家促进农民专业合作社发展的措施进行了规定,并明确了各级地方政府的职责,而且还专章规定了"扶持措施"。由此可见,国家和政府是农民专业合作社发展中的重要支持力量,其对合作社发展的支持程度也直接影响到对社员权的保护力度。因此,本章通过讨论农民专业合作社的外部支持制度,旨在探讨合作社社员权保护制度的系统构建。

第一节　我国现行社员权支持制度阐释

一、国家对农民专业合作社的宏观促进

在《农民专业合作社法》出台之前,农民专业合作社已在我国各地经过充分实践而发展起来。国家通过立法一方面是规范实践中发展起来的农民专业合作社组织,另一方面也是为农民专业合作社发展创造良好的制度环境,从而促进农民专业合作社的大力发展。

(一)为农民专业合作社的市场主体地位提供法律保障

农民专业合作社自产生之日起就对我国农村经济的发展和新农村建设发挥了重要作用,而且在带动农民从事适度规模农业

---

〔1〕 参见刘斌等编著:《中国三农问题报告——问题·现状·挑战·对策》,中国发展出版社2004年版,第370页。

生产以及提高农民收入方面均意义重大。国家通过制定《农民专业合作社法》明确了农民专业合作社的民事主体地位，并对其设立登记作出了专章规定，为其规范发展提供了重要的法律保障。根据我国《民法总则》的规定，民事主体在民事活动中的法律地位一律平等。作为天然处于弱势地位的农业生产者、经营者、服务者的联合，农民专业合作社在市场竞争中主要发挥着带动小农户参与大市场的积极作用，然而，农民专业合作社在发展实践中却面临着公平参与市场竞争的诸多限制，农民专业合作社作为独立的市场主体应享有的平等权利在实践中未能得到充分保障。因此，修订后的《农民专业合作社法》参照《物权法》关于国家保障一切市场主体的平等法律地位和发展权利的规定，增设规定即“国家保障农民专业合作社享有与其他市场主体平等的法律地位”。尽管这只是一条法律宣示条款，但其在提高社会各界对农民专业合作社的市场主体地位认识，提高农民专业合作社参与市场竞争的谈判能力，改善其营商环境，从而畅通农民专业合作社的市场发展渠道方面仍具有重要意义。

（二）对农民专业合作社及其成员合法权益提供法律保护

保护农民专业合作社及其成员的合法权益，不仅是《农民专业合作社法》的立法目的之一，也是农民专业合作社作为享有平等法律地位的市场主体的应有之义。依照法律设立和登记，农民专业合作社取得法人地位，因此农民专业合作社对其合法财产享有法人财产权，在对外从事商业交易活动时享有债权，并对其参与市场竞争活动享有生产经营自主权等。而且，农民专业合作社是带动小农户进入大市场的互助性经济组织，因此其还享有依法获得国家扶持和税收优惠的权利。法律对农民专业合作社合法权益的保护，直接决定着其社员权的法律保护程度。法律不仅明确规定了农民专业合作社成员享有的权利和承担的义务，还在出资制度、盈余分配制度、治理制度中设置了成员权益的保护机制。“无救济则无权利”，尽管《农民专业合作社法》明确列举了成员权利，但如果没有权利受到侵犯的救济机制，则所列举的权利也只是“一纸空文”。因此，法律还在“法律责任”一章中明确规定对侵犯农民专业合作社及其成员合法权益的行为追究其法律责任。

（三）通过政策引导促进农民专业合作社的发展

农民专业合作社不仅是带动农民进入市场的基本主体，也是发展农业适度规模经营的新型农业经营主体，还是实现小农户与现代农业发展有机衔接的重要一环。因此，法律将“鼓励、支持、引导农民专业合作社的发展”和“推进农业农村现代化”同时作为立法目的。尤其是党的十九大报告在乡村振兴战略中提出“加快推进农业与农村现代化”，而农民专业合作社的发展则是实现乡村振兴战略的重要抓手。国家通过财政、税收优惠、金融、科技、人才等方面的政策扶持，引导社会各界力量参与、帮助和服务于农民专业合作社的发展。甚至法律还明确规定，在促进农民专业合作社发展过程中，依照国家有关规定对农民专业合作社事业做出突出贡献的单位和个人予以表彰和奖励。其目的就是激发社会各界力量参与和发展农民专业合作社的积极性，最终实现国家农业农村现代化的目标。

二、政府对农民专业合作社的扶持举措

政府对农民专业合作社发挥的作用主要体现在政府的制度供给与执行角度，因此，在制度经济学意义上，农民专业合作社的兴起和发展被理解为“政府主导性制度创新的结果”，即政府推行的强制性制度创新与农民在逐利动机下自发行动的诱导性创新相结合的结果，也是农村经济发展的内生需求与外生制度因素共

同作用的结果。所以说,政府在农民专业合作社发展过程中所起的作用是“法律的和经济的基础设施”的实施者。[1] 对此,我国《农民专业合作社法》明确规定政府在农民专业合作社的建设和发展方面的职责为“指导、扶持和服务”。然而,长期以来,政府职责的履行往往涉及多个政府部门和单位,各个部门和单位出台的指导服务措施各异,在农民专业合作社的发展中出现了“多头管理”的无效或低效扶持模式。为改变这一现状,原农业部牵头并联合其他 8 个部门和单位于 2013 年建立了全国农民合作社发展部际联席会议制度,通过履行联席会议的主要职能,发挥了统筹指导、协调、推动农民专业合作社的建设和发展的作用,实际上构建了农民专业合作社工作的综合协调机制。近年来,各省也相继建立了本级人民政府农民专业合作社工作的综合协调机制。因此,《农民专业合作社法》修订时在政府职责条款中增加了县级以上人民政府应当建立农民专业合作社工作的综合协调机制的内容,将其作为政府对农民专业合作社职责的强制性要求。[2] 根据我国《农民专业合作社法》第八章关于“扶持措施”的专章规定,政府对农民专业合作社履行指导服务的职责主要体现在农业农村建设项目支持、财政扶持、金融支持、税收优惠、用电用地优惠等扶持措施方面。

1. 在产业项目支持上,国家一直把农民专业合作社作为实施涉农项目的重要主体予以支持。如 2008 年、2009 年以及 2014 年等多个中央一号文件都明确提出了农民专业合作社可以申请国家的有关涉农项目,党的十八届三中全会也明确提出允许财政项

[1] 参见李忠旭:《政府组织的存在与作用——基于〈农民专业合作社法〉的分析》,载《辽宁行政学院学报》2008 年第 7 期。

[2] 参见王瑞贺主编:《中华人民共和国农民专业合作社法释义》,法律出版社 2018 年版,第 28 ~ 29 页。

目资金直接投向符合条件的合作社。2010 年原农业部会同国家发展改革委员会等七部门联合印发了《关于支持有条件的农民专业合作社承担国家有关涉农项目的意见》明确规定了支持农民专业合作社承担国家有关涉农项目的范围、条件及方式等,2017 年中共中央办公厅、国务院办公厅印发《关于加快构建政策体系培育新型农业经营主体的意见》明确规定优先安排农民合作组织等作为各级政府支持的各类小型项目的建设管护主体。有关部门和有关地方也先后出台了支持农民专业合作社承担相关建设项目的具体规定。因此,修订后的《农民专业合作社法》保留了关于让合作社承担农业和农村经济建设有关项目的规定。该规定明确了符合条件的农民专业合作社可以向政府有关部门申请承担国家支持的涉农项目,有利于将农民专业合作社纳入国家农业支持保护体系的范围。实际上,农民专业合作社承担了有关国家支持的涉农项目,也就承担了对国家涉农项目资产的管护职责,须保证财政资金的安全性和资产利用效率。通过对农民专业合作社在涉农项目承担上的支持,也有利于提高财政资金的使用效率和提升扶持效果。与此同时,在符合条件的农民专业合作社申报承担国家支持的农业和农村经济发展的建设项目时,有关部门或地方政府应给予指导并提供相关服务。

2. 在财政扶持上,法律对中央和地方分别对农民专业合作社予以财政支持做出了具体要求,内容除投入主体外还包括扶持方向和对特殊地区的扶持规定。由于法律对农民专业合作社成员出资未予以强制要求,成员是否出资以及出资多少均由合作社章程予以规定。因此,资金缺乏一直是制约农民专业合作社发展的重要问题。尤其是,农民专业合作社作为处于市场竞争弱势地位的农民联合而成的组织,单纯依靠合作社自身的实力难以在市场中立足并获得持续发展。要求中央和地方对农民专业合作社分别给予财政支持，也是法律实质正义之体现。尽管基于农民专业合作社自身的组织制度特性以及发展现状，国家有必要以财政支持的方式促进农民专业合作社的发展壮大，然而，由于中央和地方财政资金的公共产品特性，为了保障财政资金的科学有效使用，必须依法建立使用财政资金的监督制度。因此，修订后的《农民专业合作社法》增加了县级以上人民政府有关部门应当依法加强对财政补助资金使用情况监督的规定，要求有关部门和地方依法出台监督财政补助资金使用的具体规定，建立财政补助资金使用监督制度。截至目前，有关部门如财政部、农业农村部出台的《农业生产发展资金管理办法》，地方出台的《东方市农民专业合作社财政扶持项目及专项资金管理办法》《苏州市农民专业合作社财政扶持项目及专项资金管理办法》等对财政补助资金使用管理作出了规定，有利于规范农民专业合作社财政补助资金的使用。

3. 在金融支持规定上，修订后的《农民专业合作社法》增加了两款规定，在要求国家政策性金融机构为农民专业合作社提供资金支持的同时，鼓励商业性金融机构和保险机构为农民专业合作社及其成员提供金融服务和农业保险服务，还鼓励农民专业合作社依法开展互助保险。为了解决长期以来困扰农民专业合作社发展的资金短缺问题，缓解融资难题，保障农民专业合作社持续发展，迫切需要金融机构加大对合作社的金融支持力度。就政策性金融机构而言，负有支持农民专业合作社发展的法定义务，主要为农民专业合作社提供低息贷款、贴息贷款等融资服务。为了建立系统有效的金融支持制度，法律在要求政策性金融机构为农民专业合作社发展提供金融支持的同时，还作出了倡导性条款，鼓励商业性金融机构和保险机构为农民专业合作社及其成员提供金融服务，并对农民专业合作社开展互助保险进行原则性规定，以促进农民专业合作社依法开展互助保险，保障农民专业合作社获得多渠道金融服务。

4. 在税收优惠上，法律规定农民专业合作社在农业生产方面、农业加工方面、农业流通方面、农业服务以及其他涉农经济活动方面，享受国家规定的相应税收优惠，其目的是降低农民专业合作社从事相关涉农经济活动的成本，以提高农民专业合作社及其成员的收益。国家在对合作社的税收优惠和税费减免政策支持上，已经出台了若干个规范性文件，不仅重视对发展农产品加工和流通业务的合作社进行税费优惠支持，还规范了税收登记制度，将合作社作为单独纳税主体列入税务登记，不仅确认了合作社的纳税主体地位，还有利于合作社依法享受相关税费减免政策，以将税费支持政策真正落到实处。[1] 修订后的法律删去了支持农民专业合作社发展的其他税收优惠政策由国务院规定的内容，以使农民专业合作社能够享受更广范围的国家规定的税收优惠政策。

5. 关于用电用地优惠，为修订后的《农民专业合作社法》新增加的规定，即农民专业合作社从事农产品初加工用电执行农业生产用电价格，而对农民专业合作社生产性配套辅助设施用地则按农用地管理。法律增加对农民专业合作社给予用电用地优惠的规定，目的是进一步加强对农民专业合作社从事农业生产经营的支持力度，降低其农业生产经营成本，提升其农产品市场竞争力。[2] 其中，通过建立合作社生产设施用地和附属设施用地的农用地管理制度，意味着不需要办理农用地转用审批手续，也不需要缴纳耕地占用税，在生产经营结束后即恢复原用途。这样做既

---

〔1〕 参见陈建国等主编：《中华人民共和国农民专业合作社法解读》，中国法制出版社 2018 年版，第 192～193 页。

〔2〕 参见王瑞贺主编：《中华人民共和国农民专业合作社法释义》，法律出版社 2018 年版，第 173 页。

可以减轻农民专业合作社的负担，也可以简化用地手续。但需要加强农用地管理，防止违法占用农用地。

第二节　我国合作社法支持制度实施现状

我国农民专业合作社作为一种新型的农民合作组织，自产生发展至今在经历了自身经济条件的变化以及外部经济环境的变化的挑战而不断地进行制度创新。我国农民专业合作社的产生是带有政治意味的，必须把其放到我国进行的经济体制改革的大背景之下加以考察。农民专业合作社在我国的产生和发展都与政府的推动不无关联。可以说，我国农民专业合作社是在经济体制改革的过程中民间与政府互动的产物。我国的经济体制改革是政府推动下的改革，而农民专业合作社也是在我国所推行的“如何发展农村经济、如何实行产业化经营以带动农民致富以及实现农民增收”等农村经济政策的鼓舞下，地方政府不断推动和试点发展起来的。而且，政府对农民专业合作社的推动重发展而轻视其规范化问题，一直强调“先发展，再规范”。尽管我国《农民专业合作社法》的颁布实施一定程度上规范了农民合作社的发展，为农民专业合作社的发展提供了重要制度保障，这也是政府规制逐渐转向的表现。然而，这种转变并不彻底，政府规制失灵的表现显著，其主要体现为“规制过度”和“规制不足”两方面。其中，政府规制过度是指政府规制超过了纠正市场失灵的范围，出现了越位和错位，反而会制约市场机制发挥其应有作用。政府规制不足则是指政府规制能力不足、政府规制职能缺位、缺乏统一行使职能的权威规制机构和服务规制的法制建设滞后。总体来说，政府规制失灵会扭曲资源配置、提高交易费用、极大地浪费社会资源并成为寻租与腐败之源。而且,政府规制失灵也会损害自由、公平的市场竞争秩序,降低经济效率,减少社会福利。[1] 而针对农民专业合作社的政府规制,实际上就是关于在哪些范围规制以及如何规制的问题。因此,关于农民专业合作社的政府规制失灵则主要是体现在政府扶持的越位和错位以及政府规制政策供给和执行不足两大方面。[2]本节基于政府规制的一般理论,重点分析我国农民专业合作社政府规制失灵的具体表现。

一、政府扶持的制度供给和执行不足

从20世纪80年代开始,我国农民专业合作经济组织开始出现,但一直发展缓慢,甚至在20世纪90年代时还曾一度停滞不前。关于其发展缓慢的原因,学者们纷纷给出了不同的解释,大致包括农业商品化水平低、农民意识问题、外部环境、合作社自身不足、政府的不当干预等,但都未对此进行系统地分析问题存在的原因。在此基础上,又有学者提出,中国合作经济组织发展滞后的根本原因是农民自身的约束条件使其发展合作经济组织的交易成本过大,并且政府有关制度供给缺位致使制度创新难以进行。其中,农民自身的约束条件包括经营规模小、农村社区成员的异质性大、农村社区成员的人均人力资本存量少等都造成农民发展合作经济组织的交易成本过大。除此之外,政府在制度供给上也没有给予农民专业合作社以足够的扶持,也使农民专业合作社缺乏降低交易成本的制度环境。[3] 因此,基于此社会背景而出

---

[1] 参见雷宇:《政府规制的理论逻辑:从理论逻辑到规制失灵》,载《特区经济》2010年第2期。

[2] 参见许英:《农民专业合作社的政府规制失灵及其完善》,载《中国工商管理研究》2013年第6期。

[3] 参见王士海、刘俊浩:《〈农民专业合作社法〉的正负效应分析》,载《重庆工商大学学报(西部论坛)》2007年第6期。

台的《农民专业合作社法》,尤其是其中关于扶持合作社发展的相关条款无疑会从外部降低农民发展合作社的交易成本,从而有利于农民专业合作社的发展。但同时我们也必须注意到,在《农民专业合作社法》出台之前,各种不规范的农民专业合作社的发展模式不仅是对农民制度创新的一种替代,同时也是对政府制度供给缺位造成的制度供给不足的自发填补。换句话说,我国农民专业合作社法律制度的不完善,导致实践中农民专业合作社规范和发展之间的关系一直未得到理顺,因此也难以实现农民专业合作社的长期绩效和短期绩效的平衡。

所以说,政府规制还在规制政策的供给与执行方面存在严重不足。关于合作社政府监管体系,尽管我国已基本构成"正式立法——国务院行政法规——中央部委行政规章——地方性法规"四个层次的体系。[1]但关于政府扶持政策的相关配套措施和实施细则出台滞后,尤其是在农村金融政策与农业保险政策方面更显供给滞后,不能有效回应农民专业合作社实践发展中的现实制度需求,即农民专业合作社通过外部力量获得资金方面还存在严重的制度障碍。与此同时,在规制政策的执行方面也还存在着规制政策的实施和监管问题,如政府对合作社规范运行的规制效果在实践中并不是很理想,也没有建立有效的关于合作社运行的外部监督机制。

二、政府扶持的越位和错位

我国《农民专业合作社法》专章规定了政府的扶持政策。实践中,国家对农民专业合作社的财政扶持一般通过农业部门下达。由于扶持资金有限,农业部门如果对农民专业合作社进行普

---

〔1〕 参见胡明霞等:《农民专业合作社规范运行的监管机制探析》,载《农村经济》2015 年第 6 期。

遍的扶持或者是建立一个遴选机制有选择性地扶持某些农民专业合作社,对政府来说行政成本较高,因此,政府宁愿选择扶持那些由能人、专业大户或龙头企业建立或领办的合作社以减少行政成本。对寻求政绩的政府来说,扶持这类合作社往往有利可图。因为,这类合作社一般资本都比较充足,规模也较大,政府很容易利用这类合作社树立扶持典型而获得不凡的政绩。也就是说,政府扶持过分强调"扶优扶强"。另外,我们也必须注意到,政府扶持农民专业合作社使得其获得广泛发展后对与政府部门有着千丝万缕的联系的企业组织是有竞争威胁的,因此,有的时候政府对农民专业合作社的扶持并不是真心实意地。对于大农领办的合作社而言,农业部门也只是积极帮助大农建立并包装不规范的合作社以套取财政扶持,并不是真正帮助合作社规范治理和发展其谈判能力的。[1]

第三节 合作社支持制度模式及其制度特色

各国合作社发展的实践已证明,凡是合作社立法比较完备的国家,合作社事业都取得了持续稳定的发展。也就是说,在支持和促进合作社发展方面,各国普遍采取了对其立法以引导其稳健发展的做法。各国关于合作社的立法,既有采综合单独立法模式的国家如德国,又有采分业单独立法模式的国家如日本,还包括

〔1〕 参见仝志辉、楼栋:《农民专业合作社"大农吃小农"逻辑的形成与延续》,载《中国合作经济》2010年第4期。

被称为"相关法律规制模式"的美国合作社立法模式。[1] 因此，本节以德国、荷兰、日本和美国为代表介绍各合作社支持制度模式，并阐释各国农业合作社支持制度特色及对我国的启示。

一、重视立法对合作社发展的规范作用

尽管各国由于政治、经济和文化传统的不同，合作社的产生和发展呈现不同的发展趋势，而且各国合作社立法在结构和具体制度设计等方面均有所不同，但大多数国家都很重视合作社立法对合作社发展的引导和规范作用。各国合作社立法模式上的不同均取决于其合作社实际发展需要和社会背景。

（一）综合单独立法模式

综合单独立法模式，又称"综合的合作社基本法 + 个别分业合作社法"立法模式，是目前世界上最为普遍的一种合作社立法模式，英国、德国等国均是采取该种合作社立法模式。在该立法模式下，既制定有适合于各类合作社发展的综合合作社法，对各类合作社事业进行统一规范，内容涉及合作社的界定、基本原则、种类、责任形式、社员的权利与义务、内部治理结构等合作社基本规则，同时又根据经济社会发展需要对某些特殊的合作社分别进行单独立法，如在制定《合作社法》的基础上又单独制定《信用合作社法》《保险合作社法》《住宅合作社法》，甚或对合作社某方面内容进行立法等。[2]

以德国为例，德国第一个真正具有现代意义的农业合作社是

[1] 参见李勇军、欧阳仁根：《合作社立法模式比较分析及我国的合理选择——基于我国目前民商事立法的背景》，载《安徽大学学报（哲学社会科学版）》2009年第5期。

[2] 参见李勇军、欧阳仁根：《合作社立法模式比较分析及我国的合理选择——基于我国目前民商事立法的背景》，载《安徽大学学报（哲学社会科学版）》2009年第5期。

1862 年成立的"信贷联社"。德国的农业合作社目前已遍布德国农村地区,为农民提供农产品生产、加工、销售以及信贷、农资供应、咨询等服务,成为农业产业化经营的重要组织载体。[1] 在合作社立法上,在继英国于 1852 年颁布《工业及互助协会法》之后,德国是第二个制定合作社法的国家。1867 年,普鲁士王国通过了《关于经营和经济合作社私法地位法》,该法在德国统一后成为全德意志帝国的法律。1889 年,德国的合作社立法经过了一次较大的修改,并更名为《德国经营及经济合作社法》(以下简称《德国合作社法》),后来该法几经修改,2006 年再次进行了较大篇幅的修改,以适应将在同年实施的关于欧洲合作社规则的 1435/2003 号欧盟法令,使德国合作社组织与欧洲其他国家的合作社在市场竞争中具有同等的法律环境,不断提升合作社组织形式的吸引力。最新版的《德国合作社法》于 2006 年 10 月颁布,并于 2015 年进行了最新的修订。[2] 据有关资料显示,在德国,最近几十年来,合作社的规模越来越大,占有的市场份额越来越大,销售额也有很大提高。现在大约有 12,000 家合作社,社员超过 1000 万,总资产超过 1500 亿元。商品合作社的年销售额超过 335 亿元。[3] 德国农业合作社之所以发展较好,而且对德国农村和地区发展以及提高农民收入都发挥了重要作用,与其组建和运行的特点密切相关。在德国,随着合作社实践的发展和社会经济条件的改变,虽然与传统的合作社相比,现代合作社在很多方面都已经发生了较

---

〔1〕 参见徐旭初等:《德国农业合作社发展及对我国的几点启示》,载《农村经营管理》2008 年第 5 期。

〔2〕 参见苑鹏:《德国最新〈合作社法〉的修订变化及其对我国的启示》,载《学习与实践》2016 年第 7 期。

〔3〕 C. Grimm, Agrarrecht, 3. Aufl., Beck, 2010, SS. 233 - 234.

大的变化，但是关于合作社原则的精髓却一直没有改变。[1] 具体来说，德国农业合作社完全是按照自愿和互助的原则成立的，社员以其资产入股，其经营业绩直接关系到每个社员的切身利益。合作社对内以服务为主，对外以营利为目的，作为市场经营主体，能够有效维护其成员利益。可以说，《德国合作社法》自诞生之日起，一直保持与时俱进，适应外界新形势的变化不断完善与修正具体法律条款，为德国合作社的健康持续发展发挥了保驾护航的推动作用。[2]

（二）分业单独立法模式

相较于综合单独立法模式中制定综合的合作社法的做法，分业单独立法模式并没有制定统一综合的合作社法，仅是根据实际需要按照合作社的具体类型分别对合作社进行单独立法。[3] 日本是实行这种立法模式的典型国家。

日本的农业合作社，又称为农业协同组合，简称为农协。日本农协起源于 1900 年的产业组合，其间经历了从产业组合到农会组织再到农协的三个不同发展阶段。应该说，日本农协作为农民自愿出资联合组成的合作社经济组织真正创建于 1947 年。在第二次世界大战结束后的初期，日本的农业濒临崩溃，种植业以粮食生产为主，但由于科技含量低、产量不高，出现了粮食危机。同时，农民的生产和销售渠道狭窄，并深受中间销售商的盘剥，经

〔1〕 参见国鲁来：《德国合作社制度的主要特点》，载《中国农村经济》1995 年第 6 期。

〔2〕 苑鹏：《德国最新〈合作社法〉的修订变化及其对我国的启示》，载《学习与实践》2016 年第 7 期。

〔3〕 参见李勇军、欧阳仁根：《合作社立法模式比较分析及我国的合理选择——基于我国目前民商事立法的背景》，载《安徽大学学报（哲学社会科学版）》2009 年第 5 期。

济利益得不到有效保障。为改变农业不景气状况，增强农业生产力并推动国民经济的发展，日本于1947年制定了《农业协同组合法》，以促进农协组织发展。以《农业协同组合法》为基础和准绳，日本在全国范围内组建了农协以及地方和全国的联合会。经过几十年的发展，日本农协的实力不断增强，成为世界上最有代表性的合作社之一。在日本，几乎所有的农户都参加了农协，按资格不同，农协的社员分为从事农业生产的正社员和不从事农业生产的准社员两种。社员既是农协的主人，也是农协的服务对象。农协最大限度地为社员服务，农协的合作事业从生产到加工到销售，从设施到金融到保险，从医疗到福祉到生活，十分广泛，几乎涵盖了农业和农村生活的方方面面。农协的一切工作都是围绕"如何满足社员需要，如何更好地为社员服务"来进行的，真正体现了农协是社员的农协，农协是社员的家。[1] 同时，日本农协基本上以行政区划为基础，形成了从基层到地方到全国的三级农协组织系统。到20世纪90年代又实行改革，将原来的三级组织体系改为二级，把地方联合会并到中央，并将基层农协进行合并，进一步提高农协的规模和实力。[2]

在合作社立法方面，除1947年的《农业协同组合法》之外，日本还颁布了《水产业协同组合法》《消费生活协同组合法》《畜牧业协同组合法》《蚕业协同组合法》等专门的合作社法，分别从各个不同的领域单独规范合作社的行为。在日本，并未制定统一的

---

〔1〕 管爱国、符纯华译著：《现代世界合作社经济》，中国农业出版社2000年版，第58页。

〔2〕 参见王玉梅：《农民专业合作社之法理探究与实践》，科学出版社2012年版，第103页。

合作社基本法，其合作社法律制度体系成平行排列状。[1] 总体来说，日本目前的合作社法律体系是经历了第二次世界大战后的重建，在实现单独的综合立法向分业立法转换过程中建构起来的，对每一种类型的合作社都制定有特定的合作社法，体现了较强的针对性和适用性，其合作社立法并不偏属于民法、商法等其他部门法而具有独立进行的特色。[2]

（三）相关法律规制模式

以美国为代表的“相关法律规制模式”，是指既没有综合统一的合作社基本法，也无具体分业的合作社法，而是将合作社规定散见于多部法律、法规甚至判例中的立法模式。[3]

美国农业合作社的发展历经了一段比较长的时期，有著述将美国农业合作社的发展历程分为六个阶段。[4]美国最早的农业合作社应该是1810年康涅狄格州农场主组织成立的加工和销售牛油的合作社。美国的基本农业生产单位是家庭农场，因此，美国农业合作社又称作农场主合作社。而在美国全国形成轰轰烈烈的合作社运动则是在19世纪60年代后，1867年美国爆发了第一次农业危机，在此背景下，为抗争加工商、经销商和运输商们趁火打劫，极力压低农产品收购价格、抬高运费，农场主们在华盛顿区成立了一个“格兰其”的农业合作社，主要从事销售、储运和加

---

〔1〕 参见蒋颖：《中国农村合作社法律制度发展研究》，中国农业科学技术出版社2009年版，第42页。

〔2〕 参见漆多俊主编：《中国经济组织法》，中国政法大学出版社2003年版，第162页。

〔3〕 参见李勇军、欧阳仁根：《合作社立法模式比较分析及我国的合理选择——基于我国目前民商事立法的背景》，载《安徽大学学报（哲学社会科学版）》2009年第5期。

〔4〕 参见孔祥智等：《国外农业合作社研究——产生条件、运行规则及经验借鉴》，中国农业出版社2012年版，第62页。

工方面的合作,取得了成功。一时间全国各地纷纷成立了众多的格兰其组织。[1] 到20世纪70年代,美国农业出现了历史上第二个"黄金时期",为适应新形势与解决农业面临的新问题,农业合作社不得不进行调整和变革。进入20世纪80年代后,美国农业出现了不景气的现象,合作社的发展面临重重挑战,其中最大的挑战就是资金问题。许多合作社与农场一起为债务问题所困扰,债务在其资产总额中所占的比例明显上升。[2] 在这种形势下,美国合作社亟须进行自身调整。"新一代合作社"的模式首先出现在美国的北达科他州和明尼苏达州,这种新模式就是合作社调整的结果。

在美国,关于合作社的立法有一个很明显的特点,即由于合作运动是自下而上自发地开展,合作社要取得合法的地位是基于形势发展的需要并经过不懈努力而取得的结果。自19世纪下半叶开始,美国农民合作组织开始发展起来,然而,合作运动的反对派纷纷指控不断涌现的农民合作组织,在这种情形下,美国合作社组织逐渐认识到合法地位的重要性。通过斗争,美国国会终于在1922年通过了《卡帕-沃尔斯坦德法》(Capper-Volstead Act),认可了农业生产者为相互利益在自愿基础上组织协会的权利。该法案为美国农业生产者协会提供了有限的反托拉斯豁免,从法律上允许农民之间减少竞争、在市场上团结一致共同行动。从此以后,美国农场主在市场经济活动中具备起了与大企业抗衡的谈判力量。[3] 1926年,美国国会通过另一重要法案,即《合作社销售

---

〔1〕 参见白立忱主编:《外国农业合作社》,中国社会出版社2006年版,第30页。

〔2〕 参见孔祥智等:《国外农业合作社研究——产生条件、运行规则及经验借鉴》,中国农业出版社2012年版,第67页。

〔3〕 参见张晓山、苑鹏:《合作经济理论与中国农民合作社的实践》,首都经济贸易大学出版社2009年版,第93~94页。

法案》,并在美国农业部设立了一个合作社销售处。这一法案要求农业部进一步加强对合作社的扶持,并为合作社销售提供各种指导和服务。1929 年,国会又通过了《农业销售法案》,建立了联邦农场委员会,该委员会被授权以 5 亿美元扶持合作社。除此之外,在美国规范合作社的法律还包括:《联邦收入税法》《证券法》《反托拉斯法》《信贷法》等涉及合作社的条款,《联邦农业信贷法》等专业合作社法,各州的农业合作社法,法院审理合作社案件形成的判例等。美国虽然没有全国统一的合作社法,但 50 个州立法中都有关于合作社的法律条款。[1] 由此构成了美国合作社法律制度体系。美国没有单独针对合作社的法案,但各州根据实际出台了农业合作社法案。美国农业合作社法与时俱进,不断完善与修订具体的立法条款以适应外部环境的变化,其修订主要体现在筹资、决策和利益分配机制的完善,并最大限度地保持了合作社基本原则不变,从而为合作社的持续健康发展提供法律保障。2007 年,美国全国统一州法委员会起草完成了《统一有限的合作社社团法》。截至 2012 年,美国多个州采用了该法。这些法律的主要目的是吸引不与合作社交易的投资者投资,从而获得新的投资源泉。相较于传统的农业合作社法,该法允许投资者加入合作社、允许投资者能够获得对合作社一定的控制权以及合理的资本收益权、最大限度地保障惠顾社员的权益等。[2]

综合上述几种合作社立法模式,并不能涵盖所有国家和地区的合作社立法模式,只是以德国、日本和美国为代表,介绍了这三种较具代表性的合作社立法模式。可以看出,各国合作社的发展实际与其对合作社的立法紧密相关,而且各国在进行合作社

---

〔1〕 蒋颖:《中国农村合作社法律制度发展研究》,中国农业科学技术出版社 2009 年版,第 38 页。

〔2〕 参见王军:《美国农业合作社法新变化》,载《中国农民合作社》2016 年第 10 期。

立法或修订完善时都不是孤立的行为，而是放在整个法律制度体系中予以考虑，并试图与本国合作社发展特点以及本国政治、经济和历史文化传统相适应。进一步而言，无论其法律文化传统如何，选择“综合的合作社基本法 + 个别分业合作社法”的立法模式已成为一种趋势。[1]

二、以规范合作社内部运行机制促进其发展

由于各国的历史背景以及社会、经济、政治、文化条件的不同，各国合作社的内部制度安排有所不同，各国合作社的法律调整在具体表现上也存在差异。然而，合作社作为社员联合而成的互助性的合作组织，是市场经济发展中处于弱势地位的群体的联合。因此，合作社的本质即其质的规定性在于社员所有、社员控制和社员受益。也就是说，合作社一切制度的设计都应围绕“社员”而展开，遵循合作社属于社员所有、合作社由社员所控制、合作社的剩余为社员所享有的原则。综合各国合作社立法及合作社制度实践，其合作社内部运行制度分别具有如下特点。

（一）社员所有的合作社财产制度

在德国，社员加入合作社要缴付股金，股金的具体金额则由社章规定。另外，也可通过额外认购股份而参加合作社。这样的合作社法规定反映了德国农业合作社发展趋势中关于资金筹集的变革。德国农业合作社传统的筹资方式是以合作社自有资金和资本借贷为主。自有资金就是指社员的直接投资以及合作社盈余的提留。此外，合作社还可以通过商业银行、合作社银行和保险公司获得一部分借贷资本。然而，随着工业化、国际化和竞

〔1〕 参见李勇军、欧阳仁根：《合作社立法模式比较分析及我国的合理选择——基于我国目前民商事立法的背景》，载《安徽大学学报（哲学社会科学版）》2009 年第 5 期。

争压力的加强,合作社的发展需要更多的资金,因此出现了一些新的融资方式,如外部成员投资、公开发行股票等。合作社以其资产向债权人承担债务,而社员的责任由章程规定,章程可以明确社员个人是否需要对合作社的债务负责。随着社会经济的发展和市场竞争的加剧,德国农业合作社有向营利企业发展的趋势,农民社员的比例下降,合作社与非社员的交易逐渐扩大。在合作社规模不断扩大的情形下,社员对股份制持股的偏好也逐渐增强,非营利性合作社向营利性股份公司的转变已在农业合作社中出现。企业化运作对提高德国农业合作社的市场竞争力具有一定的作用,但也使合作社与股份公司别无两样,合作社的制度优势也将难以显现。如何保持合作社质的规定性,即合作社属于社员所有,至关重要。

从对荷兰农业合作社发展概况的介绍中可以看出,农业和园艺业合作社是靠自身的力量发展起来的,关于合作社的资金问题也主要通过合作社内部自筹资金加以解决。现在合作社的资金构成主要表现在以下几个方面:从年度盈余中提取的普通准备金,记入社员账户的社员报酬,基于社员责任和准备金的信用组织借款,普通的短期借款。社员对合作社的资金构成发挥着重要作用,社员的责任又与合作社的资金构成相联系。荷兰合作社法没有对合作社的责任作出强制性规定,但要求章程必须确定合作社的责任形式。法律为合作社提供了无限责任、有限责任、免除责任三种责任形式。合作社可基于自身的资金结构自由确定责任形式,如果合作社没有确定专门的责任形式,则对等量股金实行无限责任。现在多数合作社对不等量的股份实行有限责任,这种责任与社员同合作社的交易量密切相关。同时,合作社在逐步建立自己的准备金或从利润中积累资金来代替这种责任,因为一旦合作社经营不善,要社员履行这种责任是非常困难的。[1]

日本农协对社员的出资采取限制配额原则,即每个社员的出资额不得超过农协总资产的8%。农协社员中有正社员和准社员两种社员。加入农协的社员均享有利用农协事业权、请求分红和退股等权益,正社员还享有选举权和被选举权、表决权、请求召开社员大会和请求改选农协管理人员的权利等,而准社员则没有选举权和被选举权,也无表决权。

美国农业合作社的资金来源的途径主要有社员认购、基于惠顾交易的筹资以及借贷资本等。与传统农业合作社不同,新一代合作社根据合理的经营规模来确定合作社资产总股本以及社员的数量,并按社员持股数量确定其交售产品的限额。在这种股本结构下,合作社成立后,除非有特殊情况,社员不能退出,也不接纳新社员。即使社员退社也不能退股,社员的股金或剩余索取权可以在合作社内部转让,以此保持合作社股本的相对稳定。尽管新一代合作社呈现一些新的制度特征,但它仍然属于其服务对象即农业生产者的企业,投资者与惠顾者的身份同一,而且社员的持股额与农产品的销售额相联系,新一代合作社的社员和资金结构使社员获得了比传统合作社更大的个人所有权和更高的责任感。

(二)社员控制的合作社民主管理制度

荷兰农业合作社的机构包括社员大会、经社员选举产生的理事会、资金管理机构和监事会。其中,成立监事会并不是强制性的,但对大型合作社则要求必须成立监事会。关于合作社机构的成立及其权力,法律并没有强制性的规定,都赋予合作社自主确

---

[1] 参见管爱国、符纯华译著:《现代世界合作社经济》,中国农业出版社2000年版,第132、134页。

定。在社员大会上，每个社员至少有一个投票权，除此之外，合作社存在各种不同的投票权，如有社员与合作社交易量相联系的投票权。[1]

在合作社的治理方面，德国实行民主管理，董事会、监事会和社员大会实行分权制。每位社员拥有一票表决权，社章可以为对合作社事务有特别贡献的社员提供复数表决权，但最高不能超过3票。而且，对于需要3/4以上多数决的决议以及关于撤销或限制复数表决权的决议，每位社员只能行使一票表决权。由此可见，德国合作社法在赋予社员享有复数表决权的同时又对复数表决权的行使进行了严格限制，较好地坚持了"一人一票"的民主管理制度，防止在新的融资方式进入合作社后出现资本控制劳动的现象。

日本农协采取与普通公司一样的经营管理机构，包括社员大会（社员超过500人的，则为代表大会）、理事会和监事会。在日本农协中，社员对合作社的治理形成了有力的制约。如果农协的经营管理人员违反了农协章程，给农协造成了经济损失和不良影响，有1/5的社员要求改选，理事会必须召开临时社员代表大会，另行改选；当农协经营管理人员有不良行为时，社员有权要求停止当事人工作，当农协工作方法、财务投资等违反法律或农协章程时，社员有权向当地政府部门或农协中央会提出检查农协工作的要求。

美国《卡帕－沃尔斯坦德法》规定，农业生产者协会的成员不论股份或资本多少，每人只能拥有一张选票。后来的新一代合作社在治理机制上也仍然遵循传统合作社的"一人一票"的民主管

[1] 参见管爱国、符纯华译著：《现代世界合作社经济》，中国农业出版社2000年版，第133页。

理原则，即不论社员所持股票为多少，合作社仍遵循在选举理事会和决定重大事务时“一人一票”的原则。另外，为了从社区或其他利益集团中筹集资金，新一代合作社也销售优先股。但优先股的持有人没有选举权，只能获得有限的利息。这使合作社既能获得其他社团的资金支持，同时又保证了合作社置于社员的控制之中。可以说，优先股是合作社通过负债的方式筹集所需的资本。而且在合作社的治理中，理事会和经理共同向社员负责并进行汇报。任何合作社的成功直接取决于社员对他们的理事会和经理所具有的信心和这三者之间所保持的持续交流意见的能力。[1]

（三）社员受益的合作社盈余分配制度

在荷兰合作社的发展过程中，尽管合作社数量、规模和运行方式都发生了很大变化，而且政府对合作社的政策扶持和优惠措施一直很少，但合作社仍然保持旺盛的生命力，市场占有率不断提高，其主要原因是荷兰合作社在运行中坚持比较经典的合作社形态、一直保持着合作社的宗旨和目标，即始终坚持以满足全体社员的供需为目标，以维护全体社员的利益为最高利益。如合作社成员的独立自主性很强；以完全自愿为基础，按成员间民主的方式进行管理；成员必须通过合作社销售自己的全部产品，不能将部分产品直接出售给零售商；合作社在二次利润分配时是按照农户产品的交售量而不是投资额进行分配等。正是在农民保持独立经营的前提下，合作社把分散的小规模经营同激烈竞争的大市场连接起来，形成了规模优势，提高了经营效益，才使荷兰农产品在激烈的国际市场竞争中始终保持自己的领先地位。在各种农业合作社的推动下，农户联合走向大市场，为荷兰跃升为世界

---

〔1〕 管爱国、符纯华译著：《现代世界合作社经济》，中国农业出版社 2000 年版，第 213 页。

农业强国起到重要的推动作用。[1]

在德国，年度盈利或者亏损都应向社员分配。在第一经营年度按照社员的份额分配，在第一年度之后则按照上一年度社员的交易额分配。另外，章程也可以规定其他分配方式，但是，在未弥补亏损之前不得分配利润。

根据1947年日本《农业协同组合法》的规定，农协以提高农业生产力、提高农民的社会经济地位和实现国民经济发展为宗旨，以为社员提供最大限度的服务为目的。因此，日本农协经营活动的剩余金主要是按照社员对农协的利用程度进行分配。按股金分红则严格限定在法定范围内，一般基层农协限制在年息7%以内，农协联合会限制在年息8%以内。除此之外，留存一部分剩余金作为农协发展的储备金，另外，将5%以上的剩余金用于每年的教育和培训费用。

传统美国农业合作社根据《卡帕－沃尔斯坦德法》规定，农业生产者协会按股份或成员资本支付的红利不能超过8%的年利率。协会与非成员的交易额不得超过与协会成员的交易额。美国大部分州也规定了资本报酬的限度是8%的年利率。由于美国联邦及州的法令都规定了合作社资本报酬的限度，资本红利的分配只占合作社纯收入的极小部分，因此，大部分合作社实际上都选择不向社员支付红利。美国法令中关于资本报酬有限利率的规定，使合作社对资金投入缺乏吸引力，合作社难以获得足够的资金积累。而新一代合作社进行盈余分配时，是按照社员与合作社的农产品交易量进行分配的。而交易量又与社员的出资额相联系，因此，按交易量分配盈余也就是按股份分配，这种交易份额

---

〔1〕 参见孔祥智等：《国外农业合作社研究——产生条件、运行规则及经验借鉴》，中国农业出版社2012年版，第166～167页。

制使盈余分配与投入资本相结合。在一定程度上,可以说,新一代合作社实行的是按惠顾额返还与按股分红相结合的利益分配机制,有利于合作社内部资金积累。

三、适度的政府支持有利于保障农业合作社社员的权益

农业合作社是处于弱势地位的农民为提高自身社会经济地位而设立的联合、互助和自治的组织,农民是合作社的主体,合作社在市场经济活动中拥有自治权,不受政府的不当干预。

如荷兰农业合作社就是在几乎没有政府优惠措施的支持下,完全依靠自身的力量获得不断发展。1876 年,荷兰颁布了《合作社法》,专门规范合作社的日常事务流程。每个合作社在遵循《合作社法》的前提下,分别制定自己的合作社章程,以确定具体的行为准则和权责关系。荷兰农业合作社通常履行的是“市场功能”。荷兰农业合作社,是一种经济组织,在该组织中,农民和园艺工长期协作,并将部分经济活动联合起来(一般是市场功能),使用共同的账户,承担共同的风险,以使其经济活动达到最佳的经济效益,同时保持农业企业其他功能的自助性质。可以说,荷兰农业合作社建立的真正原因是,通过合作社的“市场功能”,使市场中处于弱者地位的农民可以在销售其产品或购买生产资料时得到一个好的价格。因为农民和园艺工作为单个经济单位,规模较小,不可能雇佣专业的管理人员按一种有效的方式履行其市场功能。他们的经济力量弱,在市场中的地位较低,这就促使他们联合以与市场抗衡,从而改变这种不平衡的市场关系。所以说,建立合作社的基本目标是,形成“抗衡力量”,改善合作社农民社员的交换关系。然而,有了建立合作社的需要,并不一定就能建立起合作社。合作社建立之初,往往是外部因素促成的,如荷兰农业合作社通常是由农民协会、村职员、绅士、农业和园艺业指导员及教师发起的。在他们的推动下,农民的需要变成了现实,纷纷建立了农业和园艺业合作社。另外,荷兰的农业合作社是以专业合作社为主,每个合作社都是作为某一个市场方面"抗衡力量"的机构而建立起来的,高度专业化,因此,农民和园艺工至少是3～4家合作社的社员。合作社作为自助组织,政府对合作社的建立没有优惠政策,农业合作社完全依靠自身的力量与其他企业竞争。政府对合作社的促进主要表现在咨询和培训方面,通过政府的咨询和培训计划来推动农民的合作。只要合作社的日常行为在法律范围内,政府一般不加以干预。[1] 宽松优越的政策环境促进荷兰合作社极大地发展。

德国农业合作社发展的经验表明,适度的政府支持既保持了合作社的独立性,又通过一系列扶持措施在保障合作社的合法权益和促进合作社的发展方面发挥了重要作用。德国对合作社的政府支持政策主要体现在:一是对合作社的财税支持,德国通过采取逐年减免管理费用补贴的方式实现对合作社的财税补贴。如1958年《德国合作社法》规定,联邦财政为新成立的合作社连续提供3年管理费用补贴。另外,德国还在税收优惠方面制定了系列的免税、优惠税收规则,如农民合作社可以免交营业税等,为企业提供服务和农机出租服务的合作社可以免交法人税,合作社的利润用于扩大再投资的可以免征企业所得税等。二是为保证合作社的财政透明,德国政府为合作社设立了严格的审计监督制度。如吸纳与合作社有利益相关的主体参与审计过程,要求所有农民合作社必须加入合作社审计协会,接受协会对其财产、资产运行、内部管理、业务员活动和经济效益的系列审计监督。而且,合

---

〔1〕 参见管爱国、符纯华译著:《现代世界合作社经济》,中国农业出版社2000年版,第120、122、125页。

作社社员有权对协会定期公布的合作社审计结果进行审议。[1]

日本农业协同组合也是在逐渐脱离政府机构的影响下而获得了充分发展的机会。日本农协从起源到不断发展的过程中,其与政府的关系也在随着国际经济环境的变化而发生着变化,使得日本农协逐渐获得了健康发展的机会。追溯到日本农协的源头,即1900年的产业组合,当时日本政府扶持产业组合建立和发展的目的就是要使其成为政府农村经济政策的执行机构。在20世纪30年代的经济危机时期,产业组合又成为政府活跃农村经济的核心执行机构。而且,在第二次世界大战时期的战时体制下,产业组合又承担了国家的经济管制的任务。不过,1947年的日本《农业协同组合法》对日本政府与农协的关系作了很好的规定,即农协既是代表农民的利益、保护农民的权益、代表农民与政府进行沟通的组织,又是政府指导下的国家农业政策的辅助实施机构。农林水产省为农协的指导监督机关,负责对农协进行监督、监察和指导。[2] 自20世纪90年代以来,随着国际经济环境的变化,农协渐渐失去了享有政府代理机构的特权,农协的健康发展也逐渐赢得了机会。[3]

美国农业合作社在不断发展的过程中同样离不开政府的支持,如反垄断豁免政策、税收优惠等。如美国1922年通过的《卡帕－沃尔斯坦德法》,为美国农业生产者协会提供了有限的反托拉斯豁免,从法律上允许农民之间减少竞争、在市场上团结一致

---

〔1〕 参见郭家栋:《国外农民合作社政策支持的经验与借鉴》,载《世界农业》2017年第2期。

〔2〕 参见李中华:《日本〈农业协同组合法〉的解读与初探》,载《农业经济》2002年第12期。

〔3〕 参见蒋颖:《中国农村合作社法律制度发展研究》,中国农业科学技术出版社2009年版,第41页。

共同行动。[1] 1926 年,美国又通过《合作社销售法案》,在美国农业部设立合作社销售处,要求农业部进一步加强对合作社的扶持,并为合作社销售提供各种指导和服务。1929 年,美国国会通过的《农业销售法案》,要求建立联邦农场委员会,并授权该委员会以 5 亿美元扶持合作社,鼓励合作社建造仓库、储藏过剩农产品。[2]

总之,政府对农业合作社发展的支持要注意"度",如果过度扶持则可能造成市场的不公平竞争,如果对合作社经营管理干预过多又妨碍了合作社的自治。因此,政府对合作社的发展只能给予适度的支持,而且应着重加强对合作社运行的监督管理,以及为侵害合作社及其社员利益的行为提供救济途径等。

第四节　社员权保护的合作社支持制度体系构建

我国农民专业合作社产生和发展的实践证明,发展农民专业合作社不仅可以提高农业生产和农民进入市场的组织化程度,而且有利于推进农业产业化经营和提高农民收入。可以说,农民专业合作社不仅是解决"三农"问题的一个重要途径,而且还为落实国家对农业的支持保护政策提供了一个崭新的渠道。因此,农业的"基础性"地位和农民的"弱势性"特征决定了国家和地方各级政府必然支持农民专业合作社的发展。系统构建国家和地方各级政府对合作社的支持制度体系,不仅有利于农民专业合作社的

---

〔1〕 参见张晓山、苑鹏:《合作经济理论与中国农民合作社的实践》,首都经济贸易大学出版社 2009 年版,第 93 ~ 94 页。

〔2〕 参见陈岷等:《经济法视野中的合作社》,知识产权出版社 2016 年版,第 4 页。

规范和可持续发展,也有利于合作社社员权益的保护和社员权实现。

一、构建“公平与效率”“规范与发展”并重的合作社支持制度体系

(一)重公平,促效率

从合作社产生的角度来看,合作社是商品经济和市场经济的必然产物,是经济上处于弱势地位的人们自愿联合起来应对市场风险的互助组织。而且,传统合作社的优势就在于,其作为具有共同利益的社员的联合并以增进社员共同利益为目标的经济组织,是以造成效率损失为代价为提供公平收益而做出组织制度上的安排。具体到西方农业合作社的产生和发展,可以看出,西方农业合作社的产生主要是农业生产者的自发行为,是为了克服小农户与大市场的矛盾,处于市场交易弱势地位的农业生产者自愿联合起来获得市场交易谈判权力而组成的经济组织。然而,在西方合作社的发展过程中,尽管合作社对组织农业生产者抵抗强大的市场交易主体以及实行规模经营等方面发挥了重要作用,但这种创新的组织制度也面临着其自身不断发展所不可避免的问题,即组织的经济激励问题。如合作社社员的积极性如何提高以及合作社如何吸引外部资本扩大经营规模等,即如何获得经济组织发展上的更大效率。在这种背景下,西方国家关于农业合作社的政府规制旨在维护公平与效率的平衡,通过政府的适度支持促使农业合作社获得更大的发展。

我国农民专业合作社作为一种新型的农民合作组织,自产生发展至今也经历了自身经济条件的变化以及外部经济环境的变化的挑战而不断地制度创新。由于各种经济、社会等环境因素,处于分散状态中的单个农户在市场交易中常常难以抗衡垄断谈

判权力的其他强势交易主体,因此,农民在市场经济活动中一直处于竞争弱势地位。正如约翰·罗尔斯所说:“为了平等地对待所有人,提供真正的同等的机会,社会必须更多地注意那些天赋较低和出生于较不利的社会地位的人们。”[1]而农民专业合作社恰好为农民联合起来获得市场交易谈判权力提供了组织资源,也为农民权益的维护提供了组织制度安排。农民专业合作社为市场交易中处于弱势群体地位的农民提供了不同于其他市场主体的组织制度安排,其制度安排更能兼顾公平,更多地考虑了农民利益的维护。所以说,农民专业合作社是一种超越了“相同情况相同对待”的形式公平理念,而注重“不同情况不同对待”的实质公平理念的组织制度。但同时我们必须看到,我国农业人口比例较大、普遍文化水平较低,完全依靠农民自发组建合作组织在我国农村生产力较低的情况下是比较困难的。我国农民专业合作社的产生主要依靠政府的宣传,而后在部分省市试点而逐渐发展起来。在这一过程中,政府的功利行为以及受政绩影响,很多地方发展起来的农民专业合作社都不甚规范,甚至名为合作社而实为私营企业。也就是说,在起初政府对我国农民专业合作社“重效率,轻公平”的规制导向下,农民专业合作社的发展存在诸多问题。因此,关于我国农民专业合作社的政府规制改善应遵循“重公平,促效率”的价值理念。正所谓,“公平”决定合作社的质,而“效率”决定合作社发展的动力;不能保证合作社的质,发展动力再足也是枉然。[2]

---

〔1〕［美］约翰·罗尔斯:《正义论》,何怀宏等译,中国社会科学出版社 1988 年版,第 101 页。

〔2〕参见任梅:《中国农民专业合作社的政府规制研究》,中国经济出版社 2012 年版,第 212 页。

（二）重规范，促发展

我国农民专业合作社自产生发展至今，由于各方面原因，一直存在内部运行机制不规范的问题，而这与合作社乃“舶来品”以及属政府的推定具有很大关联。从历史的角度来看，有著述指出，对中国而言，合作社在20世纪初被作为挽救中国乡村社会经济危机的一剂良方“移植”而入，并成为政府一项“国策”而被强制推行。这种移植最终导致的结果就是，本与政府无涉的“社会自组织”行为且仅具经济功能范畴的合作社制度，在移植到中国后就异变为具有政治、经济和社会多重功能范畴为一体的“政府行为”。[1] 也就是说，合作社引入到中国而发生的异变与不规范发展有其深刻的历史原因。其中，政府的因素是关键。如前所述，受政府功利主义行为和政绩考核的影响，政府对农民专业合作社的推动是重发展而轻视其规范化问题，一直强调“先发展，再规范”。

尽管我国《农民专业合作社法》的颁布一定程度上规范了农民合作社的发展，为农民专业合作社的发展提供了重要制度保障，这也是政府规制逐渐转向的表现。然而，这种转变并不彻底，政府规制表现在制度供给和执行方面还存在诸多不足。在合作社内部自身禀赋缺失的现实经济条件下，政府发挥对农民专业合作社的规范化发展的规制功能尤显重要。可以说，是否能够针对每一类规制对象的特点，以适宜的干预程度对之予以规制，是决定相应规制政策成败的关键。[2] 因此，我国农民专业合作社的政府规制，必须是在把握该组织在我国形成和发展的特点的基础

〔1〕 参见井世洁：《乡土中国社会生态中的合作社组织——从〈政府·合作社·乡村社会：国民政府农村合作运动研究〉谈起》，载《中国图书评论》2007年第7期。

〔2〕 任梅：《中国农民专业合作社的政府规制研究》，中国经济出版社2012年版，第32页。

上，给予适度的支持，为其发展创造良好环境。

二、完善合作社法律供给体系

实际上，合作社内部制度的规范无法靠内部来自足地完成，促进合作社进一步健康发展的关键在于通过外部条件的根本改善来促进其内部制度的规范，即外部条件的改善是根本。[1] 又由于政府规制与农民专业合作社内部利益平衡问题紧密相关。可以说，政府规制改善才是合作社规范和健康发展的根本。[2] 合作社外部条件的改善即政府规制的改善。地方政府在推进农民专业合作社发展的过程中，不能过多地干预其内在的运行机理，市场经济的本质要求政府是促进和保护市场发展而不能越位。[3] 政府相关部门在规范和引导合作社发展时，应将优惠和补贴更多地应用于合作社的制度建设当中。[4]

（一）制定《农民合作社法》统一农民合作社制度

1. 我国合作社立法模式选择

世界各国合作社发展都具有鲜明的阶段性，国外实际存在大量不规范的合作社，即使他们今天的规范化也是长期不规范发展的结果。不过，世界上绝大多数国家都已经通过相关立法为农业合作社的健康发展创造了一个良好的制度框架，如美国、加拿大、法国、德国、日本等国均有比较完备的合作社法律体系。《农民专

〔1〕 杨雅如：《当前我国农民专业合作社发展的外部条件调整研究》，载《青岛农业大学学报（社会科学版）》2010 年第 3 期。

〔2〕 崔宝玉等：《内部人控制下的农民专业合作社治理——现实图景、政府规制与制度选择》，载《经济学家》2012 年第 6 期。

〔3〕 张倩：《农民专业合作社法背后的三大法律逻辑——政府介入农村合作组织的边界》，载《行政与法》2008 年第 6 期。

〔4〕 刘西川、徐建奎：《再论"中国到底有没有真正的农民合作社"——对〈合作社的本质规定与现实检视〉一文的评论》，载《中国农村经济》2017 年第 7 期。

业合作社法》颁布实施后，在法律的促进下，我国农民合作社蓬勃发展，覆盖范围遍及乡村，合作水平大幅提升。然而，由于法律逻辑与实践逻辑之间的背离，《农民专业合作社法》在实施中乱象杂呈。特别值得注意的是，法律颁布实施以来，各级地方政府的深入介入和影响，既有效地促进了合作社的组建和快速扩展，也在一定程度上导致了政策优惠资源的错配。由于政府把合作社作为承担农业政策的重要主体，为了完成某一农业农村项目，地方政府往往要求成立农民专业合作社，也因此出现了所谓的“假合作社”“空壳合作社”。〔1〕 也就是说，在农民专业合作社立法意旨与实践发展不相一致的现实背景下，中国农民专业合作社未来的发展，势必要在理想与现实之间寻求平衡点。〔2〕 而《农民专业合作社法》的修订应从完善社会主义市场经济法律体系的战略高度，秉承其立法的精神实质和所要体现的社会价值。〔3〕

为了适应实践中合作社发展的需要，各国合作社法的规定通常都比较原则，但同时又通过不断修订保持法律的适应性。如《德国合作社法》自诞生之日起，一直保持与时俱进，适应外界新形势的变化不断完善与修正具体法律条款，为德国合作社的健康持续发展发挥了保驾护航的推动作用。〔4〕 我国《农民专业合作社法》作为一部市场主体法，相较于《公司法》《合伙企业法》等，条文较少，其中很多规定也比较原则性甚至存在模糊性。而且，《农民专业合作社法》在实施十年后，其中一些规定已不再适应农

〔1〕 参见孔祥智：《对农民合作社的非议从何而起》，载《人民论坛》2019 年第 4 期。

〔2〕 参见张晓山：《理想与现实的碰撞：〈农民专业合作社法〉修订引发的思考》，载《求索》2017 年第 8 期。

〔3〕 参见苑鹏、宫哲元：《关于〈农民专业合作社法〉修订若干问题研究的文献述评》，载《农业经济与管理》2015 年第 5 期。

〔4〕 参见苑鹏：《德国最新〈合作社法〉的修订变化及其对我国的启示》，载《学习与实践》2016 年第 7 期。

民专业合作社实践发展的需要。如一些专业合作社存在成员边界不清、内部管理不民主、财务分配制度不健全等，不同程度损害着农民专业合作社及其成员的利益。《农民专业合作社法》保障合作社及其成员合法权益的立法目标难以得到有效实现。关于《农民专业合作社法》的修订问题，学界存在“大改”“中改”还是“小改”的不同观点。但大多数学者对合作社法律的修改持“小改”的观点，2017 年 12 月 27 日通过的修订后的《农民专业合作社法》仍然保持原法律框架，主要针对法律实施中存在的问题进行“小修小改”。这种“小改”做法比较符合短期法律修订的立法需求，但此次法律的修订并未能解决农民合作社在规范化和进一步发展中面临的种种问题，尤其是除专业合作社之外的其他农民合作组织的有益制度的法律表达仍是今后合作社立法的重点。因此，为实现农民专业合作社社员权制度的立法完善，《农民专业合作社法》的修订应保持常态化，实行“大修”与“小修”相结合，不断适应社会经济环境和合作社自身发展的新变化，更好地体现法律为从事家庭承包经营的农户服务的首要目标，满足广大农户成员共同经济需求的立法宗旨。

综上所述，在中国农业现代化建设过程中，我们需要着力探讨农民合作社所应具有的价值理念、质的规定性以及具体实现形式。当然，针对实践中出现的农民合作社创新类型，在立法上我们仍不能放弃对合作社本质规定的追求，否则势必造成现实与合作社理论的脱节。[1] 因此，我国《农民专业合作社法》的修改完善也必须始终坚持合作社的本质规定性，然后相继抉择法律文本

---

〔1〕 参见邓衡山、徐志刚：《〈农民专业合作社法〉需要大改吗？——兼论名实之辨的意义与是否需要发展中国特色合作社理论》，载《农业经济问题》2016 年第 11 期。

结构体例。[1] 如前所述,各国由于政治经济文化传统的不同,合作社立法模式也有显著差异。因此,立足我国合作社立法的本土资源,顺应世界范围合作社立法模式的发展趋势,结合规范性合作社的本质属性,我国合作社立法也应采取综合性基本法与特殊类型合作社专门立法相结合的立法模式。[2]

在制定综合性基本法上,无论是采取《合作社法》还是《农民合作社法》?党的十九大提出了乡村振兴战略并写进了党章,而各种类型的农民合作社又是实施乡村振兴战略以及实现农业农村现代化进程中的重要载体,因此,有学者提出制定《合作社法》以确立合作社基本原则,并包容各种类型的合作社。[3] 显而易见的是,制定《合作社法》并不能体现农民群体以及相应制度安排的特殊性。而制定《农民合作社法》则有利于考虑为改变生存竞争弱势地位和实现自身发展而进行互助合作的农民社员的独特利益诉求而进行相应制度安排。然而,对我国农民合作社的"规范性"的判断标准,也一定要建立在客观需要和发展现实上,须以历史的、辩证的视野审视我国农业农村发展的阶段、主要目标和任务,契合我国农业现代化和农民增收的现实需求。由此可以说,我国农民合作社的"规范性",关键不取决于合作社本身的制度规定,而应完善中国特色社会主义制度,增强整体制度环境的规范功能。[4] 因此,从长远来看,要发挥各种创新类型农民合作社对

---

〔1〕 参见高海:《〈农民专业合作社法〉修改的思路与制度设计》,载《农业经济问题》2017 年第 3 期。

〔2〕 参见孙晓红:《合作社立法模式问题研究》,知识产权出版社 2012 年版,第 44 ~ 45 页。

〔3〕 参见孔祥智:《中国农民合作经济组织的发展与创新(1978—2018)》,载《南京农业大学学报(社会科学版)》2018 年第 6 期。

〔4〕 参见李萍、田世野:《如何看待现阶段我国农民合作社的"规范性"?——一个政治经济学的探讨》,载《四川大学学报(哲学社会科学版)》2019 年第 1 期。

农业产业发展的积极作用,以及尊重中国农民"互惠理性"和合作共享的现实需求,未来我国农民合作社的立法完善趋势应是采取制定统一《农民合作社法》的模式,既突出合作社的制度优势,又充分考虑农民身份的特殊性。

而且,农民合作社还承担了农业经营主体和服务组织两种功能角色,作为农业经营主体,农民合作社对外经营业务具有营利性,而作为服务组织,其对内为社员提供服务又具有非营利性。基于农民合作社所具有的双重组织属性,其营利属性决定了其私法主体地位,非营利性决定了其公法主体地位。具体来说,就是采用公权与私权相结合的调整方法,运用一般规定与具体规定、强制性规范与授权性规范相结合的立法技术,构建其法律框架内容。[1] 也就是说,针对实践中蓬勃发展起来的农民合作组织,今后法律主要从规范合作社的角度,鼓励和支持合作社的发展,只有规范的合作社才能享受国家的扶持政策,或者说政府应给予规范的合作社以法律所规定的扶持措施。[2] 另外,除通过法律强制性规范保障合作社本质性要求外,还须对违反合作社本质性规定的行为予以法律责任规定,这也是为农民合作社的"规范性"提供法律保障的关键。因为,承担法律责任是法律强制的基本方式。如果仅对合作社本质性要求予以法律强制性规范,而没有规定相应法律责任,就不可能取得良好的强制效果。与此同时,在对合作社本质进行强制性规范以保障其合作社本质的基础上,合作社的发展还需要立法给予包容,给予基层合作社发展更大的弹性空间,提供灵活的制度环境和公平保障,即通过授权性规范赋予合

---

〔1〕 参见马惊鸿:《农民专业合作社组织属性反思及法律制度创新》,载《政法论丛》2016 年第 2 期。

〔2〕 朱哲毅、宁可、应瑞瑶:《农民专业合作社的"规范"与"规范"合作社》,载《中国科技论坛》2018 年第 1 期。

作社章程具体决定各项经营事务。

2. 强化社员权益保护的合作社法配置

美国农业合作社形态法定化过程中，主要存在美国法律关于何谓“基于合作社基础开展经营”、关于社员资格的界定、关于合作社及其管理者责任的界定等问题。[1] 北美地区对新型农业合作社的立法特点有两点值得借鉴：一是强调惠顾者成员的出资义务，二是在“有限合作组织”中分别限定惠顾者成员和投资者成员的权利。[2] 美国虽没有单独针对合作社的法案，但各州根据实际出台了农业合作社法案。美国农业合作社法与时俱进，不断完善与修订具体的立法条款以适应外部环境的变化，其修订主要体现在筹资、决策和利益分配机制的完善，并最大限度地保持了合作社基本原则不变，从而为合作社的持续健康发展提供法律保障。[3] 根据国际合作社发展的大趋势，我们对合作社的认识和要求也应该回归到其本源上来。[4] 在探索合作社在中国存在的必要性时，一定要守住合作社质的规定性的底线，即合作社是社员所有、社员控制和社员基于使用服务而受益的特殊类型经济组织，否则就是“伪合作社”“假合作社”了。

从合作社的形成来看，合作社是有共同需求的人们自愿联合而成的组织。农户对合作社的需求是农民专业合作社获得发展的原动力，合作社要能对真正有需求的社员产生正向激励关系才能促使合作社持续稳定发展。我国农民专业合作社与欧美国家

---

〔1〕 参见卢代富、谭贵华：《美国农业合作社的形态法定化及其启示》，载《法学论坛》2012 年第 3 期。

〔2〕 参见马彦丽：《北美农业合作社修法对我国的启示》，载《中国农民合作社》2014 年第 9 期。

〔3〕 参见王军：《美国农业合作社法新变化》，载《中国农民合作社》2016 年第 10 期。

〔4〕 参见孔祥智：《对农民合作社的非议从何而起》，载《人民论坛》2019 年第 4 期。

的农业合作社对农户的吸引力来源明显不同。欧美国家农业合作社的发展大多基于农户的经济理性，而我国农民专业合作社对农户的吸引主要来自农户受外界影响的感性判断使然。当然，农户基于自身的经济理性采取加入合作社的行动，其前提是有较为完备的合作社法律制度安排。因此，在目前我国农民专业合作社发展的环境下，进一步规范合作社的制度安排和完善社员权益制度，对吸引更多普通农户加入合作社至关重要。而且，农户普遍较为感兴趣的是加入合作社能否带来自身经济利益的提升以及可获得利益能否得到有效保障。因此，加入合作社的农户的经济利益得到了实实在在地提升通常是较能打动未入社农户采取入社行动的。

（二）完善合作社立法与章程自治相结合的规范体系

1. 积极推动制定或修改农民专业合作社地方性法规

自 2006 年《农民专业合作社法》颁布以来，我国相继出台了一系列相关政策法规补充规范农民专业合作社的发展。如 2007 年国务院公布行政法规《农民专业合作社登记管理条例》、2007 年 6 月原农业部发布《农民专业合作社示范章程》等。多个省份出台了地方关于《农民专业合作社法》的实施条例或实施办法，各省的地方性法规立足本省实际需求并在不违背农民专业合作社法律规定的前提下对其进行了有效补充。如四川省人大常委会于 2010 年通过了《四川省〈中华人民共和国农民专业合作社法〉实施办法》，此项具体的地方性法规以遵循《农民专业合作社法》为基础，是根据四川省范围内农民专业合作社实施的实际情况制定产生的，因此对当地农民专业合作社发展具有较强的指导作用。[1] 2018 年

---

〔1〕 参见宇龙：《〈农民专业合作社法〉实施的实证调查与法律建议——以四川省农民专业合作社发展实际为例》，载《农村经济》2016 年第 6 期。

7月1日起,修订后的《农民专业合作社法》正式实施,与其配套的相关制度也亟待修订。此次法律修订适应了农民合作社发展的新形势、新变化和新情况,做出了一些重大修订,比如取消同类限制、允许土地等要素入社、确立了农民专业合作社联合社的法人地位等。为贯彻落实新修订的《农民专业合作社法》,准确体现法律修订的目的,更好发挥农民专业合作社章程的作用,农业农村部于2018年12月17日发布了修订后的《农民专业合作社示范章程》。与此同时,国家市场监督管理总局也开展了对《农民专业合作社登记管理条例》的修订工作,并于2019年7月10日向社会公开发布《农民专业合作社登记管理条例》(修订草案征求意见稿)。相应地,已出台地方性法规的各省份也应在法律做出重大修订的基础上根据各地实情修订完善各地方性法规。

根据修订后的《农民专业合作社法》修订或出台的地方立法,目前有2019年3月28日通过的《吉林省农民专业合作社条例》、2020年3月19日通过的《上海市实施〈中华人民共和国农民专业合作社法〉办法》以及2019年9月20日修订通过的《新疆维吾尔自治区实施〈中华人民共和国农民专业合作社法〉办法》。此外,其他地方应积极推动农民专业合作社地方性法规的修订工作,完善支持农民合作社创新发展的政策法规,以引导各地农民合作社的规范发展。在《农民专业合作社法》颁布实施后,政府的工作重点应放在规范农民专业合作社的发展上,积极引导农民专业合作社的规范发展。即各地方政府应从积极主动地推动农民专业合作社的发展向提供维护农民权益和规范合作社发展的制度环境转变,即从对合作社的内部影响转变为从外部促进合作社发展。

有著述将合作社的制度变革和机制创新仍然寄希望于各级政府,[1]实际上还是主张政府对合作社的内部影响,并不能从根本上解决目前农民专业合作社发展中所遇到的各种问题。政府的职责应是提供正确的政策导向和法律引导,为农民专业合作社的可持续发展创造适合的外部条件。如提供有利于农民权益维护和各种利益平衡的制度安排,构建农民利益表达机制,为利益损害提供可行的救济途径等。各地方政府应为有利于《农民专业合作社法》的实施积极出台适于地方产业发展和经济实情的实施细则或办法,特别是针对一些涉农部门的支持应根据修订后的《农民专业合作社法》作出具体规定,努力创造有利于办社、兴社的政策环境。

2. 进一步完善合作社章程自治制度

章程是设立农民专业合作社时的必备法律要件。农民专业合作社的设立、变更都要进行公示性登记,同时都必须提交章程。然而,实践中,很多农民想办合作社,设立人往往不知道怎么写章程。如果政府能为专业合作社提供各类示范章程,合作社再根据自身实际情况进行修改,可大大降低登记过程中的成本。法国等一些国家就建立了农产品收购、销售、供应、服务等多种类型合作社的示范章程。因此,为了便于章程起草,客观上往往需要一定的蓝本作为参考,这种由某个部门、组织或个人事先制定出来、供设立人参考使用的章程文本,称为示范章程。[2]《农民专业合作社法》颁布实施后,原农业部制定了《农民专业合作社示范章程》

---

〔1〕参见孙亚范、余海鹏:《立法后农民专业合作社的发展状况和运行机制分析——基于江苏省的调研数据》,载《农业经济问题》2012 年第 2 期。

〔2〕本刊编辑部、韩志峰:《"强制性"章程:合作社的基本准则——农业部合作指导司合作指导处处长赵铁桥解读〈农民专业合作社示范章程〉起草情况及主要内容》,载《中国合作经济》2007 年第 5 期。

（以下简称《示范章程》）。专业合作社可以以《示范章程》为蓝本制定自己的章程，当然也可以抛开示范文本，直接依照《农民专业合作社法》的要求，结合本社的实际情况，自行制定章程。然而，由于设立人存在有限理性以及自身禀赋条件所限，《示范章程》自公布施行以来对降低合作社登记成本发挥了重要作用，但实践中农民专业合作社章程在规范度和自治性方面存在一些突出问题，不利于促进农民专业合作社的规范化发展。随着新修订的《农民专业合作社法》的颁布实施，农业农村部已对《示范章程》作出了相应修订。由于《示范章程》对农民专业合作社而言主要是发挥参照作用，没有强制约束力，实践中很多农民专业合作社章程均流于形式，未能真正发挥章程自治作用。

实践中，大多数合作社设立时，直接照抄照搬登记机关提供的示范章程的内容制定本社章程，全然不顾“量体裁衣”的原则。因此，提交章程仅成为办理合作社登记的程式化要求，登记机关以及合作社自身均不关心该章程是否符合合作社将来发展的目标。各章程条款内容大同小异，如各自经营范围、各自成员的权利义务和责任等方面差异不大，章程条款存在明显的趋同性。该章程作为设立时的法律文件提交，并不能切实反映合作社实际组织和运行需求。尽管《示范章程》在合作社组织机构、财务管理等方面均作出了相应规定，然而大多数规定仅停留在形式文本上，实践中难以操作。再加上，农民专业合作社成员和法定代表人均对章程缺乏理性认识，对章程的制定存在无所谓的态度，参与章程制定的能动性不强，因此成员的意愿和对合作社发展的预期均无法融入章程中，从而势必会导致章程的可操作性不强。合作社的实际运营与章程规定不相符。有些合作社则是纯粹为了获取国家对农民专业合作社相关的优惠政策和补贴，而完全照搬《示范章程》的内容,但在实践中,其章程根本无法操作。[1] 此外,作为合作社自治特征的重要体现,章程在原《农民专业合作社法》中出现有 42 处,新修订的法律增加到 46 处,充分体现了其重要地位。《农民专业合作社法》在对章程必要记载事项进行明确的同时,也为章程任意性条款的扩充留出了足够的空间。农民专业合作社在实践发展中面临新情况、解决新问题时,章程可以就此作出新的规范。[2] 这就要求章程多些任意事项内容的规定,以满足农民专业合作社发展实际的需求。

合作社章程是合作社自治的重要表现,但合作社自治应当是有序而有效的自治,即合作社章程的内容不能违背合作社法的强制性规范,否则为无效条款。然而,由于设立人的有限理性等各方面因素,合作社章程自治具有局限性。根据契约理论,合作社法可视为标准契约。因此,如果合作社法能够合理地搭配强制性规范和任意性规范,为合作社提供可选择的制度安排,不仅有利于克服设立人的有限理性等不足,而且还能够节约交易成本,提高合作社的设立效率。尤其是在目前我国农民专业合作社的发展实践中还较为缺乏"农村能人",合作社法如果能将由章程自主规定的事项通过任意性规范体现出来,为合作社设立提供符合实际情况的可供选择的制度,可能较为符合现今我国农民专业合作社发展的实际。为此,结合新修订的《示范章程》内容以及实践中存在的问题,还需进一步完善章程自治制度。

农民专业合作社社员权制度的完善,不仅体现在合作社法的完善,还体现在合作社示范章程的完善。由于合作社制度的特殊

〔1〕 参见曹务坤、陈晓娟:《民族村寨农民专业合作社章程存在的问题及其潜在风险——基于法社会学的视角》,载《贵州民族研究》2017 年第 10 期。

〔2〕 参见如东工商局登记注册科:《农民专业合作社章程的完善与规范》,载《江苏经济报》2012 年 12 月 10 日,第 B03 版。

性,关于合作社的本质要求应以合作社法进行强制性规范,不符合合作社法强制性规定要求的,在法律地位上不以合作社主体论。同时,为了保障合作社自治特性,以适应实践中的合作社制度需求,应赋予合作社章程对合作社组成、运行等具体事务作出规定。具体来说,应明确表述合作社法赋予章程任意规定事项的意义,如明确注释"合作社可以根据自身发展需要,对入社条件作出详细规定"细化成员权利与义务,明确组织机构设立以及科学化的盈余分配方案等。"入社自愿、退社自由"是农民专业合作社的原则之一。实践中,很多合作社理事长不理解法律的规定,认为成员想来就来、想走就走,因此导致合作社成员规模和出资情况都在不断发生变化,作为一个市场主体跟公司没法比,很难与其他市场主体进行竞争。[1] 因此,合作社制定章程时可根据《示范章程》的注释制定更个性的章程,如设立入社退社门槛、细化成员权利与义务并紧密成员与合作社的利益联结关系、明确与合作社实际发展相适应的组织机构及其职责、对成员的责权义进行明晰规定等。与此同时,进一步完善《示范章程》关于任意性事项的规定。为了便于合作社设立人遵循,《示范章程》可以列出一些具体的任意性事项,供农民专业合作社自主选择。如《示范章程》可以列举成员具体权利内容、成员附加表决权的数量及行使范围、除名退社的具体情形等。合作社发展实践水平高低不同,对制度需求也显然各异。因此,对法律不可能作出详细规定的内容,可以通过《示范章程》条款引导合作社按照自身实际情况作出规定。正所谓"法不禁则可为",凡是法律没有作出禁止性规定的,章程

---

[1] 参见李世武:《农民合作社章程要有"个性"》,载《中国农民合作社》2014 年第 9 期。

都可规定。[1]

3. 完善国家对合作社章程自治的适度干预制度

《农民专业合作社法》遵循了国际合作社联盟所确立的合作社自治原则要求,赋予了合作社章程对调整合作社内部组织关系进行具体规定的自治权。合作社章程在本质上就是社员之间的契约,是合作社实现自治的工具,也是对社员资格进行界定、对社员权利进行限制和规范的主要工具,是调整合作社内部权利义务关系的重要途径。为了最大限度地体现合作社的自治精神,从理论上来说,合作社的设立人在制定合作社章程时是理应将社员权利义务内容在章程中加以详细规定的,但实际上却是不可能的。不仅因为合作社设立人具有有限理性,尤其是在还较为缺乏农村能人领办合作社的情形下,设立人难以预见将来可能发生的各种利益冲突,而且趋于自私自利的本性,设立人更多地考虑有利于自己利益实现的制度安排,而有可能忽略对社员权利分配的公允态度。另外,要达到各方满意的制度设计,其所需要的交易成本也是合作社的设立人难以承受的,甚至有可能导致合作社组织的设立失败。因此,很多时候,设立人为了节约交易成本,提高合作社设立效率,制定合作社章程时不愿进行过多的谈判和磋商,通常会直接适用合作社法的相关规定形成章程条款。而且,合作社的章程自治并不是绝对的,而是有限度的。这种限度主要体现为国家对合作社章程自治的适度干预。[2] 国家对合作社章程的适度干预主要缘于合作社的自治失灵。只要信息是不完善的,或者

---

〔1〕 本刊编辑部、韩志峰:《"强制性"章程:合作社的基本准则——农业部合作指导司合作指导处处长赵铁桥解读〈农民专业合作社示范章程〉起草情况及主要内容》,载《中国合作经济》2007 年第 5 期。

〔2〕 徐小平:《中国现代农业合作社法律制度研究》,西南政法大学 2007 年博士学位论文,第 107 页。

市场是不完全的,那么市场就达不到帕累托效率。[1] 因此,国家通过有效的制度供给即提供强制性规范,对合作社章程的自治性进行适度干预,能够防止或者减少自治失灵,从而达到干预市场非效率的目的。[2] 也可以说,国家提供强制性规范的理论依据是,有些当事人经常在信息不对称的情况下受到压榨,或者第三人的利益有可能受到侵害,或者集体行动问题有可能导致无效率或者不公平的契约条款。[3]

合作社主要为人的联合,章程内容反映了全体社员的共同意志,体现的是社员的意思自治。因此,在合作社的章程内容不违背合作社法的强制性规范情形下,合作社章程自治应当得以尊重。但是,应当发挥合作社法对合作社章程的漏洞填补作用。尤其是在我国农民专业合作社发展的实践中,成员异质性已成为普遍现象,少数核心成员与多数普通成员并存。由于少数核心成员常常掌握了合作社经营事务的控制权,对于多数普通成员而言并不能发挥太多作用去影响章程的制定或修改,普通成员更多情况下是被动接受合作社章程的制定和修改。因此,合作社法的强制性规范在一定程度上能够防止或者减少合作社的自治失灵,有利于社员权益的维护。对于这样的条款,合作社章程不可以排除适用。当然,合作社法也不应有过多的强制性规范,应遵循合理的界限对强制性规范和任意性规范进行恰当的搭配,否则"合作社自治"便成为一句难以实现的空话。合作社法作出强制性规范应

---

〔1〕 参见[美]约瑟夫·E. 斯蒂格利茨等:《政府为什么干预经济——政府在市场经济中的角色》,郑秉文译,中国物资出版社1998年版,第69~70页。

〔2〕 徐小平:《中国现代农业合作社法律制度研究》,西南政法大学2007年博士学位论文,第109页。

〔3〕 参见[美]莱纳·克拉克曼等:《公司法剖析:比较与功能的视角》,刘俊海等译,北京大学出版社2007年版,第35页。

以解决上述提到的由于自治失灵导致的无效率或不公平问题为基准。而任意性规范发挥的作用则在于合作社章程自治无效时，为了节约交易成本，合作社法能够为合作社的参与主体提供可选择的制度安排。也就是说，合作社法需要综合运用公法与私法，也就是强制法与授权法结合起来作用于其调整对象〔1〕。因此，结合制度设计对相关利益主体的影响，可以通过强制性规范和任意性规范的合理搭配完善我国《农民专业合作社法》的社员权规定。

（三）完善农民专业合作社的登记管理制度

根据我国《农民专业合作社法》的规定，设立农民专业合作社采取的是登记主义，即只要符合法律规定的条件，无须经过行政机关的批准，即可依法登记为农民专业合作社，并取得法人资格。《农民专业合作社法》第12条明确规定了设立农民专业合作社的五项条件，这些条件是农民专业合作社法人成立的实质要件，只有同时具备这几项条件，登记机关才能确认其法人资格。新修订的《农民专业合作社法》并未对设立条件作出修订，即法律仍未对农民专业合作社成员的最低出资额作出具体规定，因此，对农民专业合作社法人而言也没有法定最低出资额要求。尽管注册资本是合作社生产经营的基础，是合作社正常运营的基本保障。而且，农民专业合作社在实践中也的确面临发展资金不足等问题，如果在合作社法中增加关于合作社注册资本及其货币出资比例的相关规定，一方面可以缓解合作社资金不足的问题，另一方面也可以在一定程度上确保合作社的流动资金，确保合作社持续发

---

〔1〕 马惊鸿：《农民专业合作社组织属性反思及法律制度创新》，载《政法论丛》2016年第2期。

展。[1] 然而,考虑到我国农民专业合作社发展的实际规模和水平不一,《农民专业合作社法》在修订时仍未对出资额作出统一的规定和限制,而是授权章程根据实际情况确定出资的方式、数额等有关事项,目的是通过降低设立门槛,给予实践中合作社更广阔的发展空间,让更多农民专业合作社可以更容易地取得法人资格,并开展正常的生产经营活动。这是立法在规范与促进合作社发展之间所做的权宜之计。然而,从合作社的健康和可持续发展考虑,未来法律应对此进行更符合市场规范的制度设计。在现有法律框架下,还可以通过完善农民专业合作社的登记管理制度以弥补立法缺陷和不足。结合《农民专业合作社登记管理条例》(修订草案征求意见稿)的相关内容,具体建议如下。

1. 加强登记审核制度,建立农民专业合作社法人登记的验资制度。目前我国合作社登记实行的是备案制,而非审批制,登记门槛较低,也给一些不符合合作社标准的企业按合作社登记提供了可乘之机。因此,加强对合作社注册登记时的审核,防止不符合合作社标准的企业注册登记以骗取扶持合作社政策优惠措施,是政府履行监管职责的重要内容。另外,合作社章程是合作社内部治理和规范社员权利义务的重要依据。合作社遵循自治的原则,因此,章程是合作社内部制度的重要载体。章程的不规范很可能导致合作社内部关系不清晰,内部治理混乱等现象,因而成为社员合法权益受损的基础来源。不过,章程是合作社注册登记时提交的必要文件,政府部门在办理注册登记手续时应重点审查合作社章程内容是否完备、是否合乎合作社法的强制性规定,这也是加强社员权益保护的重要一环。实践中已经有相关做法,即

---

〔1〕 参见翟相苗等:《农民专业合作社成员出资方式及法律效果研究——基于〈公司法〉与〈合作社法〉的对比分析》,载《农业部管理干部学院学报》2014 年第 2 期。

工商登记部门邀请农业行政部门对设立人提交的合作社章程进行审核。这种做法值得推广并予以制度化。

《农民专业合作社法》第13条已明确农民专业合作社成员可以采取的出资方式以及法律对成员出资的限制。为配套法律的实施,保障合作社成员及其债权人利益,还应建立非货币财产的评估机制。然而,遗憾的是,《农民专业合作社登记管理条例》(修订草案征求意见稿)并未纳入此内容。因此,建议将《农民专业合作社登记管理条例》第8条第1款修改为:"农民专业合作社成员的出资方式应当符合农民专业合作社法第十三条的规定,不得以劳务、信用、自然人姓名、商誉、特许经营权或者设定担保的财产等作价出资。成员以非货币财产出资的,由全体成员或评估机构评估作价。"第2款修改为:"成员的出资额以及出资总额应当以人民币表示,其中对以土地经营权作价出资的情况和金额单独列明。成员出资额之和为成员出资总额。"除此之外,农民专业合作社应根据以土地经营权作价出资的具体情况及时在市场监督管理部门办理注册登记、变更登记以及注销登记手续。也就是说,应对以土地经营权出资的情况进行单独列明,以便交易相对人准确了解农民专业合作社的财产状况。

2. 完善农民专业合作社的年检制度。为了更好发挥法律对农民专业合作社规范发展的引导作用,修订后的《农民专业合作社法》在规范专业合作社的组织和行为方面作了补充完善,新增了"关于报送年度报告及公示的规定"。农民专业合作社作为一类市场主体,其生产经营活动以及财产状况等信息对维护市场交易安全和提高合作社资信能力均具有重要影响,因此,也应遵循市场主体的一般行为准则,定期公开其经营信息。要将上述法律规定落到实处,须完善农民专业合作社的年检制度。2014年8月19日,原国家工商行政管理总局发布了《农民专业合作社年度报告公示暂行办法》，对农民专业合作社年度报告的报送和公示进行了规范，包括报送年度报告的时间和年度报告内容等。其中，对未按规定报送年度报告并公示、年度报告公示信息存在不真实以及通过登记住所无法取得联系的等情形，主要由工商行政管理部门对其作出“列入经营异常名录”的决定，并通过企业信用信息公示系统向社会公示。可以说，该规定有利于市场交易相对人以及其他社会主体实时了解农民专业合作社的经营状态。随着《农民专业合作社法》的修订实施，《农民专业合作社登记管理条例》和《农民专业合作社年度报告公示暂行办法》也应作出相应修订，进一步完善农民专业合作社的年度报告和公示制度。

3. 系统构建农民专业合作社退出机制。《农民专业合作社法》对合作社的组建如设立和登记、组织机构等作出了大量规定，相比而言，关于合作社的退出规定则不多。《农民专业合作社法》修订的主要目的在于规范合作社组织及行为，因此，修订后的法律新增了关于“农民专业合作社连续两年未从事经营活动”的法律责任的规定。如果农民专业合作社自设立后两年内未开展经营活动，或者开展经营活动后连续两年中断经营活动的，登记机关应当吊销其营业执照。由颁发营业执照的登记机关作出该处罚，意味着被吊销营业执照的农民专业合作社失去了合法经营的资格，应当按照规定的程序予以解散，从而退出市场。系统规范农民专业合作社退出机制，除明确规定被吊销营业执照的具体情形外，还应畅通退出机制，允许农民专业合作社根据自身经营状况适用简易注销程序自主申请注销登记，从而退出市场。

三、构建合作社政府监督制度体系

政府规制失灵是制约我国农民专业合作社可持续发展的重要因素。在合作社内部自身禀赋缺失的现实经济条件下，政府发挥对农民专业合作社的规范化发展的规制功能尤显重要。可以说，是否能够针对每一类规制对象的特点，以适宜的干预程度对之予以规制，是决定相应规制政策成败的关键。[1] 而且，目前已大量存在的不规范管理的合作社亟须政府规制功能转变，一旦形成“路径依赖”，农民专业合作社的规范化建设势必难度更大。在政府与合作社的关系上，随着经济的持续发展和城镇化的推进，合作社要在激烈的市场竞争中立足，仍需政府的积极促进；同时，政府为了实现其“三农”任务，也必须认真执行相关促进措施，以让市场这只“看不见的手”来高效配置农村资源。[2]

（一）建立政府对合作社运营的监管制度

异质性的成员结构导致农民专业合作社内部成员之间的利益冲突明显。专业大户、供销社、龙头企业等领办的合作社，资本特征较为明显，农民成员的利益保护存在较大风险，政府应加强对这类合作社的监督和管理，如监督合作社的内部治理机构的设置、规范合作社的运营机制等。具体来说，政府可成立专门的合作社监管部门，对合作社的民主管理的执行情况进行定期检查、定期对合作社的财务进行审计等。在这方面，德国合作社法经验值得借鉴，德国对合作社实施强制监管制度。在合作社成立之初确定监管组织，合作社成立后该监管组织定期对合作社财务进行审计、对其民主管理情况进行跟踪观察等。经监管组织认定为不合格者还要停业整顿。如德国合作社法对审计制度的不断完善，从合作社内部成员自我监督、合作社外部第三方独立审计监督以及代表公众利益的国家层面的行政监管机关等三个层面来全方位强化合作社监管。尤其是，加强政府对合作社的特别审计监督

---

〔1〕 任梅：《中国农民专业合作社的政府规制研究》，中国经济出版社2012年版，第32页。

〔2〕 参见郑景元：《论合作社自治的商法机制》，载《法商研究》2018年第2期。

功能,赋予各级政府农业行政主管部门对管辖范围内的合作社行使政府特别审计监督权,以弥补合作社自律性审计监督的不足。因此,我国农民合作社法进一步修订完善时应对那些获得政府财政资金扶持或获得税收减免的合作社强化国家监督,引入第三方独立审计制度。[1] 另外,在对合作社的运营实施监管的过程中,如遇到成员合法权益受到侵害的现象,政府应为成员权益维护提供有效的行政救济。

（二）建立政府规制的监督机制

针对农民专业合作社的政府规制过度形成的规制越位和错位问题,可以通过建立对规制者的监督机制来加以解决。而且,建立对规制者的监督机制,是保证规制效益的必要条件。因此,有著述指出,形成对规制者的监督机制主要通过构建针对规制者的绩效评价体系得以实现,它既包括对规制机构及其政策,也包括对规制机构工作人员形成的监督。[2] 具体来说,一方面,对规制机构及其政策建立绩效评价制度是对规制必要性的事前评估以及对规制效果的事后评价,有利于政府对实施规制行为的必要性和可行性的认识,从而改善规制。然而,另一方面,对规制机构工作人员建立绩效考评制度,不仅实施难度较大,而且在实践中也起了反作用。由于政府机构工作人员自身对合作社认识不到位,为了完成任务,在实践中通过各种方式促使很多假合作社的产生。又或者是"扶优扶强",使国家对农民专业合作社的扶持和优惠措施难以惠及真正有需要的农民,甚至成为导致不公平竞争

---

〔1〕 苑鹏:《德国最新〈合作社法〉的修订变化及其对我国的启示》,载《学习与实践》2016 年第 7 期。

〔2〕 参见任梅:《中国农民专业合作社的政府规制研究》,中国经济出版社 2012 年版,第 224 页。

的推手，政府规制的功能发生了异位。另外，也有著述在加强对政府规制者的规制方面提出了较为全面的举措，如建立规制的决策失误问责制、执行过错追究制、政策评估制和绩效审查制等一系列监管制度来保证规制者将公共利益作为行动指南。[1] 这些建议对完善政府规制体系都具有重要意义，但都需要考虑实施的可行性和有效性。因此，针对政府规制越位或错位的问题，建立对规制者的监督机制，在政府内部监督不能有效实施的情形下，外部监督显得尤为重要。当对农民专业合作社的政府规制过度损害到广大农民的合法权益，乃至社会公共利益时，应允许司法途径的救济。

政府监管部门违法履行监督管理职责或者怠于履行监管职责，由上级主管部门责令改正。我国《农民专业合作社法》第 69 条列举了违法损害农民专业合作社及其成员利益的行为，但对相关违法损害行为应承担的法律责任则规定得较为笼统，《农民专业合作社登记管理条例》第 29 条也只是就登记机关违法登记或违法不予以登记承担的法律责任作出了规定，即登记机关对不符合规定条件的农民专业合作社登记申请予以登记，或者对符合规定条件的登记申请不予登记的，对直接负责的主管人员和其他直接责任人员，依法给予处分。也就是说，我国现行立法关于政府规制机构的责任条款较为薄弱，缺乏对落实政府扶持政策的其他相关机构履行职责不当的法律责任的规定。完善的法律责任条款是构建政府规制监督机制的重要内容。

总体来说，我国农民专业合作社的政府规制必须重视对农民专业合作社的规范化建设，帮助合作社建立规范的内部管理机

---

〔1〕 参见卢君：《政府规制理论变迁视角下中国政府规制能力的提升》，载《云南财经大学学报》2009 年第 1 期。

制，促使扶持政策落实到真正的合作社身上，以合作社的规范化促进合作社稳健地大发展。与此同时，为防止“政府规制失灵”，还应建立并完善政府规制的监督制度，真正发挥政府促进农民合作社发展的实效。

结　语

《农民专业合作社法》颁布实施后，在法律的促进下，我国农民专业合作社蓬勃发展，合作水平大幅提升。尽管农民专业合作社作为新型农业经营主体，在引领农民参与农村产业融合发展、分享产业链收益，在产业扶贫、农业供给侧改革中发挥着重要作用，但随着农村分工分业深化，农民专业合作社的发展也出现了许多新情况，《农民专业合作社法》中的部分规定已显然不适应合作社实践发展的需要。党的十八大以来，中央多次明确提出鼓励农村发展合作经济，鼓励发展农业专业合作和股份合作，并相继在 2013 年和 2015 年两个中央一号文件中明确要求抓紧研究、适时修改《农民专业合作社法》。根据党的十八届三中全会以来中央扶持发展新型农业经营主体、鼓励发展农民专业合作社的精神和总体要求，2017 年 12 月 27 日第十二届全国人民代表大会常务委员会第三十一次会议通过了修订后的《农民专业合作社法》，并自 2018 年 7 月 1 日起实施。

实践中，农民专业合作社在发展过程中所存在的“数量不少、质量不高”以及“有名无实”等问题，如“空壳社”“翻牌社”“家庭社”大量存在，适应农业产业化经营组织构建需要的不同形式的农民合作社同时并存等。这些问题对合作社的整体社会形象以及国家对合作社的扶持政策均造成了不利影响。修订后的《农民专业合作社法》实施以来,2019 年中央一号文件将农民合作社视为全面深化农村改革、激发乡村发展活力的重要主体,在此基础上提出开展农民合作社规范提升行动,深入推进示范合作社建设,建立健全支持农民合作社发展的政策体系和管理制度等要求。紧接着开展了如火如荼的农民合作社规范提升行动,尤其是农业农村部于 2020 年 3 月 3 日印发了《新型农业经营主体和服务主体高质量发展规划(2020—2022 年)》,更是明确了促进农民合作社规范提升的各项任务要求,是指导各地开展农民合作社规范提升工作的重要依据。

然而,一项对近二十年内农民专业合作社研究的演进路径和热点前沿的系统梳理的研究结果表明,国内关于农民专业合作社的理论研究主要集中于自身发展与政府关系、社员异质性背景下的合作社治理两个方面,在农民专业合作社发展的社会背景和微观层面的主体行为选择方面的研究明显不足。[1] 实际上,本书的研究就是以关注农民专业合作社的微观主体"社员"为核心,以社员权为切入点,以社员权益的保护和实现为依归,来探究农民专业合作社社员权制度体系。

党的十九大提出实施乡村振兴战略,是解决"三农"问题的战略性新举措。农民专业合作社的发展根植于中国农村改革和发展实践,作为新型农业经营主体,其规范发展关系农民切身利益、农业现代化以及农村经济社会发展。农民专业合作社法律制度的首要目标在于规范农民专业合作社的组织和行为,然而法律实

---

[1] 参见陆林、刘烊铭:《中国农民专业合作社研究脉络与演进——基于 1999—2019 年 CNKI 核心期刊、CSSCI 数据的可视化研究》,载《西南民族大学学报(人文社会科学版)》2020 年第 3 期。

施的效果与农民专业合作社发展实践的制度需求存在诸多差异。为保障农民专业合作社法律目标的实现,亟须结合农民专业合作社发展实践的制度需求,对农民专业合作社的“实然法”与“应然法”展开深入和系统的研究。现有研究中,从法学意义上探讨合作社社员之间以及社员与合作社之间的权利义务关系的研究还很不完善,尤其是从社员权视角探讨合作社法律制度的完善则更是不多见,合作社的规范化研究亟须加强。

农民合作社将分散的农民与全国统一的大市场紧密连接起来,是农业产业化经营和农村社会化服务的有效载体。在农业和农村经济发展的过程中,保障农业生产者和经营者的主体地位,是实现农业现代化的关键。农民合作社体现为以农民成员为主体、多种形式的联合与合作,日益成为小农户和现代农业发展有机衔接的重要载体。农民组建或加入合作社,其目的是实现自身的经济利益。因此,农民合作社制度必须以遵循农民自愿为基础,实行利益分享和民主管理的机制,有效保证社员受益。完备的合作社内部利益联结机制具有产权清晰和利益分配合理的特点,是促使社员积极参与合作社的经济动因。只有维护社员在合作社中的主体地位才能有利于合作社持续稳定发展。因此,无论是合作社的内部制度安排,还是外部法律制度供给,都应为保障农民作为合作社的主体提供有效的制度设计。

也正因如此,本书以“社员权”为切入点,以社员权调整的利益关系为基础,遵循从理论到制度、从抽象到具体的研究思路,对以社员权保护为中心的、囊括社员权主体制度和社员权的取得、丧失与行使以及社员权支持制度的农民专业合作社法律制度体系展开了系统研究。其中,在对社员权具体制度的研究中又遵循的是从制度规范解读到理论分析再到制度建构的研究思路,然后对基于制度困境形成的现实问题,采取了横向比较的方法,考察了其他国家或地区的制度安排,最后落脚点在于立足我国合作社制度实践的相关制度重构或完善。此外,在对合作社社员权具体制度的研究中,又遵循了从合作社内部运行制度规范到合作社外部法律制度环境的优化的研究路径。因此,对"三农"问题的法学研究,从对组织体的主体性研究到农民个体的社员权研究,有利于在研究范式上促进对"三农"问题的深入研究和农业农村法律制度的系统构建。

在围绕上述内容的研究中,本书的研究目标可归纳为:第一,以社员权切入我国农民专业合作社法律制度研究,旨在找寻我国农民专业合作社不规范发展的主要原因,提高农民合作社法学研究的时代视野和现实针对性。第二,明晰社员所有、社员控制、社员受益不仅为合作社的本质属性,而且确立社员制度在农民合作社规范研究中的核心地位,构建以社员权保护为中心的、囊括社员权主体制度和社员权的取得、丧失与行使以及社员权支持制度的农民专业合作社法律制度体系。第三,探索农民合作社规范性研究的新的研究范式,通过构建适应中国农民合作社发展现实的、真正维护农民社员权益的社员权制度体系,突破以往关于农民合作社法律制度研究的局限。第四,准确定位农民合作社规范提升的法治化创新方向,防止农民合作社发展"跑偏"或"被抑制"。第五,立足实践提供有效服务于合作社社员权益保护的法律制度供给。

如前所述,由于法律逻辑与实践逻辑之间的背离,《农民专业合作社法》在实施中问题频现,如何修改法律使之更能体现农民意愿和保障农民权益并规范农民合作社发展便成为近年来合作社法研究的重点。然而修订后的《农民专业合作社法》仍限于对专业合作社的调整,对其他形式农民合作社缺乏必要关注。要促使多样化的农民合作社在建设现代农业和乡村振兴中发挥更大作用，需要新的立法赋予其新动能。因此，在对现行立法进行逐步解构的基础上，我们还需大步向前，通过扎实细致的理论研究为我国合作社立法实现新的突破做出积极努力。

当然，本书研究的不足也是显见的。尽管在开展本书课题研究中，也开展了实地调研，掌握到了一些农民合作社实际发展的资料，但只作为间接材料充实了本书价值分析部分的内容，未能在研究中进行充分的实证分析。而且，本书在试图完成对农民专业合作社社员权制度的系统研究中，仍存在一些没有深入研究或尚未研究的领域，比如本书在最后提出我国合作社立法模式宜采取制定综合性合作社基本法即《农民合作社法》以及特殊类型的合作社专门立法模式，仅是提出了合作社立法模式选择的框架，未及深入和全面。

毫无疑问，关于农民专业合作社的研究应当始终以合作社发展中的"问题"为导向，在理论研究上应继续围绕发展什么样的合作社、怎么发展合作社以及如何构建具有中国特色的合作社理论体系等问题展开深入研究。[1] 因此，本书关于农民合作社法律制度的研究只是一个开始，在现有研究的基础上，未来或许可以通过对不同形式农民合作社的实践考察，揭示实际运行的多样化农民合作社的制度特性，开展《农民合作社法》的系统构造研究。

---

〔1〕 参见张连刚等：《农民合作社研究的多维度特征与发展态势分析——基于1992～2019年国家社科和自科基金项目的实证研究》，载《中国农村观察》2020年第1期。

后　记

本书系作者主持的教育部人文社会科学研究青年基金项目“农民专业合作社社员权制度研究”（项目编号：13YJC820089）的最终研究成果。该项目已于2018年经教育部社会科学司审核结项，项目阶段性研究成果已分别发表于《私法研究》《农村经济》《农业经济与管理》《中国工商管理研究》《肇庆学院学报》《农业法律研究论丛》《土地法制科学》等期刊。因此，特别感谢上述学术期刊对本项目研究成果的支持和认可。本书初稿的完成要特别感谢西南财经大学法学院吴越教授的悉心指导和中共佛山市委党校吴义茂教授的热心帮助。在书稿的修订完善和最终完成过程中，又得到了广东外语外贸大学土地法制研究院陈小君教授、高飞教授和耿卓教授以及西北政法大学韩松教授的诸多指点，获益良多。法律出版社吴昉老师和郑怡萍老师的耐心督促和认真细致的编辑工作特别令人感动。在此一并致谢！

在向出版社提交完整书稿的那一刻，本人既激动又忐忑不安。激动的是，本书初稿的完成已逾七年，从对其不断修改完善到最终完成实在是经历了一段较长的时间，在书稿的修改完善过程中又遇《农民专业合作社法》进行了一次较大幅度的修订，为了更为全面地理解和掌握法律修订的背景以及修订后的实施情况，书稿的修订又被搁置了一年。如今即将付梓出版，确实感慨万分、激动不已。不安的是，从初稿完成到最终成书，虽经历了多年的沉淀思考，但由于本人才学疏浅和能力所限，对本书所讨论的课题仍恐挂一漏万。但“丑媳妇总要见公婆”，唯愿以本书的出版求教于各方大家，敬请方家批评指正，并以此作为未来开展进一步研究之源泉和动力。

图书在版编目(CIP)数据

农民专业合作社社员权制度研究 / 许英著. -- 北京：
法律出版社，2020
ISBN 978 - 7 - 5197 - 4829 - 6

Ⅰ. ①农… Ⅱ. ①许… Ⅲ. ①农业合作社－合作社法
－研究－中国 Ⅳ. ①D922.44

中国版本图书馆 CIP 数据核字(2020)第 147278 号

农民专业合作社社员权制度研究
NONGMIN ZHUANYE HEZUOSHE
SHEYUANQUAN ZHIDU YANJIU

许 英 著

责任编辑 郑怡萍
装帧设计 马 帅

出版 法律出版社
总发行 中国法律图书有限公司
经销 新华书店
印刷 北京建宏印刷有限公司
责任校对 郭艳萍
责任印制 胡晓雅
编辑统筹 法律教育出版分社
开本 A5
印张 9.375
字数 230 千
版本 2020 年 9 月第 1 版
印次 2020 年 9 月第 1 次印刷

法律出版社／北京市丰台区莲花池西里 7 号(100073)
网址／www.lawpress.com.cn
投稿邮箱／info@lawpress.com.cn
举报维权邮箱／jbwq@lawpress.com.cn
销售热线／400 - 660 - 8393
咨询电话／010 - 63939796

中国法律图书有限公司／北京市丰台区莲花池西里 7 号(100073)
全国各地中法图分、子公司销售电话：
统一销售客服／400 - 660 - 8393/6393
第一法律书店／010 - 83938432/8433 西安分公司／029 - 85330678 重庆分公司／023 - 67453036
上海分公司／021 - 62071639/1636 深圳分公司／0755 - 83072995

书号：ISBN 978 - 7 - 5197 - 4829 - 6 **定价**：39.00 元
(如有缺页或倒装，中国法律图书有限公司负责退换)